以案说法纠纷处理图解锦囊系列

物业
纠纷处理
图解锦囊

法律出版社专业出版编辑委员会　编
钟兰安　陈书海　主编

法律出版社
LAW PRESS·CHINA

作者简介

钟兰安　男，1978 年生于安徽凤阳。北京大学法学学士，中国人民大学法律硕士。先后在中国经济体制改革研究会、清华大学法学院工作，后从事专职律师工作，现为北京市京师律师事务所合伙人、专职律师。兼任社会职务：中国社科院经济学部企业社会责任研究中心理事，北京交通大学中国文化产业研究院研究员兼知识产权与法律研究所副所长，广东省无形资产管理协会高级专家顾问等。钟兰安律师执业领域专注于企业法律顾问、房地产纠纷、知识产权保护等领域。

出版说明

本套丛书着眼于日常生活中高频出现的法律纠纷，通过对基础法律知识的图解介绍，对具体案例的解析解答，联系现行的法律规定，为普通大众读者提供解决纠纷的技巧和操作指南。

丛书具有以下特点：

1. 合理务实的分册设置

丛书紧紧围绕普通大众常见的法律纠纷进行分册设置，包含婚姻家庭、道路交通、五险一金、劳动合同、物业、二手房买卖等热点专题。

2. 清晰直观的知识图解

丛书以图表的形式对每个专题纠纷的基本处理流程和流程中涉及的关键法律知识点进行解读。让读者清晰、明了、直观地理解法律知识点和流程节点。

3. 准确通俗的以案说法

丛书根据最新的法律法规，用准确、通俗的语言解读实践中的常见法律纠纷问题，为读者理解法律、解决问题提供有效的参考。

4. 精练实用的处理锦囊

每一个问题之后都设有专家提示和处理锦囊，用精练的语言提示处理每一问题需要注意的风险点和技巧。

希望本套丛书能够为广大读者带来切实的法律帮助。但囿于编者水平、精力有限,不完善之处在所难免,希望读者多提宝贵意见,以帮助我们修订、再版时加以完善。

联系邮箱:dazhong@ lawpress. com. cn.

目 录
Contents

第一部分 物业纠纷处理图解

第二章　物业维修纠纷

第四章 物业侵权纠纷

第六章 车辆管理纠纷

第七章 安全保卫纠纷

附　　录

第一部分

物业纠纷处理图解

Chapter.1

第一章　物业基础知识

一、物业的构成

物业的构成形式可以从自然和法律两个角度加以阐释。

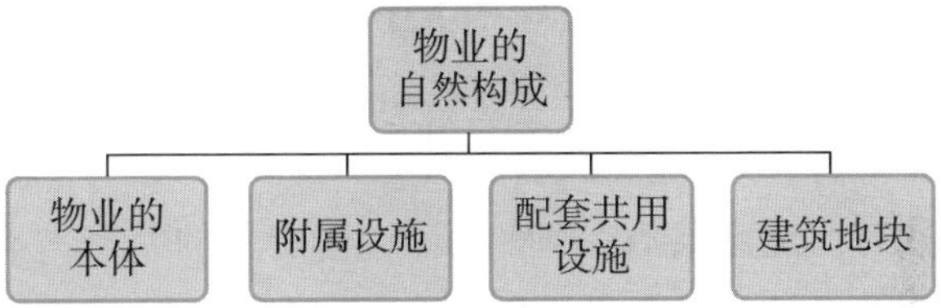

从自然的角度来考量，一个完整的物业应当包括以下几个物质形态组成部分：

(1)物业的本体，也称建筑物本体。建筑物本体又可以按不同的用途分为：居住使用或非居住使用的建筑物本体，也可再根据使用者的不同，划分为建筑物自用部分和共用部分。

(2)附属设施。附属设施一般指建筑物内部多种多样的附属设施。附属设施也可以划分为自用和共用两类。

(3)配套共用设施。又称公共服务设施，这种物业构成形式一般是指在物业区域内由业主、物业使用者共用的具有公共性质的设施。

(4)建筑地块。指物业所占用的物理空间和场地。

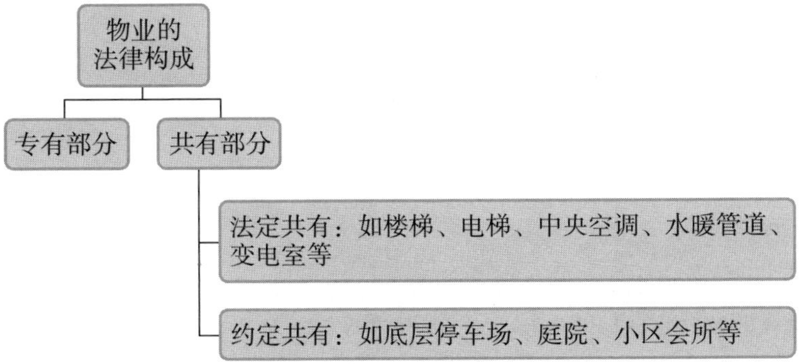

物业的法律构成是基于业主所享有的不同性质的权益,进行的一种法律层面分类,一般情况下包括:

(1)专有部分。专有部分是物业在构造和使用上具有相对独立性的部分。除法律特别规定外,业主对专有部分享有自由占有、使用、收益、处分的权力,并排除他人干涉。

(2)共有部分。不考虑上述业主的专有部分,剩余的部分即是归属于业主共有,即物业的共有部分。共有部分又可以分为法定共有和约定共有。法定共有是指性质上、构造上的共有占有部分,是源于建筑物的设计构造以及功能划分,而属于整个建筑物上不可或缺的组成部分,或者是服务整个建筑物使用的部分,比如楼梯、电梯、中央空调、水暖管道、变电室等设施。约定共有是指基于全体业主的约定,将构造上、利用上具有独立性质的建筑物、设施确定为共用部分。能被业主约定而成为共用的部分大多是建筑物附属物或附属设施,如底层停车场、庭院、小区会所等。《物权法》第六章专门规定了业主的建筑物区分所有权,将共有分成了法定共有和约定共有两种,对于明确物业产权的归属具有重要意义。当然,现实中的情况千变万化,住宅物业的归属仍有很多有待于解决的空间。①

① 参见李东方著:《房地产法学》,中国政法大学出版社 2014 年版,第 298 页;吴春岐等:《房地产法新论》,中国政法大学出版社 2008 年版,第 399 页。

二、业主的权利与义务

根据《物业管理条例》第 6 条第 1 款的规定:“房屋所有权人为业主。”业主既可以是自然人,也可以是法人;既可以是拥有独立产权的房屋所有人,也可以是房屋的共有权人。一般情况下,物业使用人不参与业主大会与业主委员会,但物业使用人根据与业主在合同中的授权,可以行使部分业主权利。《物业管理条例》第 48 条规定,物业使用人在物业管理活动中的权力义务由业主和物业使用人约定,但不得违反法律、法规和管理规约的有关规定。物业使用人违反本条例的管理规约的规定,有关业主应当承担连带责任。①

1. 业主的权利。根据《物业管理条例》第 6 条第 2 款的规定,业主在物业管理活动中,享有下列权利:

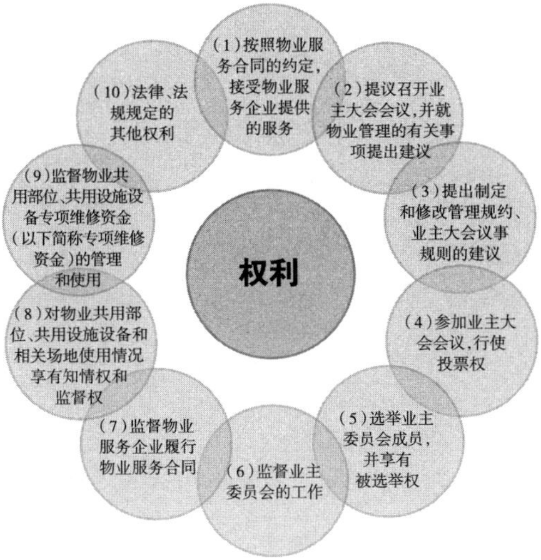

① 黄河编著:《房地产法》,中国政法大学出版社 2008 年版,第 180 页。

此外,《物权法》第 78 条第 2 款规定:“业主大会或者业主委员会作出的决定侵害业主合法权益的,受侵害的业主可以请求人民法院予以撤销。”《物权法》第 81 条第 2 款规定:“对建设单位聘请的物业服务企业或者其他管理人,业主有权依法更换。”

2. 业主的义务。业主在享受物业管理的同时,也应当履行相应义务,《物业管理条例》第 7 条规定,业主在物业管理活动中,应当履行下列义务:

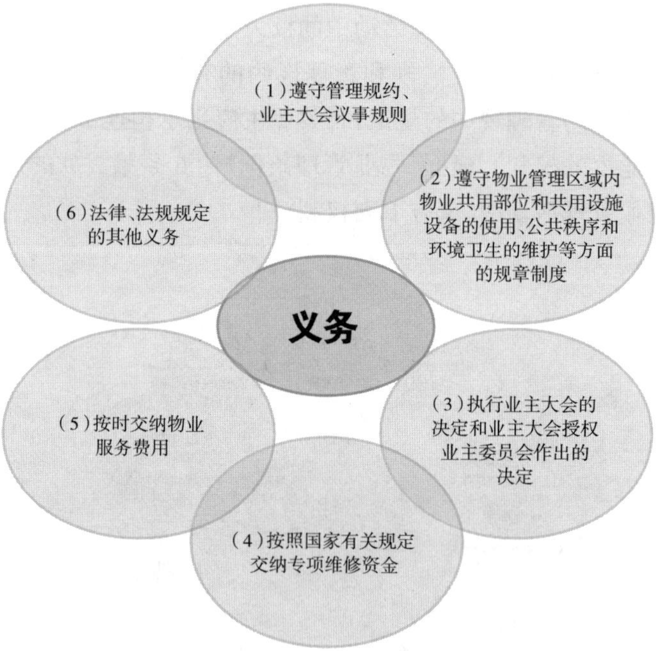

同时,在物权法中对业主的义务也有差不多的规定,《物权法》第 72 条第 1 款规定:“业主对建筑物专有部分以外的共有部分,享有权利,承担义务;不得以放弃权利不履行义务。”第 78 条第 1 款规定:“业主大会或者业主委员会的决定,对业主具有约束力。”第 79

条规定:“建筑物及其附属设施的维修资金,属于业主共有。经业主共同决定,可以用于电梯、水箱等共有部分的维修。维修资金的筹集、使用情况应当公布。”第 80 条规定:“建筑物及其附属设施的费用分摊、收益分配等事项,有约定的,按照约定;没有约定或者约定不明确的,按照业主专有部分占建筑物总面积的比例确定。”第 83 条规定:“业主应当遵守法律、法规以及管理规约。业主大会和业主委员会,对任意弃置垃圾、排放污染物或者噪声、违反规定饲养动物、违章搭建、侵占通道、拒付物业费等损害他人合法权益的行为,有权依照法律、法规以及管理规约,要求行为人停止侵害、消除危险、排除妨害、赔偿损失。业主对侵害自己合法权益的行为,可以依法向人民法院提起诉讼。”

三、业主大会、业主委员会基础知识

(一)业主大会

业主大会是由物业管理区域内全体业主组成的、代表和维护物业管理区域内全体业主在物业管理活动中的合法权益的社会组织。业主大会自首次业主大会会议召开之日起成立。

1. 业主大会成立原则

(1)一区一会。《物业管理条例》第 9 条规定,一个物业管理区域成立一个业主大会。具体办法由省、自治区、直辖市制定。但是,只有一个业主的,或者业主人数较少且经全体业主一致同意,决定不成立业主大会的,由业主共同履行业主大会、业主委员会职责。

(2)政府指导。《物权法》第 75 条第 2 款赋予“地方人民政府有关部门”对设立业主大会和选举业主委员会的指导和协助职权。《物业管理条例》第 10 条规定,同一个物业管理区域内的业主,应当在物业所在地的区、县人民政府房地产行政主管部门或者街道办事处、乡镇人民政府的指导下成立业主大会,并选举产生业主委员会。

2. 业主大会的职责及议事规则

《物业管理条例》第 12 条规定,业主大会会议既可以采用集体讨论的形式,也可以采用书面征求意见的形式;但是,应当有物业管理区域内专有部分占建筑物总面积过半数的业主且占总人数过半数的业主参加。业主可以委托代理人参加业主大会会议。业主大会决定《物业管理条例》第 11 条第(五)项和第(六)项规定的事项,应当经专有部分占建筑物总面积 2/3 以上的业主且占总人数 2/3 以上的业主同意;决定第 11 条规定的其他事项,应当经专有部分占建筑物总面积过半数的业主且占总人数过半数的业主同意。业主大会或者业主委员会的决定,对业主具有约束力。业主大会或者业

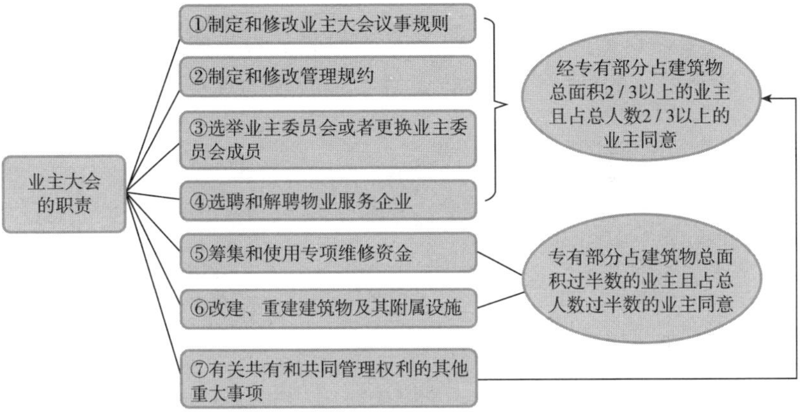

主委员会作出的决定侵害业主合法权益的,受侵害的业主可以请求人民法院予以撤销。

根据《物业管理条例》第13条和第14条的规定,业主大会会议分为定期会议和临时会议。业主大会定期会议应当按照业主大会议事规则的规定召开。经20%以上的业主提议,业主委员会应当组织召开业主大会临时会议。召开业主大会会议,应当于会议召开15日以前通知全体业主。住宅小区的业主大会会议,应当同时告知相关的居民委员会。业主委员会应当做好业主大会会议记录。

(二)业主委员会

业主委员会,是有业主大会选举而产生,并经房地产行政主管部门登记,在物业管理中代表和维护全体业主合法权益的组织。它是业主大会的执行机构。根据《物业管理条例》第16条的规定,业主委员会应当自选举产生之日起30日内,向物业所在地的区、县人民政府房地产行政主管部门和街道办事处、乡镇人民政府备案。

1. 业主委员会委员

根据《物业管理条例》第16条第2款的规定,业主委员会委员应当由热心公益事业、责任心强、具有一定组织能力的业主担任。2009年住房和城乡建设部《业主大会和业主委员会指导规则》对业主委员会委员的任职资格进行了进一步明确的规定。

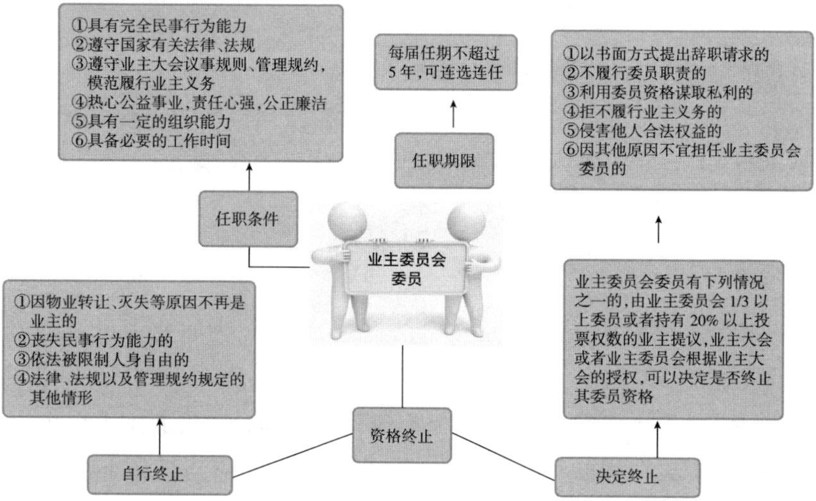

2. 业主委员会主任、副主任

根据《物业管理条例》第16条规定，业主委员会主任、副主任在业主委员会成员中推选产生。业主委员会应当自选举产生之日起3日内召开首次业主委员会会议，从业主委员会委员中推选产生业主委员会主任1人，副主任1～2人。

3. 业主委员会的职责

《物业管理条例》第15条规定，业主委员会执行业主大会的决定事项，履行下列职责：

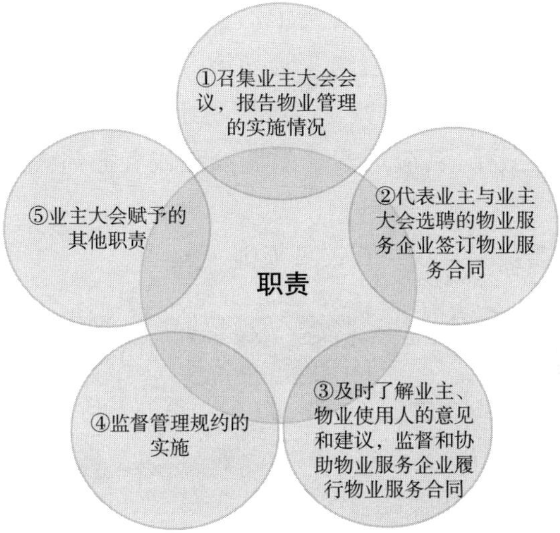

而《业主大会和业主委员会指导规则》第 35 条对业主委员会的职责进行了进一步的细化和补充，业主委员会履行以下职责：

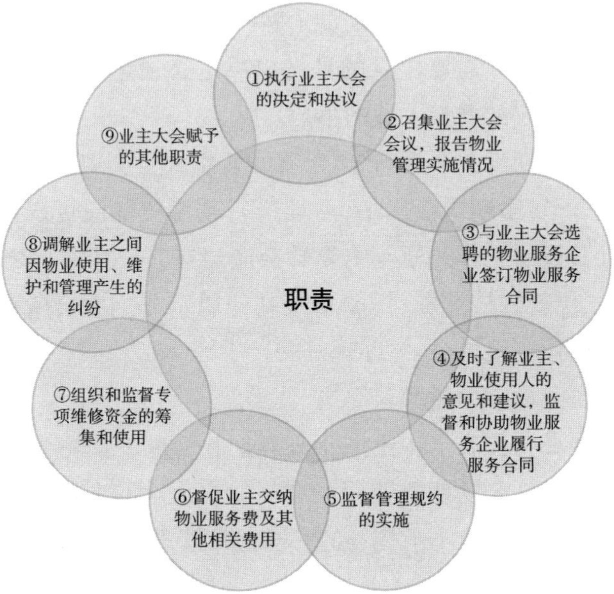

业主大会、业主委员会应当依法履行职责，不得作出与物业管理无关的决定，不得从事与物业管理无关的活动。业主大会、业主委员会作出的决定违反法律、法规的，物业所在地的区、县人民政府房地产行政主管部门，应当责令限期改正或者撤销去决定，并通知全体业主。

4. 业主委员会会议及其议事规则

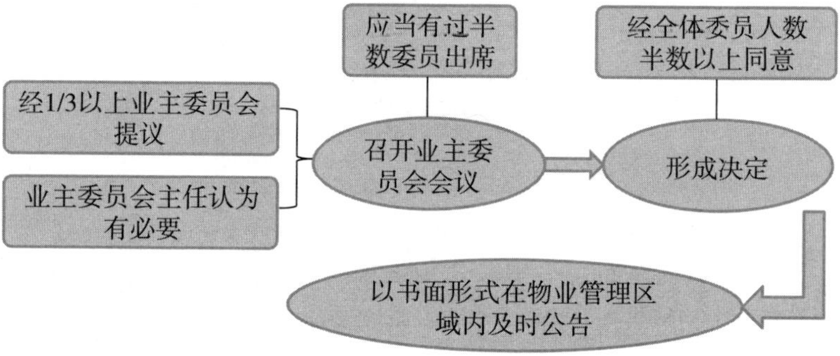

业主委员应当有过半数委员出席，做出决定必须经全体委员人数半数以上同意。需要注意的是做出决定必须是全体委员的半数而不是出席会议的委员人数的半数。

委员会任期满 2 个月前，应当召开业主大会会议进行业主委员会的换届选举；逾期未换届的，房地产行政主管部门可以指派工作人员指导其换届工作。原业主委员会应当在其任期届满之日起 10 日内，将其保管的档案资料、印章及其他属于业主大会所有的财物移交新一届业主委员会，并办理好交接手续。

5. 业主委员会的经费和场地

业主委员会代表全体业主办理物业小区的日常事务，必然涉及经费的支出和办公场地的使用问题。业主大会和业主委员会开展工作的经费由全体业主承担；经费的筹集、管理、使用情况由业主大会议事规则规定。业主大会和业主委员会工作经费的使用情况也应当定期以书面形式在物业管理区域内公告,接受业主的质询。

对于办公场地,现行法律、法规没有规定。对此,可以比照物业管理用房的做法,在房地产开发阶段就由法律、法规强制规定,一定规模的小区必须规划建设一定面积的业主委员会用房,既可以由开发商无偿提供,也可以计入房价,由业主共同承担,从而真正彻底解决办公场地问题。

对于业主委员会是否支付相应的报酬或者津贴,我国的法律、法规目前还有做出相关规定。应当说,业主委员会委员作为业主之一,其有义务参与校区的物业管理,但是与普通业主只需要通过行使表决权的方式参与管理不同,业主委员的委员们实施其管理行为需要付出较多的时间和精力。所以,无论从公平的角度,还是从调动起工作积极性的角度来考察,都有必要对业主委员会所付出的劳动给予一定的报酬作为补偿。

四、成立业主大会、业主委员会流程图

（一）成立筹组

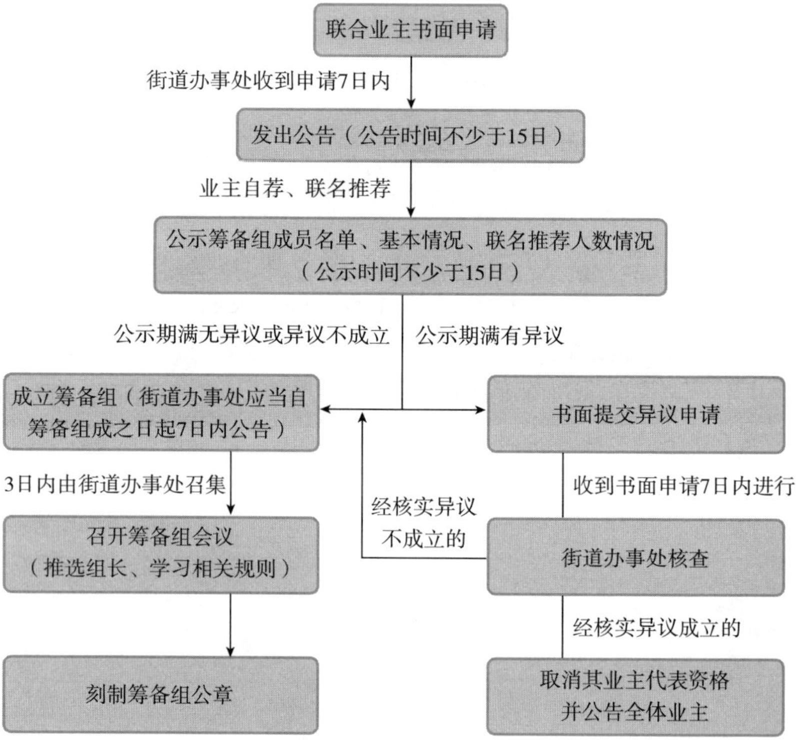

(二)业主大会筹备流程

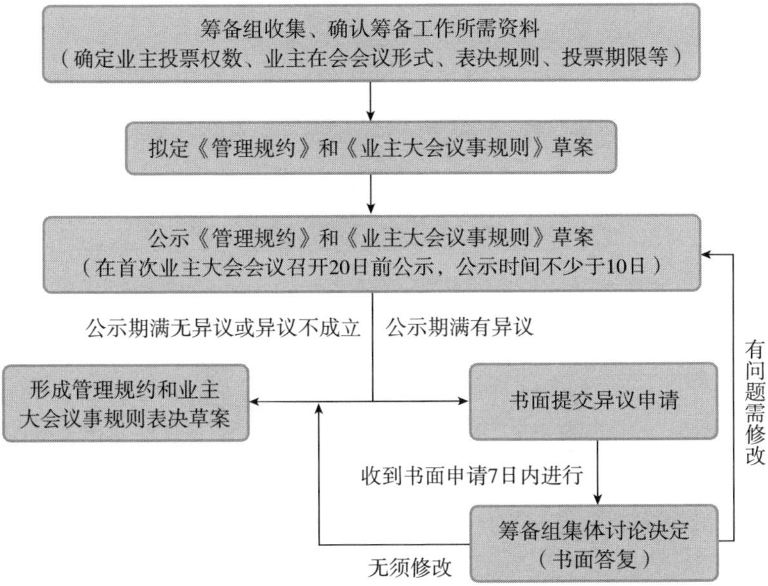

(三)召开业主大会

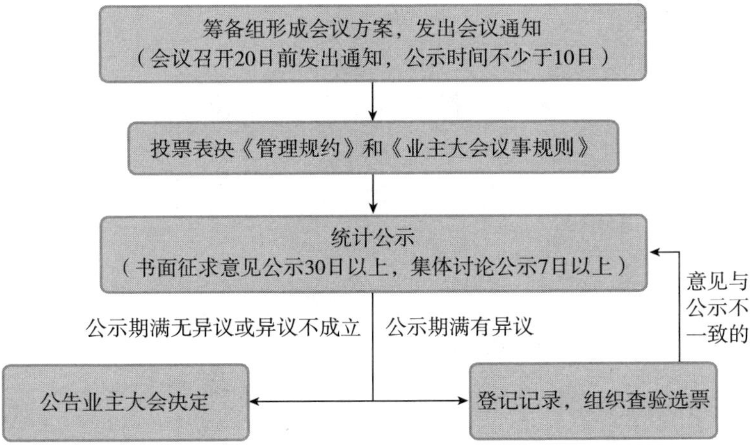

（四）选举业主委员会委员

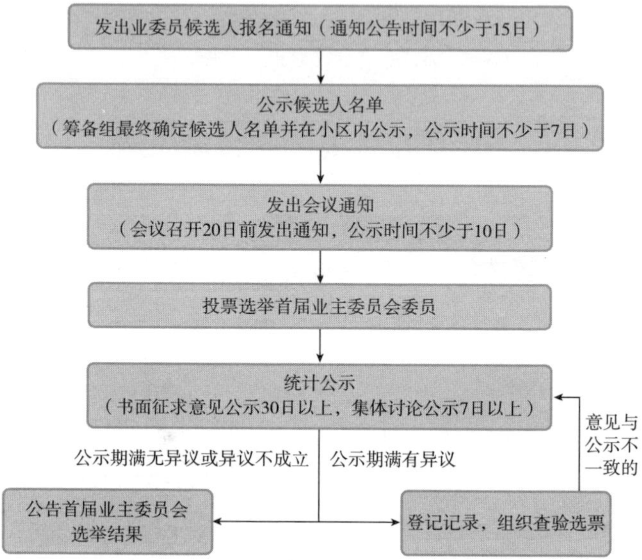

（五）召开业主委员会会议

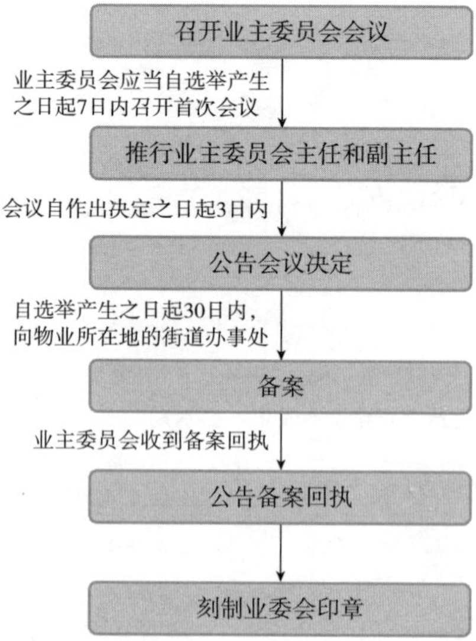

五、业主委员会换届流程图

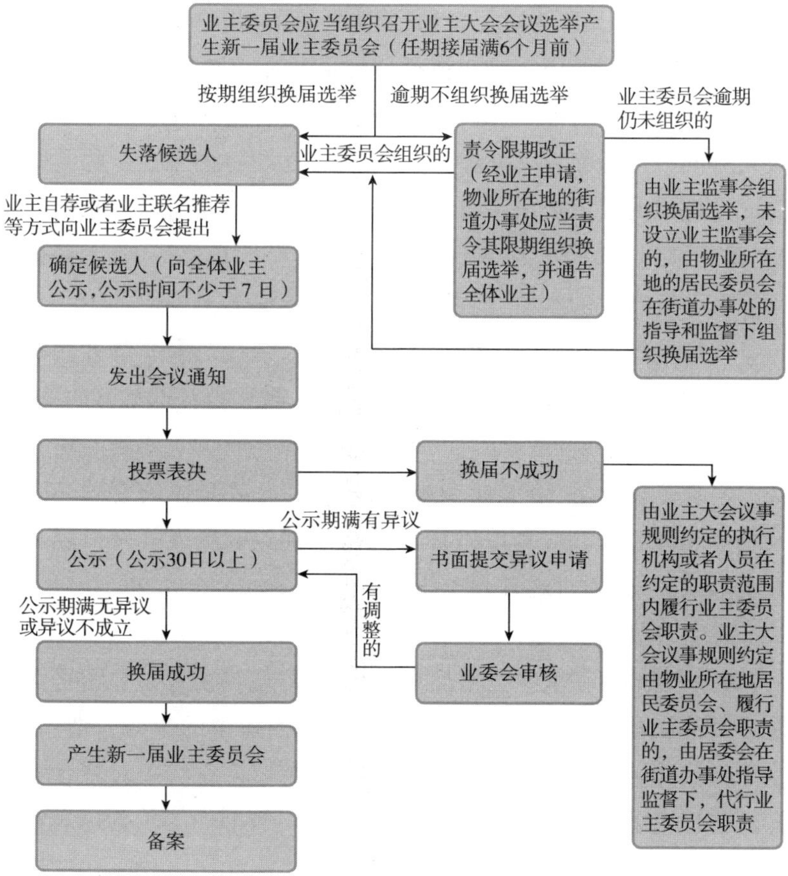

六、管理规约

管理规约，又称为业主公约、业主规约等，是物业管理区域内全体业主就物业的使用、维护、管理以及业主的权利、义务和责任等有关业主共同利益的事项所达成的书面自治规则。管理规约是由多数人为同一目的而订立的，因此属于民事法律行为理论中的共同行为。管理规约是依据司法自治原则衍生出来的规约自治原则制定的，只要不违反法律之强制性规定，不违反公序良俗原则，不变更或排除区分所有权的本质，均可以产生法律上的效力。①

管理规约的约束力不仅及于全体业主，还应当及于物业区域内物业使用人、业主继承人和管理人，这是一般契约所不具有的特征。因此，业主大会和业主委员会的决议以及相关行为都不得与这一最高自治规范相抵触，诸如业主委员会章程、各种具体的管理制度以及物业服务合同均应当以管理规约为准则。管理规约应当经业主大会审议通过，通过之日起生效。②

1. 管理规约的内容

管理规约属于业主自治性规范，其内容应当由业主自由协商确定。具体因建筑物的规模、用途以及区域内业主的生活习惯、收入水平等具体情况而有所不同。有的国家在相关立法中对管理规约的内容作出了指引性的列举，或者由政府主管部门提供管理规约的示范文本，供业主团体制定时参考。

管理规约应当以业主的权益为核心，并且不得与国家法律、法

---

① 梁慧星主编：《中国物权法研究》（上），法律出版社1988年版，第405页。

② 高富平、黄武双：《房地产法学》，高等教育出版社2010年版，第361页；李东方著：《房地产法学》，中国政法大学出版社2014年版，第313页。

规相抵触，不得违法社会公德和损害社会公共利益，通常包括以下内容：

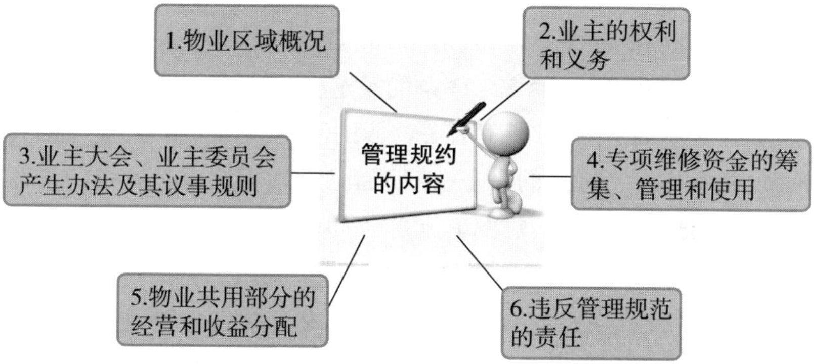

（1）物业区域概况，包括物业的名称、坐落、面积四至、使用期限、共用部分与单独所有部分的划分以及公共设施设备等的状况。

（2）业主的权利和义务。业主的权利和义务应当以《物权法》和《物业管理条例》中规定的为基础，并可以针对本物业管理区域的实际情况另行约定其他权力和特别义务。例如，约定个别业主的专有使用权，禁止擅自堆放物品、存放易燃、易爆、剧毒、放射性物品等。

（3）业主大会、业主委员会产生办法及其议事规则，包括业主大会的召集程序、议事方式、表决程序、业主投票权计算方法；业主委员会的选举、任期、职责以及管理规约的修改程序等。

（4）专项维修资金的筹集、管理和使用。

（5）物业共用部分的经营和收益分配。

（6）违反管理规范的责任。管理规约本质上属于自治规范，可以约定民事赔偿责任，如恢复原状、赔偿损失等。实践中，有的管理规约约定业主委员会有权对违反管理规约的业主实施罚款、扣押、没收、强制拆除等处罚措施，这属于公法上的处罚权条款，有悖于管理规约的本质,超越了业主委员会的职能范围,于法无据。

2. 临时管理规约

临时管理规约是指在物业销售前,由房地产建设单位制定的有关物业管理的规范性文件,它对将来的物业收买人均具有约束力。依据《物业管理条例》第22、23条的规定,建设单位应当在销售物业之前,制定临时管理规约,对有关物业的使用、维护、管理,业主的共同利益,业主应当履行的义务,违反临时管理规约应当承担的责任等事项依法作出约定。建设单位制定的临时管理规约,不得侵害物业买受人的合法权益。

建设单位应当在物业销售前将临时管理规约向物业买受人明示,并予以说明。物业买受人在与建设单位签订物业买卖合同时,应当对遵守临时管理规约予以书面承诺。

临时管理规约的制定,有利于前期物业管理的顺利进行。临时管理规约具有临时性,当物业销售已经达到一定比例,有业主召开业主大会并通过正式的管理规约后,临时规约的效力自然终止。

Chapter.2

第二章　物业服务企业

一、物业服务企业的资质管理

物业服务企业是指依法设立、具有独立法人资格，从事物业管理服务活动的企业。物业服务管理企业应当具有法人资格，物业服务企业在组成形式上具有有限责任公司和股份有限公司两种形式。实践中，物业服务企业分为专营和兼营两种。专营企业是指以物业管理为主营项目，实行自主经营、独立核算、自负盈亏，能独立承担民事责任，具有企业法人资格的企业；而兼营企业是指以其他经营项目为主，兼营物业管理服务的法人企业。[①]

1. 成立物业服务企业的条件

从事物业管理活动的企业应当具有独立的法人资格，须具备下列条件：(1)依法成立。即物业服务企业的设立程序要符合法律法规的规定，按照《公司法》《公司登记管理条例》的相关规定办理登记。(2)有必要的财产或者经费。(3)有自己的名称、组织机构和场所。(4)能够独立承担民事责任。

2. 物业服务企业资质的取消

2018 年 3 月 8 日，住房城乡建设部发布了关于废止《物业服务企业资质管理办法》的决定，物业服务企业不再需要资质。

关于物业资质的废除经历了一个循序渐进的过程，2015 年物业管理师等 67 项职业资格被取消，人社部和住建部取消物业管理师资格考试，各地先后停止物业管理人员岗位证书（职业资格）考试和颁证。2016 年国务院对《物业管理条例》进行了修改，删除第 33 条和第 61 条中与企业资质管理相关的条款，同时修改《物业管理条例》，取消了物业管理人员从业资格限制。2017 年国务院发布

---

① 李东方著：《房地产法学》，中国政法大学出版社 2014 年版，第 314 页。

《关于第三批取消中央指定地方实施行政许可事项的决定》,取消了物业服务企业二级及以下资质认定,全国各地停止审批物业服务企业二级及以下资质审批。随后,2017 年 9 月 6 日,国务院举行常务会议决定再取消物业一级资质核定,即在前期已取消物业服务企业二级及以下资质认定的基础上,再取消物业服务企业一级资质核定。同年 12 月,住建部印发了《关于做好取消物业服务企业资质核定相关工作的通知》,要求各地落实《国务院关于第三批取消中央指定地方实施行政许可事项的决定》(国发〔2017〕7 号)和《国务院关于取消一批行政许可事项的决定》(国发〔2017〕46 号)。2018 年 3 月 8 日随着《物业服务企业资质管理办法》的废止,真正意味着物业服务企业资质认定成为历史,物业资质被全面取消了。随后,2018 年 4 月 4 日《国务院关于修改和废止部分行政法规的决定》(国务院令第 698 号)对《物业管理条例》再一次进行修改,删除了第 24 条中的“具有相应资质的”。将第 32 条第 2 款修改为:“国务院建设行政主管部门应当会同有关部门建立守信联合激励和失信联合惩戒机制,加强行业诚信管理。”删去第 59 条。将第 60 条改为第 59 条,删去其中的“情节严重的,由颁发资质证书的部门吊销资质证书”。将第 61 条改为第 60 条,删去其中的“物业服务企业挪用专项维修资金,情节严重的,并由颁发资质证书的部门吊销资质证书”。自此,从行政法规的层面也全面取消了关于物业企业资质的相关规定。

3. 物业服务企业资质取消后的衔接

资质取消之前,按照原来的规定,物业公司自领取营业执照之日起 30 日内,需申请办理资质。那资质取消后,物业企业该怎么办?新办的物业公司还需不需要去办理资质?

答案当然是否定的,物业资质取消后,新成立的物业企业只要营业执照上的经营范围包括物业服务就可以正常营业,无需再申请资质。

至于资质取消后,物业企业怎么管?住建部2017年《关于做好取消物业服务企业资质核定相关工作的通知》(建办房〔2017〕75号)已经给出了答案:

(1)各地不再受理物业服务企业资质核定申请和资质变更、更换、补证申请,不得以任何方式要求将原核定的物业服务企业资质作为承接物业管理业务的条件。

(2)切实承担物业服务属地管理主体责任,按照业主自我管理与社会化服务相结合的原则,积极推动将物业管理纳入社区治理体系。县级以上房地产主管部门要会同城市管理、民政、公安、价格等有关部门按照各自职责指导监督物业管理工作,充分发挥街道办事处或乡镇人民政府在加强社区党组织建设、指导业主大会和业主委员会、监督物业管理活动等方面的重要作用,建立健全物业管理联席会议制度,维护社区和谐稳定。

(3)建立健全物业服务标准和服务规范,规范物业服务合同行为,明确物业服务企业责任边界,引导物业服务企业增强服务意识,创新服务理念,提升服务品质。

(4)进一步落实物业承接查验制度,指导监督建设单位、业主和物业服务企业依法做好物业共用部位、共用设施设备的查验和交接工作,厘清各方主体之间的权利义务关系,减少开发建设遗留问题,确保物业服务项目交接的平稳顺利。

(5)完善物业服务投诉平台,畅通投诉渠道,建立健全投诉反馈机制,明确受理、处理投诉的程序和要求,加强投诉反馈监督检查,及时解决群众有效投诉,预防化解物业服务矛盾纠纷。

(6)加强物业服务行业事中事后监管,制定随机抽查事项清单,建立健全“双随机”抽查机制,合理确定抽查的比例和频次,对发现的违法违规行为,依法依规加大惩处力度。

(7)加快推进物业服务行业信用体系建设,建立信用信息共享平台,定期向社会公布物业服务企业信用情况,建立守信联合激励和失信联合惩戒机制,构建以信用为核心的物业服务市场监管体制。

二、物业服务企业的权利和义务

物业服务企业的权利和义务来自两个方面：一是法律法规的明确规定；二是物业服务合同的特别约定。

（一）物业服务企业的权利

根据《物业管理条例》的相关规定，物业服务业的权利归纳起来主要包括以下内容：

（1）物业服务企业享有在公开、公平、公正的条件下参与市场竞争的权力。

（2）物业服务企业既享有与业主大会签订物业服务合同的权利，也享有与建设单位签订前期物业服务合同的权利。

（3）依据物业服务合同和有关规定收取管理费。

（4）物业服务企业享有要求业主、物业使用人、业主委员会协调履行物业服务合同的权利。

（5）物业服务企业享有在承接物业时，对物业共用部位，共用设施设备进行查验，并办理物业验收手续的权利。

（6）物业服务企业享有在办理物业承接验收手续时，向建设单位索取资料的权利。主要包括：①竣工总平面图，单体建筑、结构、设备竣工图，配套设施、地下管网工程竣工图等竣工验收资料；②设施设备的安装、使用和维护保养等技术材料；③物业质量保修文件和物业使用说明文件以及物业管理所必需的其他资料。

（7）物业服务企业享有将物业管理区域内的专项服务业务委托给专业性服务企业的权利。

（8）物业服务企业有权制止物业管理区域内有关治安、环保、物业装饰装修和使用等方面违法违规的行为，并及时向有关行政管理部门报告的权利。

(9)业主违反物业服务合同约定,逾期不交纳物业服务费用时,物业服务企业享有向人民法院起诉的权利。

(二)物业服务企业的义务

物业服务企业的义务归纳起来主要包括以下内容:

1. 物业服务企业负有按照物业服务合同的约定,提供相应服务的义务。

2. 物业服务企业负有及时了解业主、物业使用人的意见、建议并接受监督的义务。

3. 物业服务企业负有在物业服务合同(包括前期物业服务合同)终止时,将有关资料移交给业主委员会的义务。

4. 未经业主大会同意,物业服务企业负有不得改变物业管理用房用途的义务。

5. 物业服务企业负有不得擅自使用、挖掘物业管理区域内的道路、场地,损害业主共同利益的义务。

6. 物业服务企业负有不得挪用专项维修资金的义务。

7. 物业服务企业负有将房屋装饰装修中的禁止行为和注意事项告知业主的义务。

8. 物业服务企业负有协助做好物业管理区域内的安全防范工作的义务。

9. 物业服务企业未能履行物业服务业合同的约定,导致业主人身、财产安全受到损害的,应依法承担相应法律责任。

Chapter.3

第三章　物业管理服务

一、前期物业管理服务

前期物业管理服务是指业主、业主大会选聘物业服务企业之前，由建设单位选聘物业服务企业所实施的物业管理服务。

（一）前期物业服务合同

根据《物业管理条例》第 21 条的规定，在业主、业主大会选聘物业服务企业之前，建设单位选聘物业服务企业的，应当签订书面的前期物业服务合同。

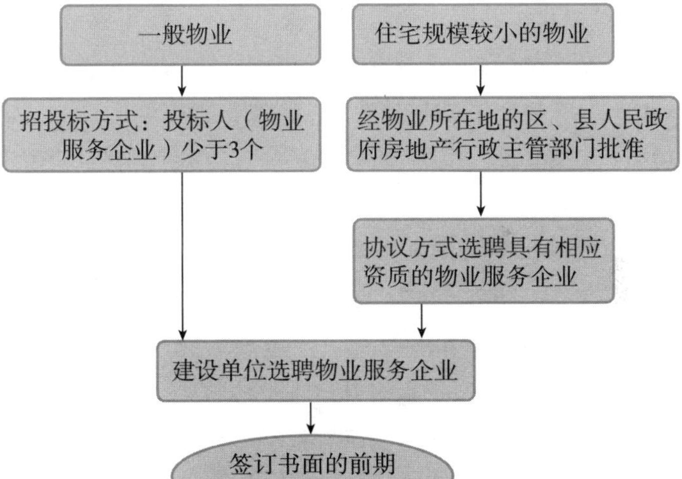

前期物业管理应当签订书面的前期物业服务合同。前期物业服务合同既是物业服务企业进行物业管理的开始，也是物业建设和管理顺利衔接的重要文件。由于前期物业服务的最终权利义务承担者是业主，因此建设单位与物业买受人签订和买卖合同应当包含前期物业服务合同约定的内容，以便使业主了解前期物业服务合同的内容,并因业主在物业买卖合同中的承认而对其发生效力。

前期物业服务合同可以约定期限,但是,期限未满、业主委员会与物业服务企业签订的物业服务合同生效的,前期物业服务合同终止。

与普通物业服务合同不同,普通物业服务合同的物业服务费用是由业主负担的,但在前期物业管理合同中,物业服务费用应先由房地产开发商承担,待业主购买入住后再转业主承担。

《物业管理条例》第24条规定了前期物业服务企业选聘的基本原则和方法,国家提倡建设单位按照房地产开发与物业管理相分离的原则,通过招投标的方式选聘物业服务企业。住宅物业的建设单位,应当通过招投标的方式选聘具有相应资质的物业服务企业;投标人少于3个或者住宅规模较小的,经物业所在地的区、县人民政府房地产行政主管部门批准,可以采用协议方式选聘具有相应资质的物业服务企业。

(二)建设单位和物业服务企业在前期物业管理中的义务和法律责任

1. 建设单位的义务和法律责任。建设单位在前期物业管理中的义务和法律责任如下:①建设单位不得擅自处分业主依法享有的物业共用部位、共用设施设备的所有权或者使用权。建设单位擅自处分属于业主的物业共用部位、共用设施设备的所有权或者使用权,由县级以上地方人民政府房地产管理部门处以5万元以上20万元以下的罚款;给业主造成损失的,依法承担赔偿责任。②建设单位应当按照规定在物业管理区域内配置必要的物业管理用房,以方便物业管理活动的顺利进行。建设单位在物业管理区域内不按照规定配置必要的物业管理用房的,由县级以上地方人民政府房地产管理部门责令限期改正,给予警告,没收违法所得,并处10万元以上50万元以下的罚款。③建设单位应当按照国家规定的保修期限和保修范围,承担物业的保修责任。④在办理物业承接验收手续时,建设单位应当向物业服务企业移交下列材料:竣工总平面图,单位建筑、结构、设备竣工图,配套设施、地下管网工程竣工图等竣工验收资料;设施设备的安装、使用和维护保养等技术资料;物业质量保修文件和物业使用说明文件;物业管理所必需的其他资料。

2. 物业服务企业的义务和法律责任。物业服务企业在前期物业管理中的义务和法律责任如下:①物业服务企业应当在前期物业服务合同终止时将上述资料交给业主委员会。②物业服务企业承接物业时,应当对物业共用部位、共用设施设备进行查验。如存在质量问题或其他瑕疵,应当要求建设单位负责维修。

二、普通物业管理服务[①]

（一）物业服务合同

在物业管理服务关系中存在多种社会关系，在业主与物业服务企业之间则存在物业服务的合同关系。物业服务合同，是指作为业主团体的业主委员会与业主物业服务之间就物业管理服务而订立的，约定合同双方权利义务关系的协议。物业服务合同是物业服务企业与业主及业主团体之间物业管理服务关系产生的基础。

1. 物业服务合同的订立

（1）物业服务合同的双方当事人。物业服务合同的服务方为取得相应资质的从事物业管理服务的物业服务企业。而物业服务合同的委托方为经业主大会合法选举产生的业主委员会，由业主委员会代表全体业主与物业服务企业订立物业服务合同。依照《物权管理条例》第 11 条的规定，选聘和解聘物业服务企业属于业主共同决定的事项，业主委员会只享有对业主大会的选聘和解聘决定的执行权。如果在一个物业管理区域内只有一个业主或业主人数较少的，经全体业主同意，可以不成立业主委员会，由全体业主共同与物业服务企业订立物业服务合同。

（2）物业服务合同订立的原则与形式。根据《物业管理条例》第 9 条第 1 款的规定，一个物业管理区域成立一个业主大会，一个物业管理区域应由一个物业服务企业实施管理。这样便于物业管理的实施，有利于物业管理服务的规模化，降低管理成本，提高服务质量；同时也方便业主的联合，增强业主的谈判地位。物业服务合同应当采取书面的形式。

---

① 房绍坤主编：《房地产法》，北京大学出版社 2011 年版，第 230 页。

2. 物业服务合同的内容

《物业管理条例》第35条第2款规定，物业服务合同应当包括以下内容：

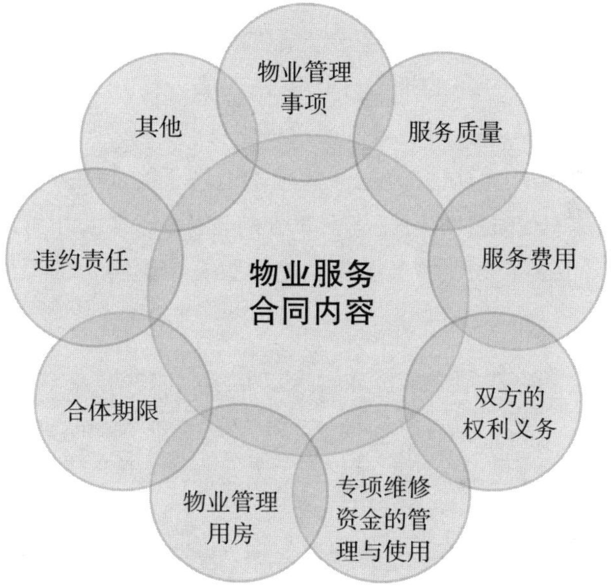

物业服务合同往往涉及一些较为专业的技术性条款，所以，一般的业主大会难以自己独立起草物业管理服务合同。为此，我国政府有关管理部门曾出台了物业服务合同的示范文本。例如，住房和城乡建设部推出的《前期物业管理服务协议（示范文本）》、住房和城乡建设部、国家工商总局推出的《物业管理委托合同（示范文本）》。此外，某些地方政府管理部门也推出了物业服务合同示范文本，例如，深圳市《物业服务合同（示范文本）》、上海市《物业管理合同（示范文本）》和《前期物业管理服务合同（示范文本）》。这些示范文本可以为业主大会或者业主委员会拟定物业管理条例提供参考。

3. 物业合同的终结

物业服务合同一旦订立,业主大会和物业服务企业都不可以随意解除物业服务合同,这是因为:首先,物业服务合同属于持续性、长期性服务合同,非经合法理由并经过必要的解除或者终止程序不得随意终止。其次,物业服务合同不属于一般的委托合同,不能适用《合同法》第410条的规定,即"委托人或者受托人可以随时解除委托合同。因解除合同给对方造成损失的,除不可归责于该当事人的事由外,应当赔偿损失。"这一规定不适用于物业服务合同。

只有在法定的情形下,基于充分的理由,当事人才可以解除物业服务合同,终止物业服务关系。物业服务合同终止的原因有以下几种:

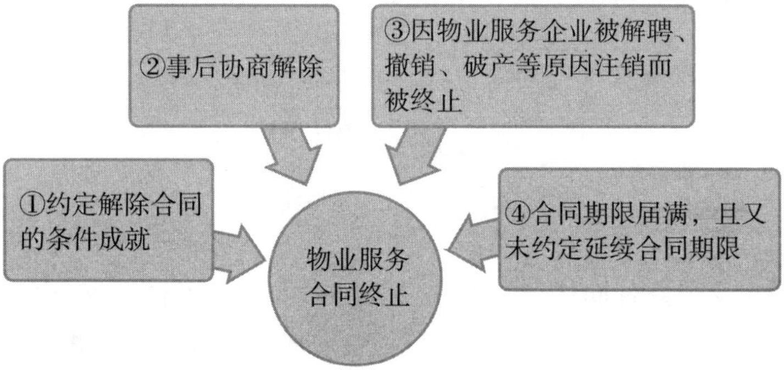

(二)物业服务费①

根据《物业服务收费管理办法》第2条的规定,物业服务收费,是指物业管理企业按照物业服务合同的约定,对房屋及配套的设施设备和相关场地进行维修、养护、管理,维护相关区域内的环境卫生和秩序,向业主所收取的费用。

① 李东方著:《房地产法学》,中国政法大学出版社2014年版,第324页。

1. 物业服务收费的定价形式。物业收费应当遵循合理、公开以及费用与服务水平相适应的原则。物业服务收费应当区分不同物业的性质和特点分别实行政府指导价和市场调节价。具体定价形式由省、自治区、直辖市人民政府价格主管部门会同房地产行政主管部门确定。

物业服务收费应当区分不同物业的性质和特点分别实行政府指导价和市场调节价。具体定价形式由省、自治区、直辖市人民政府价格部门会同房地产行政主管部门确定。物业服务收费实行政府指导价的，有定价权限的人民政府价格主管部门应当会同房地产行政主管部门根据物业管理服务等级因素，制定相应的基准价及其浮动幅度，并定期公布。具体收费标准由业主和物业服务企业根据规定的基准价及其浮动标准，并定期公布。

2. 物业服务收费的形式。业主与物业服务企业可以采取包干制或者酬金形式等约定物业服务费用。包干制是指由业主向物业服务企业支付固定物业服务费用，盈余或者亏损均由物业服务企业享有或者承担的物业服务计费方式；酬金制则是指在预收的物业服务资金中按约定比例或者约定数额提取酬金支付给物业服务企业，其余全部用于物业服务合同约定的支出，结余或者不足均由业主享有或者承担的物业服务计算方式。

3. 物业服务收费的交纳和管理。业主应当按照物业服务合同的约定按时足额交纳物业服务费用或者物业服务合同。业主违反物业服务合同约定逾期不交纳的，业主委员会应当督促其限期交纳；逾期仍不交纳的，物业服务企业可以依法追缴。业主与物业使用人约定由物业使用人交纳物业服务费用或者物业服务资金的，从其约定，业主负连带责任。物业发生产权转移时，业主或者物业使用人应当结清物业服务费用或者物业服务资金。纳入物业管理范围的已竣工但尚未出售，或者因开发建设单位原因未按时交给物业买受人的物业，物业服务费用或者物业服务资金由开发建设单位金额交纳。

4. 物业服务收费的种类。物业服务费用收取的主要类型如下：

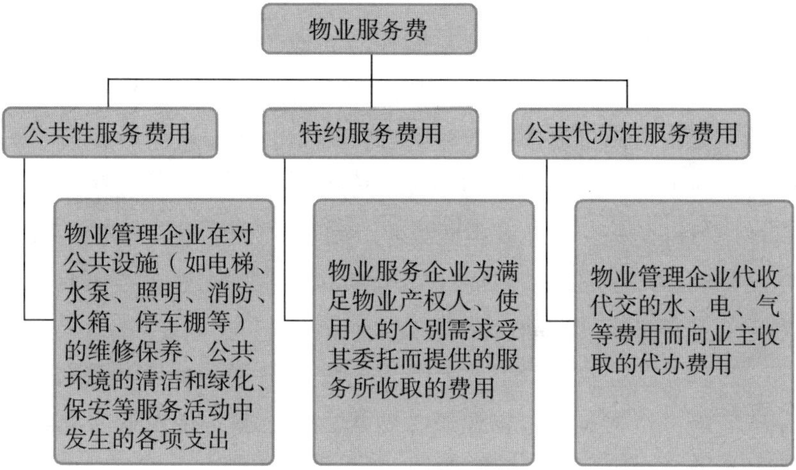

（三）物业服务企业的社会化职责

物业服务企业的社会化职责，是指基于法律的直接规定而非当事人在物业服务合同约定而产生的附件义务。这一附件义务对物业服务企业而言，具有明显的社会职责性质，故这一职责也可以称之为社会附加义务。这些社会附加义务的履行，既是城市综合治理的一个有机组成部分，也有利于物业产权人和使用人的整体利益，提升物业管理服务水平。《物业管理条例》第46条和第47条明确规定，物业服务企业有权并应当对物业管理区域内违反有关治安、环保、物业装饰装修和使用等方面法律、法规规定的行为予以制止，并及时向有关行政管理部门报告。有关行政管理部门在接到物业服务企业的报告后，应当依法对违法行为予以制止或者依法处理。

物业服务企业还应当协助做好物业管理区域内的安全防范工作。

发生安全事故时,物业服务企业在采取应急措施的同时,应当及时向有关行政管理部门报告,协助做好救助工作。物业服务企业可以雇请保安人员以维护物业管理区域内的治安,但应当遵守国家有关规定。保安人员在维护物业管理区域内的公共秩序时,应当履行职责,不得侵害公民的合法权益。

综上所述,物业服务企业的社会化职责主要涉及三个方面的问题:(1)物业服务企业的小区安全管理义务;(2)物业服务企业的环境管理义务;(3)政府与业主、物业服务企业之间的关系。

Chapter.4

第四章　物业管理法律责任

一、物业管理法律责任中的民事责任

民事责任是指按照民法规定,行为人因违反民事义务而应承担的法律后果。民事责任主要为财产责任。物业管理法律责任的归责原则通常应当奉行“过错责任原则”,此乃各国立法之通例。但若在物业服务中涉及高危险性作业,则应采用“无过错责任原则”,作为过错责任的补充,用于物业管理民事责任的确定。

常见的物业管理民事责任主要包括两类:①违约责任。违约责任是物业管理中常见的法律责任,是指物业服务合同当事人违反合同约定而应当承担的法律责任。物业服务合同成立后,对双方均产生约束力。如果一方违反合同,就要承担相应的法律后果。②侵权责任。侵权责任是指在物业管理活动中,行为人因实施侵犯国家、集体的财产权以及公民的财产权和人身权的行为而应承担的民事法律后果。

承担民事责任的方式。承担民事责任的方式主要有:停止侵害、妨碍排除、消除危险、返还财产、恢复原状、赔偿损失、支付违约金等。

二、物业管理法律责任中的行政责任

物业管理法律责任中的行政责任是指在物业管理过程中,行为人违反有关物业管理行政法律、法规而应承担的法律后果。根据《物业管理条例》第6章的相关规定,相关主体的行政责任主要有:①住宅物业的建设单位未通过招标方式选聘物业服务企业或者未经批准,擅自采用协议方式选聘物业管理企业的行为;②建设单位擅自处分业主的物业共用部位、共用设施设备的所有权或者使用权的行为;③不移交有关资料的行为;④建设单位在物业管理区域内不按照规定配置必要的物业管理用房或者未经业主大会同意,物业服务企业擅自改变物业管理用房用途的行为;⑤物业服务企业将一个物业管理区域内的全部物业管理一并委托给他人的行为;⑥挪用专项维修资金的行为;等等。

三、物业管理法律责任中的刑事责任

物业管理法律责任中的刑事责任是指在物业管理过程中,行为人严重违反物业管理法规,触犯刑事法律责任而应承担的法律后果。物业管理法律责任中的刑事责任主要分为自然人犯罪和单位犯罪两大类,自然人犯罪主要涉及的罪名有诈骗罪、盗窃罪、重大责任事故罪、渎职罪、玩忽职守罪、侵占罪、挪用公司资金罪、商业贿赂罪。单位犯罪主要涉及的罪名有逃税罪、偷税罪、商业贿赂罪。

Chapter.5

第五章　物业的使用与维护

一、物业公共部分的使用与维护

根据《物业管理条例》第五章的规定,物业公共部分的使用与维护应当遵循以下规则:

1. 改变公共建筑及公用设施用途的规则。在物业管理区域内,按照规划建设的公共建筑和共用设施,如公共停车场、公共绿地、花园、道路、广场等,全体业主均可使用,不得改变用途。业主依法确需改变公共设施和共用设施用途的,应当依法办理有关手续后告知物业服务企业。[①]

2. 公共道路、场地的占用、挖掘规范。业主、物业服务企业不得擅自占用、挖掘物业管理区域内的道路、场地,损害业主的共同利益。因维修物业或者公共利益,业主确需临时占用、挖掘道路、场地的,应当征得业主委员会和物业服务企业的同意。

3. 公用事业设施维护责任。物业管理区域内相关的供水、供电、供气、供热、通讯、有线电视等管线和设施设备,应当由提供服务的单位承担维修、养护的责任。有关单位因维修、养护管线和设施设备的需要,临时占用、挖掘道路、场地的,应当及时恢复原状。

4. 利用共用部位、共用设备设施进行经营的规则。利用物业共用部位、共用设施设备进行经营的,应当在征得相关业主、业主大会、物业服务企业的同意并办理完成相关手续后进行,业主所得收益应当主要用于补充专项维修资金,也可以按照业主大会的决定使用。

---

① 李东方著:《房地产法学》,中国政法大学出版社 2014 年版,第 328 页。

二、物业专有部分的使用与维护

业主作为专有部分的所有人,原则上有权处分自己专有部分的物业。但是,由于业主专有物业部分与其他业主的专有部分及共用部分紧密结合或者相邻,其处分行为(作为或不作为)可能会产生诸多影响邻里的负面外部效应。因此,当物业存在安全隐患,危机公共利益及他人合法权益时,责任人应当及时维修养护,有关业主应当给予配合。责任人不履行维修养护义务的,经业主大会同意,可以由物业服务企业维修养护,费用由责任人承担。

三、住宅专项维修资金

为了加强对住宅专项维修资金的管理,保障住宅共用部位、共用设施设备的维护和正常使用,维护住宅专项维修资金所有者的合法权益,具体落实《物权法》第 79 条和《物业管理条例》第 54 条的规定,原建设部与财政部于 2007 年 12 月 4 日联合发布了《住宅专项维修资金管理办法》,对商品住宅、售后公有住房专项维修资金的交存、使用、管理和监督作了具体的规定。

住宅专项维修资金,是指专项用于住宅共用部位、共用设施设备保修期满后的维修和更新、改造的资金。所谓住宅共用部分或者单幢住宅内业主及与之结构相连的非住宅业主共有的部位,一般包括:住宅的基础、承重墙体、柱、梁、楼板、房顶以及户外的墙面、门厅、楼梯间、走廊通道等。

住宅专项维修资金的管理实行专户存储、专款专用、所有权人决策、政府监督的原则。国务院建设主管部门会同国务院财政部门负责全国住宅专项维修资金的指导和监督工作。县级以上地方人民政府建设(房地产)主管部门会同同级财政部门负责本行政区域内住宅专项维修资金的指导和监督工作。

Chapter.6

第六章　物业纠纷处理途径与证据

一、物业纠纷的解决途径

物业纠纷发生后，当事人可以根据具体情况选择自行协商、调解、仲裁、诉讼四个解决途径：

1. 协商：即物业纠纷当事人双方或多方，依据有关法规、业主公约和物业服务合同中的规定，直接进行磋商，达成一致意见，按照各自过错的有无、大小和对方受损害的程度，自觉承担相应的责任，自行解决物业纠纷。

自行协商的优点在于解决纠纷的成本较低，效率较高，但当事人协商一致达成的协议不具强制力，因此，存在一方在协商之后反悔的情况。

2. 调解：即物业纠纷发生后，由国家规定的有管辖权的第三人主持引导当事人进行协商活动，坚持自愿原则和合法原则，促使当事人双方相互谅解，自愿达成协议，平息纠纷争端的一种方式。主要分为人民调解委员会为调解主体的民间调解和特定国家行政主管机关主持下的行政调解两种。以北京市为例，北京市建委于2007年发布了《关于加强人民调解化解物业管理纠纷的指导意见》，明确建立市、区（县）、街（乡）、社区四级物业管理纠纷指导和调解组织体系。各级调委会的分工主要如下：市调委会负责对全市物业管理纠纷调解情况进行调研，提出调解指导规则；各区县调委会负责解决本区县重大、疑难物业管理纠纷；街乡调委会负责调解本辖区疑难物业管理纠纷。

通过人民调解达成的协议没有强制执行力，但当事人可以根据《中华人民共和国调解法》第33条、《最高人民法院关于人民调解协议司法确认程序的若干规定》第1条、第3条、第4条、第8条和第9条等规定，共同向人民法院申请确认调解协议，人民法院经审查受理申请并做出确认决定的，一方当事人拒绝履行或者未全部履行时，对方当事人可以向做出确认决定的人民法院申请强制执行。

人民调解的优势在于处理纠纷较为及时、便捷，第三方主持调解也可消弭矛盾，促进和谐。且在达成协议后，当事人可以向法院申请确认协议，使调解协议具有与法律文书一样的强制执行力。缺点在于协议达成后，一方不主动履行义务时，需要重新协商或通过诉讼解决纠纷，由此导致纠纷解决存在一定的滞后性。

3. 仲裁：即物业纠纷当事人依据仲裁法，双方自愿达成协议选定仲裁机构并由其主持调解或对纠纷做出裁决的一种处理纠纷方式。实践中，由于仲裁协议具有一定的专业性、仲裁费用较高等原因，物业纠纷极少通过此种方式解决。

4. 诉讼：即法院在物业纠纷诉讼当事人和其他诉讼参加人的参与下，依法审理和解决物业纠纷案件的活动，以及在该活动中形成的各种关系的总和。诉讼是解决物业纠纷的最基本方式，也是最后方式。

诉讼的优点在于生效法律文书具有强制执行力，一方未根据生效法律文书主动履行义务时，另一方可据此申请强制执行。缺点在于诉讼的成本较高，当事人要付出一定的时间、精力和物质成本。

二、物业纠纷处理的常用证据

证据材料是指当事人向人民法院提供的或人民法院依职权调查收集的用以证明案件事实的各种资料,其作用是对当事人陈述的真实情况或诉讼主张予以佐证。根据“谁主张,谁举证”的原则,当事人对于自己的主张负有及时提供相应证据的法定义务,如果无法提交相应的证据则可能承担举证不能的不利后果。可以说,证据准备得越充分,越有针对性,胜诉的可能性才越大。

无论何种类型的物业纠纷,都可能涉及的证据,主要有以下几方面:

1. 证明原被告双方身份资料

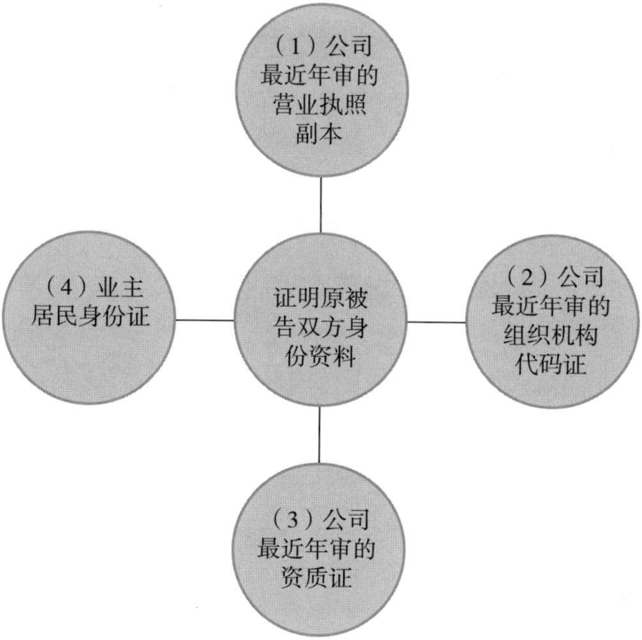

2. 证明原、被告之间形成物业管理合同关系或形成事实上物业管理关系的证据

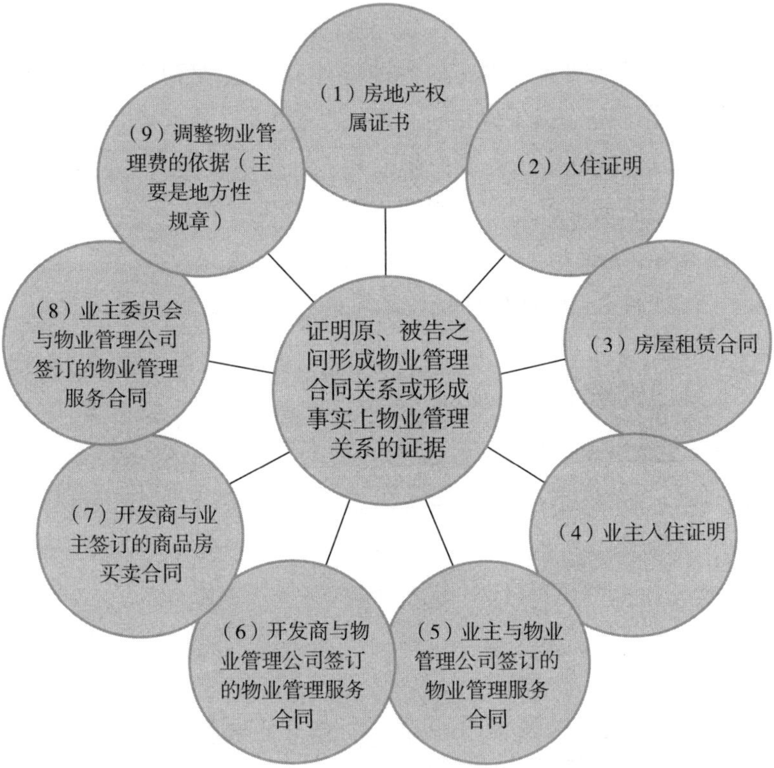

3. 证明原、被告之间履行合同情况的证据

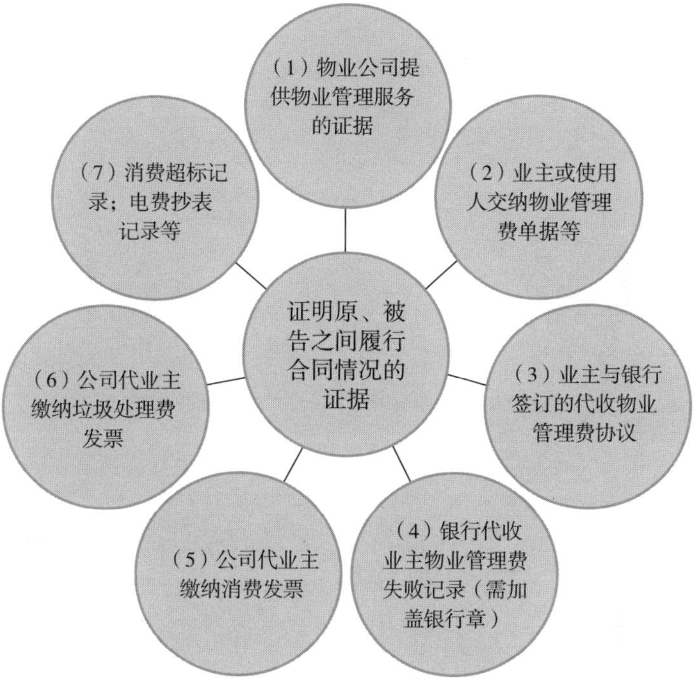

第二部分

物业纠纷处理锦囊

Chapter.1

第一章　业主和业主委员会的权利

01 业主委员会的诉讼主体资格问题

业主委员会是否具有诉讼主体资格,理论界有不同的意见。有一种意见认为,业主委员会是指根据业主公约或法律的规定,在房地产行政主管部门的指导下成立的业主大会选举产生的、由业主代表组成的代表业主利益、监督物业管理和广大业主履行业主公约的民间组织,业主委员会不拥有自己独立的财产,不能独立承担民事责任,且根据《物权法》及《物业管理条例》的规定,属于小区业主的权利应当由小区业主自己行使,现行的法律并未赋予业主委员会代替业主进行诉讼的权利资格,故原告业主委员会代替该小区全体业主就业主的权利提起诉讼,没有法律依据。另一种意见认为,业主委员会在其权限范围之内具有诉讼主体资格。《物业管理条例》第8条第2款规定,业主大会应当代表和维护物业管理区域内全体业主在物业管理活动中的合法权益。该条例第15条规定,业主委员会执行业主大会的决定事项,履行召集业主大会会议,报告物业管理的实施情况,代表业主与业主大会选聘的物业管理企业签订物业服务合同等职责,以及履行业主大会赋予的其他职责。另该条例第35条、第36条、第38条规定了业主委员会可以作为原告参加诉讼的情形。根据我国《物权法》第75条、第83条的规定,业主委员会也具有相应的诉讼主体资格。

此外,根据2005年8月15日《最高人民法院关于春雨花园业主委员会是否具有民事诉讼主体资格的复函》(〔2005〕民立他字第8号)中指出"根据《物业管理条例》规定,业主委员会是业主大会的执行机构,根据业主大会的授权对外代表业主进行民事活动,所产生的法律后果由全体业主承担。业主委员会与他人发生民事争议的,可以作为被告参加诉讼。”

因此,业主委员会在其权限范围之内具有诉讼主体资格。

案　情①

原告某业主委员会诉称,南通某房地产开发公司与被告南通某物业管理有限公司订立物业管理委托合同,委托被告南通某物业管理有限公司管理该小区,并向被告南通某物业管理有限公司支付物业管理服务房补费 60,000 元及绿化养护劳务费 78,000 元。现被告南通某物业管理有限公司撤出对该小区的物业管理,但未向业主委员会移交上述两项专用资金。为此,业主委员会在经小区 2/3 以上的业主表决同意,起诉要求被告南通某物业管理有限公司返还物业管理用房款 60,000 元、绿化维护费 68,000 元及相应利息。但是在诉讼时遇到了一个麻烦,该业主委员会没有自己独立的财产,是否具有独立的诉讼主体资格?

【案例分析】

本案所涉物业管理用房款、绿化维护费等争议涉及该小区全体业主在物业管理上的权益,小区业主为建筑区域内的物业管理用房款等共有权利的维权诉讼,符合《物业管理条例》和《物权法》的规定。在小区业主大会讨论,经小区 2/3 以上的业主表决同意,授权业主委员会承担本案的诉讼职责,不违反上述相关法律、行政法规的规定,亦符合《民事诉讼法》的相关规定。此外,授予业主委员会诉讼主体资格还是更好地维护全体业主的共同利益。在小区的公共事务上,业主委员会在其权限内可以代表全体业主进行各类法律行为,使小区全体业主的权益得以维护。故业主委员会具备本案的诉讼主体资格。

---

① 来源:江苏省南通市中级人民法院,有删改。

【相关法条链接】

《物业管理条例》第8条、第15条、第35条、第36条、第38条

02 签订购房合同时，开发商制定物业管理合同应符合法律规定

《物业管理条例》第22条规定：建设单位应当在销售物业之前，制定临时管理规约，对有关物业的使用、维护、管理，业主的共同利益，业主应当履行的义务，违反临时管理规约应当承担的责任等事项依法作出约定。我国《城市房地产开发经营管理条例》第28条也规定：商品房销售，当事人双方应当签订书面合同。合同应当载明商品房的建筑面积和使用面积、价格、交付日期、质量要求、物业管理方式以及双方的违约责任。因此，在签订购房合同时，开发商制定物业管理合同是合法的，同时也是必要的。

案　情①

甲物业公司接受北京市房山区某小区开发商的委托，为该小区提供前期物业管理服务。赵某某于2007年购买该小区房屋并入住，后拖欠2011年8月1日至2012年7月31日止的物业费4319.46元未交纳。双方协商未果，甲物业公司将赵某某诉至法院，要求其支付上述拖欠的物业费，赵某某则辩称甲物业公司与开发商签订的《前期物业服务合同》属无效合同，拒绝向甲物业公司交纳物业管理费用。

法院经审理认为，赵某某所在的小区未召开业主大会，也未成

---

① 参见北京市房山区人民法院民初字(2013)第04439号民事判决书、北京市第一中级人民法院民终字(2013)第09312号民事判决书，已生效。

立业主委员会，开发商为了小区的整体利益委托甲物业公司为小区提供前期物业管理服务并无不当，《前期物业服务合同》属于合法有效合同，赵某某在享受了甲物业公司提供的前期物业管理服务后，理应交纳相应费用，最终法院支持了甲物业管理公司的诉讼请求。

【案例分析】

住宅小区建成销售初期，业主的入住率未达召开业主大会或者成立业主委员的法定人数要求，无法由业主的意愿来决定聘请何家物业管理公司，但是小区的环境和设施又时刻离不开专门的维护和管理，因此只能由开发商来聘请物业管理管理公司为小区提供前期物业服务。开发商为了小区的整体利益委托物业公司为小区提供前期物业管理服务并无不当，业主在享受了物业公司提供的前期物业管理服务后，理应交纳相应费用。

【相关法条链接】

《物业管理条例》第 22 条、第 26 条

《城市房地产开发经营管理条例》第 28 条

03 开发商委托自己的子公司担任前期物业服务公司需要通过法定程序

开发商委托自己的子公司担任物业服务公司合法与否，关键要看子公司是否具有相应资质，聘用过程是否符合法律规定的招投标要求。《物业管理条例》第 24 条规定，国家提倡建设单位按照房地产开发与物业管理相分离的原则，通过招投标的方式选聘物业服务企业。住宅物业的建设单位，应当通过招投标的方式选聘具有相应资质的物业服务企业；投标人少于 3 个或者住宅规模较小的，经物

业所在地的区、县人民政府房地产行政主管部门批准，可以采用协议方式选聘物业服务企业。根据上述规定，包括子公司在内的任何营业执照中有物业服务这项经营范围的公司都可以依照法定的招投标程序成为小区的前期物业服务主体，也就是说，取得相应资质的子公司如果系经合法程序选聘成为小区的前期物业服务提供商，是完全合法有效的。

案　情[①]

闫某某为北京市延庆县某小区业主，甲物业公司与该小区开发商签订前期物业服务合同，接受委托为该小区提供前期物业管理服务。合同签订后，甲物业公司依约为该小区提供前期物业服务，然而业主闫某某却拖欠甲物业公司 2006 年及 2007 年的物业费 976.8 元。经多次催要未果，甲物业公司最终将闫某某诉至法院。庭审中，闫某某辩称，甲物业公司是开发商的一个子公司，两公司的老板均为同一人，这违反了国家建委的文件规定，不同意交纳上述费用。

法院经审理认为，甲物业公司系独立的企业法人，该公司履行了物业管理服务的义务，根据权利义务相一致的原则，其有向接受服务的业主收取相应的物业管理费的权利，最终法院判令闫某某向甲物业公司支付拖欠的物业管理费用。

【案例分析】

正如上述案例所示，现实生活中确实存在开发商委托子公司为自己开发的小区提供前期物业管理服务的情况，这也引起了很多业主关于两公司之间"关联关系"是否涉嫌违法的疑虑。实际上，开发商与其子公司是两个独立的法人主体，各自承担独立的民事责任。《公司法》第 14 条规定，公司可以设立子公司，子公司具有法人

① 参见北京市延庆县人民法院民初字(2008)第 01798 号民事判决书，已生效。

资格，依法独立承担民事责任。尽管如此，开发商也并非可以随意聘请自己的子公司为自己开发的小区提供前期物业管理服务。为了杜绝开发商和子公司之间的“关联利益”，《物业管理条例》第57条同时规定，住宅物业的建设单位未通过招投标的方式选聘物业服务企业或者未经批准，擅自采用协议方式选聘物业服务企业的，由县级以上地方人民政府房地产行政主管部门责令限期改正，给予警告，可以并处10万元以下的罚款。

【相关法条链接】

《公司法》第14条

《物业管理条例》第24条、第56条

04 业主委员会的诉讼主体资格具有一定限制

业主委员会是否具有诉讼主体资格，关键在于业主委员会起诉或应诉事项是否在其权限范围之内，即是否属于法律规定的业主委员会所维护的业主公共权益。根据《物业管理条例》第35条、第36条、第38条等的规定，业主委员会可作为原告参加诉讼的四种情形分别是：(1)物业服务企业违反合同约定损害业主公共权益的；(2)业主大会决定提前解除物业服务合同，物业服务企业拒绝退出的；(3)物业服务合同终止时，物业服务企业拒绝将物业管理用房和《物业管理条例》第29条第1款规定的资料移交给业主委员会的；(4)其他损害全体业主公共权益的情形。在以上四种情况下，业主委员会具有诉讼主体资格。

案　情①

静源居小区是中房集团华北城市建设投资有限公司于2002年开发建设、2003年投入使用的高档楼盘，广告中承诺社区绿化率达32%，拥有完备的内部设施与成熟的社区配套。2003年，业主入住静源居小区后发现，开发商没有兑现其在售房时承诺的绿地面积和地下停车库、垃圾间等社区配套设施，房屋普遍存在墙体薄、隔音差等问题，严重侵害了广大业主的合法权益。广大业主遂委托依法选举产生的静源居小区业主委员会向开发商提起诉讼，要求开发商中房华北公司履行小区绿化率达到32%的承诺，交付地下停车位，向辖区学校交纳教育基金解决业主子女就近上学问题等11项诉讼请求。

2005年10月，一审法院经审理后以静源居小区业主委员会不具备诉讼主体资格为由作出驳回起诉的裁定。静源居业委会不服，认为其具备诉讼主体资格，是合格原告，遂上诉至北京市第一中级人民法院，要求撤销一审裁定，指定一审法院继续审理。二审法院根据《物业管理条例》的有关规定，作出驳回起诉的终审裁定。

【案例分析】

在本案中，小区业主委员会起诉开发商广告欺诈、合同违约，本质上应属商品房预售合同纠纷，不属于物业管理纠纷，其起诉的内容均与物业管理无关，因此该业委会并不具备原告的主体资格。但业主可以自行或推选代表人向法院提起针对开发商广告欺诈、合同违约的共同诉讼。根据《民事诉讼法》第53条、第54条的相关规定，业主集体起诉开发商当事人一方人数众多的共同诉讼，可以由业主推选代表人进行诉讼。

---

① 郭京霞、王晓雁：“北京首起业主委员会状告开发商案终审：驳回起诉”，载《法制日报》2005年11月10日。

处理锦囊

对于开发商的各类广告,购房人应该仔细识别其内容是否确定,有无虚假成分,不要偏听偏信,要保存相关证据,待入住发现与其承诺不符的,可以单独或联合起来向法院起诉。不过,此时的被告应是开发商,而非物业服务公司,享有原告起诉资格的是各位业主自己,不是推选出来的业主委员会。

【相关法条链接】

《物业管理条例》第35条、第36条、第38条

《民事诉讼法》第53条、第54条

05 房屋设备不全,业主依法维权

新商品房业主进户时都拿到了由上海市房屋土地资源管理局和上海市建设工程质量监督总站联合监制的《上海市新建住宅质量保证书》,但发现房屋及其设施设备毛病依然不少,为什么还会出现这些问题?原因是,首先验收内容和比例上,验收是按照一定比例抽检的,抽检的结果不一定能全部反映房屋设施的完好情况。其次验收检验时一般是在相对静态情况下进行的,在业主频繁使用的过程中更能反映出其性能完好的真实情况。所以,开发商并不能因为房屋及其设施设备通过有关部门验收后签字盖章就对房屋存在的瑕疵而免责,业主也不能因开发商的过错而拒缴物业服务费而妨碍一向正常的物业管理服务工作的顺利进行。《合同法》第153条规定了买卖合同中,卖方对出卖标的物的质量瑕疵担保责任,出卖人应当按照约定的质量要求交付标的物,否则需要承担修补、调换、减少价金等相应的法律责任。

案　情①

位于杨浦区中山北二路上的大运盛第四期高层新房,业主入住近两年了,奇怪的是该房的安防系统一直未开通,最使业主恼火的是大门的门禁洞开无法关闭,给业主和使用人的安全带来了很大的隐患。明明是经过有关部门验收交付的新房,怎么连最基本的防范设施都不全?物业管理处的管理人员称,该房安防系统物业与开发商一直未办理交接手续,原因是安防系统存在问题不能正常使用,为此物业管理处多次致函开发商要求解决无果。开发商却称,该房安防系统经过有关部门验收,是物业管理的问题和业主使用问题,开发商没有责任。为什么开发商把责任推向物业管理处和业主呢?原来因为业主反响强烈,物业管理处在问题未解决前,曾经采取临时加锁措施,但由于这一措施同房内不联网,因效果不好而不了了之。无奈,许多业主把怨气出在物业公司身上拒交物业服务费。在了解了该问题的来龙去脉,经过一番深入调查后,该四期的一位业主将开发商告上了法院。

原告业主称:入住至今,按照《商品房预售买卖合同》和《房屋使用说明书》,被告至今并未开通住户安防系统(对讲访客门禁系统、住户报警系统)。设在住户房里的对讲电话、住户报警系统形同虚设,门禁至今从未关上。安全系统从掌握的证据来看,物业与开发商未交接和调试过,在有关部门在房屋设施设备总体验收时,物业有关人员虽然参加了会议,但没有认可签字。显然,被告开发商安防系统存在瑕疵,不能因为该房总体验收通过,就可免除被告应承担的法定和约定义务。由此给原告的居住安全带来了极大的隐

① 黄友健:“业主依法维权法院支持问题解决”,来源:上海市物业管理行业协会网,有删改。

患，要求履行合同。原告业主在法庭上出具了《商品房预售买卖合同》、《房屋使用说明书》、《房屋质量保证书》、物业公司两年来先后致开发商的有开发商工程部签收的函、有关部门验收现场会的有关记录材料、一组照片书证等。

被告开发商称：该房安防系统的设计、施工、安装完全按照国家现行标准进行，交房前是经过有关部门验收的，是物业管理的问题和业主使用问题，开发商没有责任。被告出具了工程验收的相关材料。

法院判决：原、被告签订的《商品房预售合同》系双方当事人真实意思表示，具有法律约束力，双方均应按约全面履行。因原被告双方存在商品房买卖关系，被告理应对房屋及附属设施设备全面履行，原告主张被告修复、开通房屋安防系统应予支持。

法院判决后不久，小区开发商另请了安防系统公司对四期房屋的安防系统进行了全面检修整改，在小区物业公司的协助下，安防系统通过调试，现已修复开通，困扰联源物业大运盛物业管理处和业主的难题终获解决。

【案例分析】

本案中，虽然开发商获得了上海市房屋土地资源管理局和上海市建设工程质量监督总站联合监制的《上海市新建住宅质量保证书》，但此种保证书并不能免除开发商在买卖合同中承担的质量瑕疵担保责任。本案原、被告之间签订的《商品房预售合同》系双方当事人的真实意思表示，具有法律约束力，开发商应该遵守《商品房预售合同》中的相关约定，全面履行约定义务。

本案中部分业主因为开发商交付的物业存在瑕疵，而拒绝缴纳物业费是没有法律依据的。

【相关法条链接】

《合同法》第153条

06 前期物业服务公司拒绝移交管理，业主委员会依法维权

根据我国《物权法》的规定，物业管理公司的选任与解聘的权利依法归属于权利业主享有，由业主大会和业主委员会依法行使。因物业管理公司发生的纠纷，属于业主委员会的权限范围，业主委员会依法享有诉讼主体资格。同时，《物业管理条例》第26条规定："前期物业服务合同可以约定期限；但是，期限未满、业主委员会与物业服务企业签订的物业服务合同生效的，前期物业服务合同终止。"关于物业管理公司与业主之间的权利义务关系，以及物业管理权的移交期限，应该按照物业服务合同的相关规定处理。

案 情①

业主们入住海景花园后，对物业服务公司的管理水平与服务质量提出了质疑，有的表示了强烈不满。海景花园召开业主大会，选举产生了业主委员会，召开业主代表大会，决定由业主委员会负责通过公开招标方法选聘新的物业服务公司，并向房管局、街道办提交了请求更换物业服务公司的报告。通过公开招标，业主委员会、业主代表大会表决决定，选聘了新物业服务公司。但就在新物业服务公司欲与原物业服务公司办理物业移交手续时，遭到拒绝，双方为此闹得很不愉快。房管局主持召开了物业管理纠纷协调会议，并形

① 林忠明："业主炒物业，判决支持谁"和"福州中院终审支持'业主炒物业'"，来源：《人民法院报》2003年12月30日和2004年5月18日。

成会议纪要,规定期限移交物业管理。原物业服务公司以前期物业管理投入的财产和资本未理顺为由拒绝移交,并向法院提起诉讼,要求确认业主委员会与新物业服务公司之间订立的物业管理委托合同无效。但在业主委员会向法院起诉后,原物业服务公司向法院提出了撤诉。业主委员会向法院起诉,请求判令原物业服务公司与开发商签订的前期物业管理委托合同终止,限期移交物业管理权及其相关物业资料,并退出小区等。就在诉讼进行之中,业主"占领"了物业管理办公室和保安房,强行赶走原物业服务公司,实现"业主自治"。

法院认为:业主委员会经业主代表大会授权,有权对关系业主利益的事宜对外起诉、应诉或调解,业主委员会作出的决定及起诉、应诉、调解的结果对全体业主具有约束力。因此,业主委员会作为诉讼主体是适格的。一审法院判决原物业服务公司与开发商签订的前期物业委托合同终止,原物业服务公司应退出小区,并向业主委员会移交物业管理权。原物业服务公司不服一审判决,提出上诉。二审法院驳回上诉,维持原判。

【案例分析】

本案中,对于服务质量差的前期物业服务公司,业主委员会是有诉讼主体资格的,因为业主委员会是经全体业主选举产生,并向政府行政主管部门备案的组织,是业主大会的执行机构。业主委员会经业主大会授权,有权对关系业主利益的事宜对外代表业主起诉、应诉或调解,业主委员会作出的决定及起诉、应诉、调解的结果对全体业主具有约束力。所以说,本案业主委员会有权代表业主选举出新的物业服务公司,在原物业服务公司拒绝移交物业管理时,有权向法院起诉原物业服务公司。在本案中,业主委员会与新的物业服务企业签订了生效的物业服务合同,根据《物业管理条例》第26条规定,前期物业服务合同终止,前期物业服务企业要将企业管理的有关资料移交给业主委员会。

处理锦囊

业主入住后如果对开发商原先选定的物业服务公司的服务不满意,业主代表大会选举产生的业主委员会可以通过招标等方式选定新的物业服务公司,并向房管局、街道办通告更换物业服务公司的相关情况。如果原来的物业服务公司拒不移交物业管理权的话,业主委员会可以向法院起诉原物业服务公司,要求其移交相关物业管理资料,退出小区。但在法院作出有效判决前,不能采取本案中的过激措施——“占领”物业管理办公室和保安房,强行赶走原物业服务公司,实现“业主自治”,以免触犯法律,承担相应的法律责任。

【相关法条链接】

《物权法》第 76 条

《物业管理条例》第 26 条

07 新旧物业公司交接的权利义务

开发商与前期物业管理公司签订的合同只要符合合同的成立和生效要件即是合法有效的,双方当事人应当遵守。但是,前期物业服务合同的效力是有限的,其效力受到业主委员会与其他物业公司签订的后期物业服务合同的影响。我国法律规定,在新的物业管理合同产生之后,前期的物业管理委托合同自动失效,原物业服务公司应该向新的物业服务公司移交相关物业管理所需材料,以协助新的物业服务公司进驻小区开展工作。可见,前期物业管理公司负有向新聘物业公司移交物业管理权的法定义务。具体移交事宜按照物业服务合同的相关规定办理。

案 情[①]

业主委员会通过招标方式选聘了新的物业服务公司,双方签订《物业管理委托合同》。而后,业主委员会正式向开发商及原物业服务公司送达了《交接通知》,但二者置之不理。由于新物业服务公司未能参与小区的物业服务,就向法院起诉小区的业主委员会、开发商及原物业服务公司。业主委员会认为,其已同意全面履行与新物业服务公司所签订的《物业管理委托合同》,新物业服务公司无法对小区进行管理,是因为原物业服务公司拒不撤出小区,因此新物业服务公司的经济损失及管理者报酬应由原物业服务公司承担。

法院认为:业主委员会成立后有权决定续聘原物业服务公司或新聘物业服务公司进行小区物业管理。新物业服务公司依法定程序选定后,开发商与原物业服务公司之间的《物业管理委托合同》应予解除。新物业服务公司要求履行其与业主委员会签订的《物业管理委托合同》的请求正当。本案中新物业服务公司之所以未获得管理者酬金,系业主委员会未履行合同所致。据此判决,解除开发商、原物业服务公司与业主委员会签订的《物业管理委托合同》,原物业服务公司退出小区物业管理,由新物业服务公司行使小区的物业管理权,业主委员会给付新物业服务公司相应的管理者酬金。

【案例分析】

(1)前期物业管理委托合同的效力

本案中,开发商与原物业服务企业签订的前期物业管理委托合

---

① 何欣荣、申黎主编:《物业之争:物业纠纷典型案例评析》,法律出版社2005年版,第200页。

同是基于当事人真实的意思,应为合法有效的合同,在合同约定的期限内具有法律效力。但此合同的效力是有限的,在业主委员会与新选聘的物业服务公司签订新的物业管理服务合同之后,即使开发商与原物业服务公司签订的前期物业管理委托合同没有到约定的期限,也自动失效,原物业服务企业不能以前期物业管理委托合同来对抗业主委员会和新选聘的物业服务公司,进而阻止新物业服务公司进驻小区进行物业管理。

(2)新选聘物业服务公司进驻小区开展物业管理的义务主体

结合本案,新选聘的物业服务公司依据新的物业管理合同进驻小区,开展物业管理工作,此时应有两方面义务主体来协助其进行工作。一方面,根据新的物业管理合同的约定,业主委员会作为合同当事人的一方,负有协助另一方——新的物业服务公司——开展物业管理的合同义务。另一方面,根据法律的直接规定,在新的物业管理合同产生之后,前期的物业管理委托合同自动失效,原物业服务公司应该向新的物业服务公司移交相关物业管理所需材料,以协助新的物业服务公司进驻小区开展工作。在无明确的法律规定的情况下,根据合同的相对性,新的物业服务公司在非自身原因无法进驻小区开展物业管理工作时,不能直接向原物业服务公司主张权利,即不能直接以原物业服务公司为被告向法院起诉,而应要求业主委员会承担相应的协助工作的责任。

处理锦囊

经常会出现业主委员会对开发商委托的进行前期物业管理的企业服务不满意的情况。此时,业主委员会可以自行选聘新的物业服务公司进行物业管理服务工作。但是,业主委员会不能以为选聘出新的物业服务公司之后就万事大吉了,因为根据法律的规定和新签订的物业管理合同的约定,业主委员会有保障新物业服务公司进驻小区开展正常的物业管理工作的义务。在新的物业服务公司非因自身原因无法进驻小区的情况下,业主委员会应该要求原物业服务公司向新物业服务公司移送相关的物业管理资料,排除原物业服务公司的妨碍。否则,业主委员会除了应按约定付给新物业服务公司物业管理费之外,还应承担支付违约金等的违约责任。

【相关法条链接】

《物业管理条例》第 11 条、第 26 条

08 业主委员会有权在解聘前期物业公司之前新聘其他物业管理公司

业主委员会是否有权在解除原物业管理合同之前选聘新的物业服务公司?答案是肯定的。业主委员会有权与自己选聘的新的物业服务公司签订物业管理服务合同,来终止原物业管理合同,而无须待有权机关宣布原物业管理合同失效后,才能选聘新的物业服务公司。也就是说,只要业主委员会重新选聘了新的物业服务公司,并签订物业管理服务合同,原物业管理服务合同即自动失效,无须办理特别手续,原物业服务公司有义务将相关的物业管理资料移交给新的物业服务公司。

案　情①

2013 年 8 月，经相关部门的备案，广东省东莞市海杨城业主委员会成立。11 月 6 日，海杨城业主委员会与自己中意的物业管理有限公司签订了物业管理服务合同，生效日期为合同签订之日。与此同时，海杨城却还面临着与原有物业服务公司之间的物业服务关系。2014 年 4 月 16 日，海杨城业委会起诉海杨城物业有限公司，要求其退出海杨城物业管理区域，要求依法解除与被告的物业服务关系；由被告向全体业主公布物业费的支出情况；将配套设施、地下管网工程竣工图等相关资料以及物业用房、变电站设施等交与原告，以利于业主委员会自己新选聘的物业服务公司进行物业服务。

法院认为：在业主、业主大会选聘物业服务企业之前，建设单位与其选聘的物业服务企业签订的物业服务合同为前期物业服务合同，当业主委员会与自己选聘的物业服务企业签订的物业服务合同生效时，前期物业服务合同终止。所以，第三人与被告所签订的物业管理委托合同应予终止。经查，原告的诉讼地位符合法律规定，原告有权自主选聘物业服务企业对其提供物业服务。第三人某房产商与被告某物业管理有限公司签订的物业管理委托合同予以终止；被告物业服务公司将物业用房、电梯、变电站、泵站设施交付原告收回，并将公寓竣工平面图等相关资料和文件交付原告。

海杨城物业公司不服，上诉。2015 年 4 月 29 日，东莞市中级人民院维持市第二人民法院的一审判决，判令海杨城物业有限公司退出小区物业服务区域。2015 年 8 月 17 日，法院进行强制执行。

【案例分析】

本案中，海杨城业主委员会有权聘请新的物业公司，而无须先

---

① 参见 http://news.combpm.com/2015－08/1076.html，2016 年 9 月 15 日访问。

对开发商聘请的前期物业公司先行进行解聘。在业主委员会与新聘物业公司签订物业服务合同之后,前期物业服务合同自动失效,业主委员会不需要办理其他特别手续。

处理锦囊

如若业主们对原物业服务公司的物业管理服务不满意,有权通过有效成立的业主委员会选聘新的物业服务公司,并签订新的物业管理服务合同,由是原物业管理服务合同自动终止,而无须办理其他特别手续。原物业服务公司有责任将相关物业管理资料移交给新的物业服务公司,如果原物业服务公司拒绝移交物业管理权的,业主委员会可以自己的名义向法院起诉原物业服务公司。

【相关法条链接】

《物业管理条例》第 11 条、第 26 条

《物权法》第 76 条

09 业主委员会可以代表业主起诉物业服务公司

从合同相对性原则来看,与开发商和物业服务公司签订协议的是业主,业主委员会和二者不存在合同关系,其是业主大会的执行机构,其主要职责是针对物业管理、服务等事项进行监督。一般情况下,业主委员会不能行使业主的合同权利,代表业主提出诉讼。不过,如果在物业服务公司损害业主公共权益或业主大会决定解除物业服务合同而物业服务公司拒不退出的情况下,业主委员会可以代表业主向法院起诉,行使诉权。解聘物业服务企业的决定权在业主大会。如果业主大会决议解除物业管理合同,而物业服务企业拒绝退出的,应由业主大会的执行机构即业主委员会行使诉权。因

此，单个或部分业主没有权力解聘物业服务公司。同时，业主委员会也无权未经业主大会通过解除物业管理合同的决议，径行解聘物业服务公司。

案　情①

2001 年年初，业主入住恋日嘉园时，被告华野物业服务公司是由开发商指定的前期物业服务公司。2002 年，恋日嘉园物业管理委员会成立。华野物业服务公司对小区物业进行管理期间，大部分业主对其提供的服务不满意，并多次发生冲突。2004 年 7 月，小区 2/3 以上多数业主一致要求解除与华野物业服务公司的物业管理关系。此后，他们通过公证告知华野物业，应解除双方的物业管理合同，但对方置之不理。物管会认为，《物业管理公约》约定了合同解除的条件，现条件已成熟，并且物管会履行了通知义务。因此，物管会诉至法院，要求终止双方事实上的物业管理合同关系，并要求华野物业服务公司移交《物业管理条例》第 29 条规定的物业管理资料。

法院认为：《物业管理条例》第 11 条规定："业主大会履行下列职责：……（3）选聘、解聘物业服务企业……"可见，解聘物业服务企业的决定权在业主大会。如果业主大会决议解除物业管理合同，而物业服务企业拒绝退出的，应由业主大会的执行机构即业主委员会行使诉权。因此，现由小区物业管理委员会主张权利是民事诉讼主体不适合，对其起诉，应予驳回。

【案例分析】

整体物业服务质量涉及全体业主的公共利益，而非某一业主的个人利益，业主的共同权利应该由业主委员会和业主大会代表全体

---

① 参见 http://www.lawyee.net，2005 年 6 月 14 日访问。

业主共同行使。本案中,大部分业主对被告华野物业服务公司的物业服务不满意,业主可以通过业主大会作出决议,由业主委员会执行聘请新的物业服务公司。本案的原告应该为具体代表业主行使权利的业主委员会,小区物业管理委员会作为诉讼主体不适格。

处理锦囊。

在物业管理活动过程中,如果大多数业主对物业服务公司的物业管理不满意,或者物业服务公司损害业主公共权益的,业主可以联合起来召开业主大会,通过决议来解除物业服务合同,解聘物业服务公司。在业主大会通过解除物业管理合同的决议后,如果物业服务公司拒不履行的话,业主委员会可以代表业主向法院起诉,主张权利。

【相关法条链接】

《物业管理条例》第 11 条

10 业主委员会可以向物业服务公司要求返还维修基金

维修基金是业主筹集并专门用于房屋维修的专项资金,业主当然有使用、管理的权利。我国相关法律也明确确认了业主的这一基本权利。根据旧的《物业管理条例》第 6 条,业主有权监督物业共用部位、共用设施设备专项维修资金的管理和使用,第 11 条也把“决定专项维修资金使用、续筹方案,并监督实施”的重要职责赋予业主大会。于 2016 年 2 月 6 日修订的《物业管理条例》在继承这一规定的同时,还进一步说明,专项维修资金的使用、管理由业主共同决定。并且,对业主大会就专项维修资金的决议要求两个“2/3 多数”,一是专有部分占建筑物总面积 2/3,二是占总人数 2/3 以上的业主同意。总之,不管是依据修订前的,还是修订后的《物业管理条例》,业主对专项维修资金的权利都毋庸置疑。另外,作为业主大会执行机构的业主委员会,也有向法院提起诉讼的权利。所以,业主委员会有权向物业服务公司要求返还维修资金。

案　情[①]

朝天小区是某市广安实业开发有限公司(以下简称广安公司)开发建设的商品房住宅区,建筑面积 4.6 万平方米,2004 年 10 月交付使用。交付时 274 户业主大部分已经入住。在这些小区业主向广安公司买房时,都随购房款一起缴纳了购房款 2% 的房屋大修基金,这些房屋大修基金共计约有 100 万元。业主们入住后,物业管理服务一直由广安公司代行。

2006 年 8 月 12 日,朝天小区的业主们召开了首次业主大会,成立了朝天小区业主委员会。2006 年 9 月 4 日,朝天小区业主委员会在该市房产管理局登记备案。业主委员会成立后,就向广安公司讨要房屋维修基金的管理权,要求广厦公司“接到公函 7 日内将专项维修资金及产生的利息汇入指定账户”,而广厦公司却以法律没有规定维修基金直接由业主委员会管理为由拒绝。2006 年 10 月 16 日,业主委员会将广厦公司诉至该市万平区人民法院。

一审法院于 2007 年 1 月 4 日一审支持了业主委员会的诉讼请求,判决开发商 7 日内将房屋维修基金及利息和维修基金明细表交付朝天小区业主委员会管理。广安公司不服提起上诉。

二审法院认为,被上诉人朝天小区业主委员会成立后,该市

① http://www.chinacourt.org,2008 年 2 月 25 日访问。

房地产管理局登记备案，亦经该市房产管理局盖章同意。故朝天小区业主委员会的成立符合法定程序。上诉人广安公司此时应将代管的专项维修资金及产生的利息交付于被上诉人朝天小区业主委员会管理，上诉人广安公司迟迟不予交付是无法律依据的。故上诉人广安公司的上诉理由不能成立，本院不予支持。原审认定事实清楚，适用法律正确，程序合法。判决驳回上诉，维持原判。

【案例分析】

维修基金的所有权和使用权属于全体业主，而作为业主大会的执行机构的业主委员会有权为了全体业主的利益向法院提起诉讼。在本案中，朝天小区业主委员会有权向广安公司要求返还100万元的维修基金及其利息。法院也确认了业主对维修基金的权利，判决广安公司把维修基金返还业主并由业主委员会进行使用、管理。一审、二审法院的判决是符合法律规定的。

处理锦囊

专项维修资金的使用和管理应当由全体业主共同决定，是不是让物业服务公司来管理要由全体业主说了算。一方面业主要积极地主张这一权利，另一方面物业服务公司要尊重，而不能肆意侵犯业主的这一权利。

【相关法条链接】

《物业管理条例》第6条、第11条、第12条

11 业主觉得业主委员会的决定不适当可以提起撤销之诉

我国《物业管理条例》第12条规定：“业主大会或者业主委员

会作出的决定侵害业主合法权益的,受侵害的业主可以请求人民法院予以撤销。”可见,业主可以对业主大会或业主委员会作出的不适当的决议请求法院予以撤销。另外,如果业主认为业主大会、业主委员会的决定违反了法律、法规的,还可以请求当地政府的房管局或者街道办事处、乡镇人民政府进行处理。政府应当责令限期改正或者撤销其决定,并通告全体业主。

案　情[①]

原告王某是上海市长宁区法华门大厦的业主,该大厦是公寓住宅。2009 年 11 月,法华门大厦业主大会作出决议,在大厦大堂内可以临时设摊经营。而在上述决议作出前后,大厦的大堂内一直存在各种拍卖会、特卖会等经营活动。原告认为,法华门大厦的底层大堂是全体业主共有的设施,业主大会的决议使之成为经营场所,不仅侵害了原告正常使用大堂的权利,使原告的物业价值贬损,而且给大厦的消防、治安等带来隐患,同时也改变了大堂原有的规划用途。故原告提起本案诉讼,要求判令撤销上海市长宁区法华门大厦业主大会于 2009 年 11 月 22 日作出的决议,并要求被告将决议被撤销的情况通告全体业主。

被告某委员会辩称,原告指称的决议是经过 2/3 以上的业主同意后作出的,符合法律、法规的规定。法华门大厦底层大堂用于经营、筹措的资金扣除物业公司的管理成本后全部归全体业主所有,用于大厦公用部位、共有设施和设备的维修改造。被告认为,讼争决议没有侵害原告的合法权益,作出决议的程序合法,请求人民法院驳回原告的诉讼请求。

法院经审理认为:有关共有和共同管理权利的重大事项,应由

---

① 案号:上海市长宁区人民法院(2010)长民三(民)初字第 2000 号。

业主共同决定,业主大会或者业主委员会依法定程序作出的决定,对业主具有约束力。业主大会或者业主委员会作出的决定侵害业主合法权益的,受侵害的业主可以请求人民法院予以撤销。法华门大厦的底层大堂属于业主共有的部位,其用途应为供人员进出通行及休息等。讼争业主大会的决议改变了大堂的原有功能,在用于设摊经营过程中,难以避免人员频繁出入、物品堆放占用空间;在法华门大厦内设摊经营的活动本身也涉及是否符合工商行政管理、消防安全等方面的行政法规的问题。同时,大堂用途的改变已影响到业主正常使用大厦共有部位的合法权益,在出现紧急情况时亦将妨碍人员的疏散及施救工作的开展。法院撤销了上海市长宁区法华门业主大会于2009年11月22日作出的法华门大厦大堂可以临时设摊经营的《业主大会决议》。

【案例分析】

本案中,法华门大厦大堂,是全体业主的共有财产,对大堂的处置应该由全体业主共同决定。因为《物业管理条例》第11条明确规定,有关共有和共同管理权利的重大事项要由业主共同决定。业主委员会虽有投票程序,但擅自将大堂改为经营性场所,既违反了《物权法》、《物业管理条例》,也侵犯了业主的合法权益。2016年最新修订的《物业管理条例》也明确了业主对侵犯自己权益的业委会决定有提起诉讼的权利。所以,法院判决撤销了业主委员会将大堂临时设摊经营的决定。业主委员会的决定应当符合法律的规定。

处理锦囊

有关小区共有和共同管理权利的重大事项要由全体业主共同决定。决定事项具有法律效力有两点要求：首先，在程序上需要召开业主大会，由全体业主投票决定；其次，在内容上不可违反法律、法规的相关规定。只有遵循了以上两点，业主大会的决定才具有法律效力。当然，不管是业主大会的决定，还是业主委员会的决定，业主只要认为侵犯了自己的合法权益，都有权向法院提起诉讼，请求撤销。

【相关法条链接】

《物业管理条例》第 6 条、第 11 条、第 12 条、第 19 条

Chapter.2

第二章　物业维修纠纷

一、业主与物业服务公司的维修纠纷

01 业主搭建防护网不能占用公共空间

楼房等建筑物所有权构成，通常应区分为专有部分所有权和共有部分所有权。建筑物区分所有人对专有部分的所有权简称专有所有权，是指区分所有权人对独自专门使用的建筑空间所拥有的所有权。专有部分所有权有两个明显的特点，一是构造上的独立性（通常指四壁具有确定的遮蔽性）；二是利用上的独立性。建筑物区分所有人对共有部分的共有所有权，是指区分所有权人依据法律、合同或区分所有人之间规约的规定，对建筑物的共用部分所享有的占有、使用、收益的权利。物业服务企业所管理与服务的是建筑物区分所有权的共有部分。业主安装防护网是否侵权，在法律方面应严格予以区分。其在专有部分所建附属设施应予保护；其在公共区域所建附属设施，侵占了全体业主的利益，应予拆除。

案　情①

某物业公司与某开发商签订了前期物业服务合同，并进行了备案登记，对该小区提供物业管理服务。某业主购买了该小区住宅某座1层101号、102号房屋两套，办理入住手续时预交了6个月物业管理服务费，并对房屋开始进行装修。装修中，该业主将两间房屋后阳台沿防水渠装置整面防护网，并在防护网中间安装两扇大门。该防护网覆盖了两间房屋阳台之间的公共空间，并在该空间上搭设顶棚，形成了独立区域。

① 《今晚报》，2008年12月27日版，有删改。

物业公司作为原告诉至法院,要求被告(该业主)拆除违章设置的防护网和违章搭建的附属物,封闭私自开设的后门,恢复建筑物原状。

法院审理后认为,被告业主作为该小区房屋业主,为居住安全,安装防护网并不影响小区的管理服务工作和其他住户的正常生活。但其在101号和102号房屋南阳台之间沿防水渠安置防护网和在101号房屋以东沿防水渠搭建防护网,占用了公共区域,给小区管理与服务造成妨碍,该防护网应予拆除,判令被告业主将其居住的第101号、102号房屋南阳台之间及101号房屋以东沿防水渠搭建的防护网予以拆除,并恢复房屋外观原状。

【案例分析】

首先,本案中,被告业主紧贴窗户安装的防护网是其专有所有权的实现,并未侵占建筑物的共用部分,亦不影响其他业主的生活,法律应予保护,不应拆除。而其在101号和102号房屋南阳台之间沿防水渠装置防护网和在101号房屋以东沿防水渠装置的防护网侵占公共区域,侵占了其他共有人的权利,判决被告业主拆除其在公共区域的装置是正确的。

其次,业主侵占公共区域搭建防护网,物业服务企业诉讼法院,属于适格的诉讼主体。物业服务企业获得物业管理与服务权的法律基础是物业服务合同,物业服务企业是受业主委托处理物业管理与服务事务。本案原告物业公司正是基于这样一种法律事实,才获得了相应的诉讼地位。原告物业公司行使排除妨害的权利,实际是在行使以业主为相对人的合同权利。

【相关法条链接】

《物权法》第70条、第72条

02 业主违章修建户外设施，物业不是适格诉讼主体

近年来，业主自行搭建、改建等行为屡有发生，引发的物业管理纠纷占了民事案件相当大的比重。对于业主此类行为，物业公司是否有权提起民事诉讼，审判实践中把握不一，主要存在以下权利主体：

（1）对业主违反相关禁止性规定的违章搭建、改建行为的处罚权在有关行政管理部门。在一些地方性法律（如上海市）中规定了业主出现违章搭建、改建行为时，有关行政管理部门在接到物业管理企业的报告后，应当依法对违法行为予以制止或者依法处理，如责令改正、限期拆除、恢复原状、向人民政府申请强制拆除、罚款等。由此可知，对于业主违反法律法规禁止性规定的行为的处罚，属于行政管理部门的主管范围和执法范畴，当事人对行政管理部门的具体行政行为不服的，可以依照《行政复议法》或者《行政诉讼法》的规定，申请行政复议或提起行政诉讼。《业主临时公约》或《业主装修守则》的具体内容可由当事人自行约定，但该约定不得违反相关法律法规或规章制度的强制性规定，更不能将有关行政机关的行政执法权力变相约定为物业公司所享有的管理权。

（2）业主违反禁止性规定或临时公约的行为，损害相邻方或公共利益时，应由特定相邻方或代表公共利益的业主委员会提起民事诉讼。业主如在装修过程中，损害了相邻方的利益，如通风、采光等，此行为应由《物权法》中相邻关系予以调整，被损害的特定相邻人应根据《物权法》的规定提起民事诉讼。就涉及全体业主公共利益的事项，如小区内的公共绿地被侵占、业主在共有的外墙、屋顶擅自搭建、损坏小区内公共设施等情形，业主委员会作为维护业主公共利益的机构，对于个别业主违反相关约定，侵害全体业主公共利

益的行为,可以提起民事诉讼,追究违约方的违约责任,或者要求其排除妨害。

(3)对于业主违反禁止性规定或临时公约的行为,物业公司的法定义务是劝阻、制止业主的相关行为并及时报告有关行政管理部门。处罚权因涉及公民的财产权益,是一种行政权力,一般的民事主体不得随意使用,否则构成侵权。因而物业公司对于业主的不当行为,仅能劝阻、制止,报告有权力的行政管理部门处理。

案　情[①]

董先生于2004年12月8日入住上海市某小区时签署了《业主临时公约》,承诺遵守该公约的一切条款,并签订了《装修管理规定》。该临时公约规定禁止业主在天井、庭院、平台、阳台、露台、屋顶以及道路或者其他场地搭建建造物、构筑物,对违反这一规定的行为,物业管理公司有权制止;对于拒不改正的,物业管理公司可以禁止相关违规、违章施工人员进入物业管理区域,暂停违章施工或违章使用行为,待有关行政部门处理。同时还规定物业管理公司对业主或使用人装修房屋的违规行为,规劝无效的可提请业主委员会或相关业主、使用人按《业主临时公约》的约定,向人民法院提起民事诉讼;物业管理公司对规劝无效的装修施工单位,可依据《住宅装修协议》直接向人民法院提起民事诉讼。

2005年4月24日,董先生因装修房屋与物业公司签订《住宅装修协议》。该协议第3条规定,业主不得擅自封闭观景阳台、安装外伸晾衣架、遮阳棚、花架及随意安装空调室外机、防盗栅栏等,以维护房屋外观统一。2005年7月9日,董先生装修时在南面阳台上安装移动窗,后又安装了防盗窗。物业公司遂诉至法院要求被告拆除

① 物业案例网 http://www.wyalw.com。

该搭建物。

一审法院认为，依法成立的合同受法律保护，对当事人具有法律效力，当事人应当按照约定履行自己的义务。董先生出于对自家房屋居住安全的考虑未经原告同意擅自安装防盗窗，违反了双方签订的协议和约定，理应承担违约责任。据此，根据《合同法》第8条之规定，判决董先生于判决生效之日起十日内拆除移动窗和防盗窗。

董先生不服，提出上诉称：物业公司不是行政机关，也不是特殊相邻关系的主体，根据《物业管理条例》的规定，物业公司没有提起本案诉讼的主体资格，本案纠纷不属于人民法院主管。

二审法院认为，根据相关规定，物业公司作为物业管理企业，其职责和义务是首先对董先生的擅自搭建行为进行劝阻、制止，在劝阻、制止无效的情况下，应当在二十四小时内报告房屋行政管理部门，法律和业主大会并没有授权其可直接提起民事诉讼。物业公司既不是相关权利义务的承受主体，也不是本案的适格主体，原审对此判决有误，本院依法予以改判。故二审裁定撤销一审判决，驳回物业公司的起诉。

【案例分析】

本案中，关于物业公司是否属于适格的诉讼主体一审、二审法院观点不同。物业公司作为物业管理企业，其职责和义务是首先对董先生的擅自搭建行为进行劝阻、制止，在劝阻、制止无效的情况下，应当在二十四小时内报告房屋行政管理部门。同时，代表业主就小区内公共利益提起诉讼的机构为业主委员会，业主大会没有授权物业公司提起民事诉讼，因此，物业公司不是本案中的适格主体。

处理锦囊

物业管理企业的职责是根据物业服务协议和业主委员会的授权,为物业的正常使用提供服务,它的权力来自小区业主的全体委托或授权,其对物业所有人处分自己财产的管理权是有限的。因此,在行使职权,履行自己管理义务过程中,物业管理公司也要遵循相关法律规定,以避免不必要的矛盾,更好地维护全体业主的利益。

【相关法条链接】

《物业管理条例》第 45 条

《物权法》第 89 条、第 92 条

03 业主不能封闭阳台的约定需受合法性审查

格式合同,或称为格式条款,是指为反复使用的目的而由一方当事人事先拟定,对方当事人对具体条款的规定没有协商空间的合同类型。在格式合同中,提供格式条款的一方控制合同的具体内容,而对方只有是否接受条款的权利,而无针对问题具体协商的权利。商品房买卖合同、物业管理服务合同、室内装饰装修管理细则和管理规约等都属于格式合同,要受到《合同法》关于格式合同的特别规定的约束。在提供格式合同的一方排除对方主要权利或免除己方的主要义务时,该格式条款无效。业主享有的建筑物区分所有权包括对共有部分的共有权、专有部分的专有权和对小区管理的成员权。其中,业主对自己享有的专有部分的所有权不受他人干涉,只有专有权的行使没有损害其他业主的权益,其他业主及物业公司都不能限制业主对自己专有权的行使。

案　情①

业主分别与开发商签订商品房买卖合同，其没有明确约定阳台是否为封闭阳台，但在附件的补充协议上规定"该商品房阳台确认以施工图所确定的阳台做法为准"。业主入住时与物业服务公司签订了物业管理服务合同、室内装饰装修管理细则和管理规约，都规定为了保持楼宇的整体外观，业主装饰装修房屋时不得擅自封闭阳台或平台，不得在阳台上或平台上搭建任何构筑物，或者改变其外表颜色，不得在阳台或平台上安装任何防盗网或防护栏。业主入住后认为阳台不封闭存在不安全等众多弊端，多次与物业服务公司协商未果，后联合其他业主签订了业主封闭阳台的决议并通知原告，在其仍不同意的情况下，自行封闭阳台。物业服务公司遂诉请法院要求业主拆除已封闭的阳台。

一审法院认为：商品房买卖合同和物业管理服务合同都是格式合同，对其中的条款有争议的，应作出不利于提供格式条款一方的解释。开发商制定的"房屋使用管理维修公约"中关于业主对房屋使用的具体规定，审批前没有与业主协商或通告，对业主没有约束力。业主作为所购房屋的所有权人，对阳台具有专有所有权，可自主使用。物业在合同中没有考虑商品房买卖合同中有关阳台状况约定不明的情况而强制不准许"擅自封闭阳台"的约定不合理，该内容无效。鉴于业主封闭阳台使用的材料及样式统一，并未影响小区内的整体美观、市容环境及其他公共利益，故对物业的诉讼请求不予支持。遂判决驳回物业诉讼请求。二审法院维持原判。

---

① 参见 http://www.lawyee.net，2005 年 6 月 14 日访问，另见蔡抒晨："业主应否受物业合同约束而不得封闭阳台"，载《人民法院报》2006 年 4 月 25 日。

【案例分析】

(1)相关格式合同条款的效力

本案的起因就在于“商品房买卖合同”中开发商通过补充协议的形式,没有规定阳台是否为封闭阳台,而是以施工图所确定的阳台为准,逃避责任,而商品房买卖合同属于法律规定的格式合同。但开发商没有给购房人出示过施工图,且售楼处的小区沙盘的宣传图与建筑竣工图亦不符。物业服务公司在随后的物业管理服务合同、室内装饰装修管理细则和管理规约中都规定了有利于自己的格式条款,禁止购房人封闭阳台或平台,在阳台上或平台上搭建任何构筑物,或者改变其外表颜色,或在阳台或平台上安装任何防盗网或防护栏等。购房人对于上述格式合同根本没有商量的机会,在此基础上签订的合同显然不合理,所以法院判定其中的条款内容无效,作出了有利于购房人的判决。

(2)业主封闭阳台的适当性

于是,就产生了下面这个问题:业主是否享有自行改造房屋的权利。也许有人觉得这个不成其为问题,因为《民法通则》第 71 条明确规定,财产所有权是指所有人依法对自己的财产享有占有、使用、收益和处分的权利。业主作为所购房屋的所有权人,对阳台具有专有所有权,可自主使用。这无疑是正确的,但不全面。物业服务公司在物业管理协议中“不得封闭阳台”的条款尽管无效,但并不意味着业主们可以不受限制地行使其对阳台的权利,因为任何权利的行使都有必要的限制或边界。业主在行使权利时不得破坏整栋建筑的整洁美观和整个小区的和谐安宁,更不得违反相关法律法规,建造违章设施,否则就损害了其他建筑物区分所有权人的利益。正如本案中法院所判决的那样,业主封闭阳台使用的材料及样式统一,并未影响小区内的整体美观、市容环境及其他公共利益。看得出来,法院充分考虑到了个人权利和公共权益的平衡。因此,业主自行封闭阳台的行为与小区业主的公共利益不冲突,是对其合法权利的正当行使。

处理锦囊

在与开发商签订《商品房买卖合同》时,应当明确双方的权利和义务,在注意主合同的同时,也要注意附件的条款内容,因为二者在法律效力上同样重要。像在签订类似物业合同等格式合同的时候,应注意其各项约定,发现有不利于自己的条款应及时指出,或通过成立业主委员会进行修改。

【相关法条链接】

《合同法》第41条

04 业主违反合法协议自封阳台,物业服务公司可以起诉

是否自封阳台属于业主建筑物区分所有权中专有权的一部分,业主对其专有部分的所有权可以自由行使,不受他人干涉。但是,业主大会可以为了小区内业主公共利益的需要而通过协议,在一定程度上限制业主专有权的行使范围。如果通过格式合同的方式限制业主专有权的合法行使,则该格式条款无效;但若此种限制经过业主的一致协商同意,是为了业主共同利益而设,则业主应遵守相关约定。若违反规定,物业公司可向人民法院提起诉讼。

案　情[①]

业主先后与房产开发商签订了《商品房预售合同》,该合同附

① 参见 http://www.lawyee.net,2005年6月14日访问。

件约定,应遵守《物业管理公约》和《前期物业管理服务合同》的一切条款。同时,入住的业主还与房产商另外订立了一份《物业管理服务公约》,约定除非事先得到管理者书面同意,不得在土地及物业任何部分装置或竖立任何招牌或其他任何形式的物体或结构,不得以任何形式影响或改变物业的外观。物业服务公司又与业主委员会签订了《小区物业管理服务合同》。一些业主先后在自己所居住的住房内,用无框玻璃封闭了景观阳台。后业主委员会向全体小区业主发出公告,就“是否封闭景观阳台”进行了全体业主代表表决。根据表决结果,业主委员会决定维持原“管理规约”中不允许封闭景观阳台的约定,请广大业主自觉遵守。同日,业主委员会还致函物业服务公司,要求物业服务公司采取措施拆除阳台封闭物。物业服务公司分别对几户业主提出起诉,称这些业主违反了购房时签署的《物业管理服务公约》和《承诺书》,未经允许擅自对景观阳台实施封闭,侵害了小区景观和全体业主利益,要求这些业主拆除封闭玻璃(包括附件)。业主则认为,物业服务公司是受业主委员会委托,为小区提供物业管理服务的机构,其本身不具备诉讼主体资格。若认为封闭景观阳台的行为损害的是全体业主的利益,也应当由业主委员会来提起诉讼。业主还强调小区物业管理服务公约,是业主与房产开发商所签订,物业服务公司并未参与该公约签订,物业服务公司无权行使该公约所赋予的权利。而承诺书系小区业主对其他业主相邻权不受侵害所作出的保证。业主声称提起诉讼的主体,只能是其他业主而非物业服务公司。

法院认为:涉案的5户业主与房产开发商签订的《物业管理服务公约》合法有效。现5户小区业主擅自封闭自己居住的房屋景观阳台,违反了该公约的规定。针对前期物业管理,房产开发商与选聘的物业服务公司所签订的物业管理合同,对全体业主具有约束力。该5户小区业主与房产开发商签订的《商品房预售合同》附件5,亦明确了所有小区业主都应该遵守该《物业管理公约》和《前期物业管理服务合同》的一切条款,特别是该小区业主委员会已明确了原《物业管理服务公约》有效,并授权物业服务公司进行诉讼,对此,物业服务公司以自己的名义进行诉讼,并无不当。遂判决5户小区业主所封闭的景观阳台玻璃,统统拆除。

【案例分析】

(1)物业服务公司的诉讼主体资格

本案中,前期物业管理委托合同合法有效,对全体业主具有约束力,物业服务公司受委托进行物业管理,业主委员会还致函物业服务公司,要求物业服务公司采取措施拆除阳台封闭物。因此,对于小区业主擅自封闭景观阳台损害全体业主利益的行为,可以自己的名义提起诉讼。

(2)全体业主共同利益标准

本案业主与开发商签订的《商品房预售合同》约定,应遵守物业管理公约和《前期物业管理服务合同》的一切条款,随后业主与物业服务公司签订了《小区物业管理服务合同》。根据法律的规定和物业管理服务公约的约定,对于物业服务公司维护业主共同利益的有关物业的使用、维护、管理行为,业主应当配合履行相关义务。特别是在部分业主擅自封闭阳台时,业主委员会向全体小区业主发出公告,就“是否封闭景观阳台”进行了全体业主代表表决。根据表决的结果,业主委员会决定维持原“管理规约”中不允许封闭景观阳台的约定。因此,在全体业主公绝不允许封闭阳台的情况下,部分业主一意孤行擅自封闭的行为,侵害了全体业主的共同利益。

处理锦囊

开发商与业主签订的临时管理规约不能侵害业主合法权益特别是全体业主共用利益，而且物业服务公司在物业管理过程中进行的物业管理行为，甚或个体业主进行的房屋改造行为，都必须遵守一个原则——符合全体业主共用利益。否则就会承担相应的责任。因此，广大业主在自己装修房屋的时候，应该遵守物业服务公司公布的房屋装饰装修中的禁止行为和注意事项，并事先告知物业服务公司，征得同意后方可进行。如果觉得物业服务公司规定的房屋装修装饰的禁止行为和注意事项不合理，可以通过业主大会进行修改完善，甚至解聘物业服务公司。

【相关法条链接】

《物业管理条例》第 52 条

05 物业服务公司应当对维修过程中的不当行为负责

物业公司与业主委员会签订物业服务合同，应该按照物业服务合同的约定，提供相应的服务。如果物业公司未能履行物业服务合同的义务，导致业主人身、财产安全受到损害的，应当依法承担相应的法律责任。根据合同的相对性原理，物业公司对业主负有提供完善、安全维修行为的义务，即使物业公司不是直接的维修者，也应承担责任。

案　情①

业主周某因家中自来水不能正常使用，向小区物业服务公司报修。物业服务公司派人上门更换了水阀，收取维修费20元。此后，某日下午，周某楼下的住户陶先生夫妇发现家中屋顶大量渗水。物业服务公司得到报告后即关闭了整幢楼的供水系统，但因周某家中无人，其家中大量的地面积水仍渗漏不止。周某赶回家后，物业服务公司对漏水水管进行了修理并恢复供水。此时陶先生家已是汪洋一片，装潢及部分财产受到损害。由于就赔偿责任及损失数额不能达成一致，陶先生夫妇将周某告上法院，法院判决周某赔偿陶先生夫妇各项损失共计19,150元。该判决生效后，周某依判决履行了全部赔偿款。输了官司的周某由于无法就最终赔偿问题与物业服务公司达成一致，于是一纸诉状又将物业服务公司告上法院，要求赔偿"水灾"造成的全部损失。庭审中，原、被告一致确认全部损失价值为24,150元，即周某家损失5000元，周某承担赔偿的陶先生家损失19,150元。但损失总额确定后，到底该由谁承担责任双方却各执一词。

法院认为：原、被告之间存在物业管理服务合同关系，接到原告报修申请后，被告进行维修系履行物业管理服务内容的组成部分。根据原告的报修内容，被告应对维修项目做认真检查，维修后移交原告时应对维修效果予以确认，以确保原告完好使用。即便如被告在本案中陈述的原告水管原来就存在开裂隐患，被告维修时亦负有检查、排除的义务。根据本案事实，法院认定正是由于被告在维修过程中存在履行义务不到位和不当行为，才造成原告户漏水，依法

① 李自庆："更换水阀引发两住户'水灾'　业主告赢物业获赔应有损失"，载《人民法院报》2005年1月27日。

应当赔偿原告由此引起的全部损失。

【案例分析】

物业服务公司对于其不适当或不到位履行物业管理职责的行为应该承担相应的责任。在本案中,业主报修自来水水阀,物业服务公司根据物业管理服务合同,对其进行修理并收取费用。但物业服务公司没有对业主报修的内容进行认真检查,维修后移交业主时也没有对维修效果予以确认,以确保业主完好使用。根据法律的规定和物业服务合同的约定,物业服务公司不当履行物业管理服务工作或履行不到位的,侵害了业主的人身、财产安全的,应该依法承担相应的责任。

处理锦囊

现代高层住房基本都是联体建筑,各业主共有相关的建筑物,极易发生相邻业主使用房屋或进行装修装饰损害对方权益的情形。业主在遇到房屋部分设施设备不能正常使用的情况,要主动报请物业服务公司进行相应的维修,或排除妨碍,而不能擅自自行修复,以免修复不当侵害相邻业主权益承担法律责任。而且,也应督促物业服务公司认真检查确认相应的维修效果,以确保房屋设施设备能正常使用,以减少不必要的麻烦和纠纷。对于物业服务公司的不当或不到位的维修行为,可以向法院起诉要求其承担相应的法律责任。

【相关法条链接】

《物业管理条例》第 35 条

《合同法》第 107 条、第 122 条

《民法通则》第 106 条

06 物业服务公司有权阻止业主安装超负荷的大浴缸

任何权利的行使都是有边界的,这是所有权神圣的内在意旨。作为房屋所有权者,业主有权按照自己的意志对其房屋进行占有、使用、收益和处分,其中处分包括法律上的处分,如转让、出租;也包括事实上的处分,如对房屋进行装修,设置相关生活用品等。但是这种处分行为不能超越所有权的界限,即不能因为自己的处分行为而影响他人合法权益或公共利益,否则将受到限制。因此,物业服务公司是否有权干涉业主对房屋处分行为,关键在于此种处分行为是否涉及公共利益。

案 情①

顾然地(美国人)1996年在海南省与他人合资创立了海南古斯利微电子技术有限公司。1997年1月,他以公司名义与上海三和房地产公司签订了上海市商品房预售合同,购买位于上海市中心城区的三和花园4号楼29E(顶层)房屋一套,同年10月办理了入住手续。1998年10月,顾然地从国外购买了一只占地为8.826平方米、自重为362.8公斤的浴缸。顾然地欲将此浴缸安装在房屋顶层。后经小区原物业服务公司解释与阻止,顾然地表示要将浴缸安装在房屋内,并就安装问题多次与现物业服务企业上海巨星物业有限公司(以下简称巨星公司)交涉,巨星公司以安装该浴缸需经批准及通过安全测定为由加以拒绝。2000年9月,顾然地再次准备吊装大浴缸,遭到巨星公司制止。顾然地遂诉至法院,要求巨星公司排除妨碍,不得阻挠其将浴缸搬入房屋内安放,同时要求巨星公司赔偿

① 杨佩芳、高万泉:“业主安放大浴缸物业公司是否有权阻止”,载《人民法院报》2002年4月18日。

精神损失费人民币5000元、人工损失费人民币7600元。

法院审理中，经巨星公司申请，由三和花园4号楼的设计单位中国建筑东南设计研究院高级工程师陈必勇、国家一级注册结构工程师翟金亮作为案件的诉讼辅助人，就原告房屋楼板是否能承受系争浴缸使用时的重量的专业性问题进行说明。诉讼辅助人明确表示，该楼是按照国家规定的建筑结构荷载规范进行设计的，室内楼板承重最大为每平方米280公斤，超过该重量长期安放，势必影响大楼的结构，而系争浴缸每平方米的承重已超过规定的荷载。据此，法院判决驳回原告的诉讼请求。

【案例分析】

业主作为自己财产的所有者，有权处分自己的财产，当然包括大浴缸和私房，从民法理论角度上看，业主有权安装浴缸。但业主处分自己财产的权利也是有边界的，那就是不能侵害其他业主的公共权益。本案中的原告安装超过规定负荷的大浴缸，有可能会影响大楼的结构，进而威胁到大楼的安全，损害业主的公共权益。因此，物业服务公司基于物业管理权，阻止业主行使财产处分权，得到了法院的支持。

处理锦囊

如果业主确需安装大型的家具或设备，应该在相关行业标准规定的范围内，征得物业服务公司的同意。业主如若觉得物业服务公司无理阻挠，可以聘请相关的专业技术专家进行鉴定分析，如果是在规定的限度内物业服务公司仍然阻止的话，业主可以向法院起诉物业服务公司，使其排除妨碍，赔偿损失。

【相关法条链接】

《物权法》第91条

《物业管理条例》第52条

07 业主不能以前期物业合同不合理为由而进行违章装修

前期物业管理公约具有相应的法律效力。根据《物业管理条例》第21条、第22条、第23条的相关规定，在业主、业主大会选聘物业服务企业之前，建设单位选聘物业服务企业的，应当签订书面的前期物业服务合同。建设单位制定的临时管理规约，不得侵害物业买受人的合法权益。建设单位应当在物业销售前将临时管理规约向物业买受人明示，并予以说明。物业买受人在与建设单位签订物业买卖合同时，应当对遵守临时管理规约予以书面承诺。同时，业主不能进行违章装修属于法定义务，即使在前期物业管理公约中没有相关规定，业主也负有不进行违章装修的义务。

案　情[①]

宋先生购得顺义区马坡花园跃层住房一套（169.41平方米）。该栋房建筑设计有跃层露天阳台（在楼的北侧，出售时露天阳台未计算价款）；阳台上留有两个排气口。2002年12月15日，宋先生和小区物业服务公司签订《承诺书》，载明宋先生须遵守《马坡花园住宅物业管理公约》。该公约规定：产权人或使用人应当按房屋设计用途使用。因特殊情况需要改变使用性质的，应征得相邻产权人以及管委会的书面同意，并报政府有关主管部门批准。2004年4月，宋先生以阳台的排气口影响其室内空气质量为由，擅自在跃层阳台上建设塑钢结构房屋（约26.3平方米）。

物业服务公司认为宋先生搭建的房屋属违章建筑，遂与宋先生进行协商，但双方未能达成一致。为此，物业服务公司一纸诉状将

① 王斌、刘福成："业主改变房屋结构物业要求恢复原状北京顺义法院判决支持物业请求"，载《人民法院报》2005年4月28日。

宋先生告上法庭，请求法院判令宋先生拆除违章建筑，恢复原状。宋先生则认为，其与物业服务公司签订的物业管理公约是被胁迫的，不签订该公约，就不给房钥匙。

法院审理后认为：多层单元式楼房的业主，在行使所有权和使用权时，必须遵从该楼房的设计要求，维护所有产权人的共有利益。被告以跃层阳台上的排气口影响其室内空气质量为由，擅自改变房屋结构、外貌和用途的行为，与建筑设计要求及其承诺相悖。被告即使的确需要改造阳台，亦应经物业服务公司批准，整齐划一。

【案例分析】

在本案中，宋先生作为小区业主，除了对其房屋享有建筑物区分所有权外，还负有维护小区整体利益的义务。不进行违章装修是小区业主的法定义务，即使没有前期公约进行约定，业主也不能违反。同时，在本案中，业主与物业公司签订的前期物业服务公约具有法律效力，宋先生应该遵守合同义务，如果擅自进行违章装修，应承担相应的法律责任。

处理锦囊

一般都由建筑单位制定临时管理规约，业主购房办理入住的时候予以书面承诺。如果物业管理临时公约有明显的违法情况，或者侵犯了业主的共同利益，业主可以通过成立业主大会，制定新的物业管理公约，或者干脆重新选聘物业服务公司等途径，保护业主的共同权益。而如果部分业主违反物业管理临时公约，擅自改变房屋结构、外貌和用途，侵害业主共用利益，应承担相应的法律责任。

【相关法条链接】

《物业管理条例》第21条、第22条、第23条

08 业主违章装修，物业服务公司无权罚款或采取断水断电等惩罚措施

物业服务公司对于业主的违法违章行为没有处罚权。业主应该遵守相关法律法规以及物业管理公约,不得擅自进行装修装饰。如果业主违反了相关公约擅自违章装修,应当及时排除妨碍,消除危险,因此给其他业主造成的损失应该予以赔偿。物业服务公司如果发现业主有违章装修装饰的行为,应及时制止,并向有关行政管理部门报告,但是物业公司无权对业主进行罚款或停水停电等的处罚。对于业主的违法行为,只能由有关行政管理部门依法进行制止或依法处理。如果物业服务公司违法对业主进行停水停电等处罚,造成危害后果的,也应依法承担相应的法律责任。

案　情①

张先生入住位于顶层的新房后,未经开发商同意封了观景阳台并加了防护栏。开发商根据《物业公约》中关于“为维持小区整体形象和相邻住户的安全,业主不得私自封闭观景阳台、不得在窗户上加装防护栏”的约定,要求他拆除,但遭到张先生的拒绝。于是物业公司对张先生采取了断水断电的“制裁”措施。在此期间,因为开发商在顶楼做霓虹灯广告影响了张先生晚上休息,张先生把霓虹灯的电源线掐断了。开发商因此把张先生告上了法庭。开发商的诉讼请求是:张先生拆除护栏并交纳罚款;张先生以后不得再破坏楼顶广告牌,并赔偿因破坏广告牌给开发商造成的损失。张先生则提出了反诉,他认为,开发商不得妨碍业主基于房屋所有权而采取

① 参见 http://www.lawyee.net,2005 年 6 月 14 日访问。

的封闭阳台、窗户等维护居住安全的措施；相反，开发商应赔偿因断水断电给自己造成的损失，开发商应拆除楼顶广告牌。若业主委员会同意在楼顶安装，开发商应把收入交业主委员会，并将其1/2付给顶层受影响最大的住户。

法院经审理后作出判决：(1)开发商要求对张先生罚款的诉讼请求不予采纳；(2)张先生拆除护栏；(3)开发商经业主委员会同意后可继续发布霓虹灯广告，收益由物业公司全体业主共有，分给顶层业主的比例为1/3。

【案例分析】

(1)业主不得擅自进行装修装饰，应及时拆除违章建筑

《物业管理条例》规定业主不得擅自进行装修装饰，本案中的《物业公约》也约定，为维持小区整体形象和相邻住户的安全，业主不得私自封闭观景阳台，不得在窗户上加装防护栏。业主应该遵守相关的法律法规的规定和物业管理公约的约定，不得擅自进行违章装修装饰，如果不听劝阻进行了违章装修装饰的，应该及时排除妨碍、恢复原状，以免造成更大的危害后果，承担更大的法律责任。

(2)物业服务公司无权对业主进行罚款或停水停电等处罚

罚款或停水停电等处罚措施属于国家公权力的行使范围，只有经法律、法规授权的行政机关等公权力机关才能够行使处罚权。本案中，物业公司只能对张先生擅自搭建违章建筑的行为进行及时制止，并向有关机关进行报告或进行诉讼，但不能对业主直接进行处罚。

处理锦囊

业主应该遵守相关的规划或房产管理法律法规的规定,以及物业管理公约的约定,不得擅自进行装修或装饰。如果物业服务公司发现业主有违章装修或装饰的行为,应及时加以制止,并向有关行政管理机关汇报,不得违法对其罚款或采取停水停电的处罚措施,否则应承担相应的法律责任。业主如果发现物业服务公司违法进行处罚的,可以向有关行政管理机关反映,或向法院起诉。业主进行了违章装修或装饰的,应及时排除妨碍、恢复原状,以免造成更大的危害后果。

【相关法条链接】

《物业管理条例》第45条

09 相邻其他业主造成侵权,物业服务公司进行赔偿的法律界限

物业服务公司应该依照法律法规的规定和物业管理合同的约定提供相应的物业服务。如果发生物业事故,应及时进行排除,否则应承担相应的责任。对于相邻其他业主造成的侵害行为,物业服务公司如果及时履行了物业管理和服务职责,及时排除妨碍,减少损失,就不承担物业管理责任。如果物业服务公司在发生物业事故后怠于进行物业管理和服务的,应在侵权行为人承担责任之外,承担相应的物业管理责任。

案　情①

2005年5月，郭某入住小区后，与物业服务公司签订了物业服务协议，并交纳了一年物业费。双方在“物业管理服务质量”条款中约定，物业对房屋共用部位、共用设施设备进行维护和管理，确保污水排放通畅；如物业未达到服务质量约定目标，郭某有权要求物业限期改正，逾期未改给郭某造成损失的，物业承担相应法律责任。

2005年6月9日，因上层住户将装修施工的白灰膏和塑料袋等物倒入主卫排水管致排水管堵塞，使郭某房屋卫生间的下水道污水反灌，造成屋内地面墙体污损。事故发生后，物业服务公司对管道进行了疏通并对郭某的房屋进行了清扫。

2005年7月6日，郭某起诉至一审法院称，由于物业服务公司管理不善，致使新房入住之初即发生如此恶劣事故，给自己的财产及精神造成极大损失。经双方多次协商解决未果，现诉至法院要求物业服务公司书面说明事故原因及维修结果，公开道歉，赔偿恢复原状损失、违约金、精神损失、物业费损失共计2.3万余元。

物业服务公司辩称，公司已履行合同约定的义务，不应是违约方，且案件不是侵权纠纷，故请求法院驳回郭某诉讼请求。

一审法院经审理判决：物业服务公司负责将郭某的房屋恢复原状，赔偿郭某5000元经济损失。物业服务公司不服，以自己不是排污管道堵塞责任人，不应承担违约责任为由上诉到二中院。

二中院经审理认为，共用设施设备使用人因使用不当侵害他人财产的，应当承担赔偿责任。郭某所在同一单元上层住户将装修施工的白灰膏和塑料袋等物倒入主卫排水管，堵塞排水管造成污水反灌，导致郭某房屋地面墙体污损，该损害结果应当由侵权行为人承

---

① 参见http://www.lawyee.net，2005年6月14日访问。

担责任。郭某与物业服务公司签订的物业管理服务协议有保障污水排放通畅之条款,但郭某未能举证证明其所受损害系物业服务公司违约或侵权所致。事发后,物业服务公司及时对管道进行了疏通并将房屋进行了清扫,已履行了承诺的义务,因此物业服务公司不应承担赔偿责任。2006 年 5 月 8 日,终审判决驳回了郭某的诉讼请求。

【案例分析】

业主郭某与物业服务公司签订了物业管理合同,物业服务公司应该按照法律法规的规定和物业管理合同的约定提供相应的物业服务,如果物业服务公司未依约履行物业管理行为,因此,给业主造成的损失应该予以赔偿。本案中,郭某的损失原因为同一单元上层住户将装修施工的白灰膏和塑料袋等物倒入主卫排水管,堵塞排水管造成污水反灌,其直接侵权行为人为上层住户,而非物业管理公司。同时,物业管理公司及时对管道进行了疏通并将房屋进行了清扫,已经履行了物业管理合同中约定的义务,不存在怠于进行物业管理行为使业主损失扩大的情形,不应承担责任。

处理锦囊

对于房屋共用部位、共用设施设备发生物业事故的,业主应该及时通知物业服务公司,并由其及时采取妥当措施,排除妨碍,并向相关侵权行为人要求赔偿。如果在通知物业服务公司之后,物业服务公司怠于履行物业管理和服务职责的,可以要求物业服务公司在侵权行为人承担侵权责任之外,承担相应的物业管理责任。

【相关法条链接】

《物业管理条例》第 35 条

《合同法》第107条
《民法通则》第117条、第131条

10 物业管理服务企业有权处分和管理专项维修资金吗?

现实生活中物业管理服务企业擅自处分和管理专项维修资金的问题比较常见。物业管理服务企业有权处分和管理专项维修资金吗?《物权法》第79条规定:"建筑物及其附属设施的维修资金,属于业主共有。经业主共同决定,可以用于电梯、水箱等共有部分的维修。维修资金的筹集、使用情况应当公布。"物业管理专项维修资金是为了对物业的共用部位或共用设施、设备进行养护而建立的,资金的受益人是全体业主。因此,全体业主都有交纳物业管理专项维修资金的义务。根据《物业管理条例》第7条规定,业主在物业管理活动中有义务按照国家有关规定交纳专项维修资金。既然专项维修资金是由全体业主共有,业主有权对专项维修资金的用途作出决定。另外,《物业管理条例》第53条规定:"住宅物业、住宅小区内的非住宅物业或者与单幢住宅楼结构相连的非住宅物业的业主,应当按照国家有关规定交纳专项维修资金。专项维修资金属于业主所有,专项用于物业保修期满后物业共用部位、共用设施设备的维修和更新、改造,不得挪作他用。专项维修资金收取、使用、管理的办法由国务院建设行政主管部门会同国务院财政部门制定。"该条第1款是关于业主交纳住房专项维修资金的义务及交纳范围的规定。物业管理专项维修资金是为了对物业各共用部位或共用设施、设备进行养护而建立的,资金的受益人是全体业主。因此,全体业主都有交纳物业管理专项维修资金的义务。该条第2款是关于物业管理专项维修资金的权属和用途的规定。专项维修资金属于业主所有，专门用于物业保修期满后物业共用部位、共用设施设备的维修和更新、改造，不得挪作他用。既然业主对专项维修资金享有所有权，那么业主对专项维修资金便可以进行占有、使用、收益、处分。

案　情

某小区随着业主入住率的提高，依法成立了业主大会并选举产生了业主委员会。业主委员会的委员们认真负责，依法履其职责。该小区的物业公司在进行物业管理服务过程中，也得到了小区业主们的肯定。后来，在对小区共用部位进行维修过程中发生了矛盾。原来，小区物业公司在发现小区共用部位需要维修之后，为了维护小区业主们的共同利益，积极进行维修事宜，使用维修资金，而没有经过业主大会的决议。小区业主委员会发现该情况之后向物业公司提出异议。业主委员会认为，物业公司不是专项维修资金的所有权人，在没有经过法定程序的情况下，没有权利使用、管理和直接处分维修资金，专项维修资金应当由业主委员会代表业主们进行管理、使用和处分；物业公司则认为，小区业主大会还没有成立之前，专项维修资金就一直由物业公司代为管理和使用，物业公司也一直按照法律规定使用维修资金，保护小区全体业主的合法权益，没有违法使用维修资金情况。双方协商未果，业主委员会将小区物业公司告上法庭。

法院经审理后认为，根据我国《物业管理条例》及相关规定，专项维修资金属于业主所有，专项用于物业保修期满后物业共用部位、共用设施设备的维修和更新、改造，不得挪作他用。业主大会成立前，商品住宅业主、非住宅业主交存的住宅专项维修资金，由物业所在地直辖市、市、县人民政府建设（房地产）主管部门代管。业主大会成立后，应当按照规定划转业主交存的住宅专项维修资金。直辖市、市、县人民政府建设(房地产)主管部门或者负责管理公有住房住宅专项维修资金的部门应当在收到通知之日起30日内,通知专户管理银行将该物业管理区域内业主交存的住宅专项维修资金账面余额划转至业主大会开立的住宅专项维修资金账户,并将有关账目等移交业主委员会。本案中,未经法定程序,物业服务企业没有权利处分和管理专项维修资金。

【案例分析】

本案中,业主大会并没有决定委托物业服务企业作为专项维修资金划转后的账目管理单位,也没有签订相关的维修资金委托代管协议,根据《住宅专项维修资金管理办法》第16条规定:"住宅专项维修资金划转后的账目管理单位,由业主大会决定。业主大会应当建立住宅专项维修资金管理制度。业主大会开立的住宅专项维修资金账户,应当接受所在地直辖市、市、县人民政府建设(房地产)主管部门的监督。"很显然,根据本条的规定,专项维修资金的管理单位,由业主大会决定,物业服务企业并没有管理专项维修资金的权利。办法称住宅专项维修资金,是指专项用于住宅共用部位、共用设施设备保修期满后的维修和更新、改造的资金。业主交存的住宅专项维修资金属于业主所有。住宅专项维修资金应当专项用于住宅共用部位、共用设施设备保修期满后的维修和更新、改造,不得挪作他用。既然业主对专项维修资金享有所有权,那么业主对专项维修资金便可以进行占有、使用、收益、处分。因此,本案中,物业服务企业当然无权处分专项维修资金。

【相关法条链接】

《住宅专项维修资金管理办法》第10条、第16条

《物业管理条例》第53条

11 物业服务公司应当对公共区域养护、维修中的不当行为负责

依据《物业管理条例》第35条规定，物业服务企业应当按照物业服务合同的约定，提供相应的服务。物业服务企业未能履行物业服务合同的约定，导致业主人身、财产安全受到损害的，应当依法承担相应的法律责任。另外，依据《物业服务纠纷案件若干问题的解释》第3条规定，物业服务企业不履行或者不完全履行物业服务合同约定的或者法律、法规规定以及相关行业规范确定的维修、养护、管理和维护义务，业主请求物业服务企业承担继续履行、采取补救措施或者赔偿损失等违约责任的，人民法院应予支持。故根据上述法律规定，当物业服务企业在在业主进行报修的情况下，无故拖延未及时提供维修、管理服务，导致业主人身、财产安全受到损害的，应当依法承担相应的违约责任。

案　情①

王某为某小区某房屋业主，该房屋为所居住楼房顶层，甲物业公司为该小区提供物业服务。2001年，该楼住户于从开发商处统一购买，并在该楼房的楼顶安装了太阳能热水器。后王某在熟睡中发现房顶滴水，并迅速溢满房屋。后王某发现楼顶张某家的太阳能热水器正在不停地跑水，并致王某卧室和客厅的装修和空调机严重受损。王某在漏水事故前，曾因小范围渗水向甲物业公司报修，要求其维修养护屋顶设施，但甲物业公司未进行维修。王某以张某作为太阳能的所有者未尽到检修维护的义务，甲物业未及时对屋顶进行修理为由诉至法院，要求二被告赔偿财产损失、租房费3万余元。

① 参见北京市密云县人民法院民初字(2007)第04681号民事判决书，已生效。

法院经审理认为，因张某的太阳能热水器溢水长时间溢水冲击屋顶，而甲物业之前对屋顶的修复不当，且未对屋顶及时维修，致使王某卧室屋顶漏水，房屋内的物品被浸泡，室内装修及物品受损，给王某造成一定经济损失，应当予以赔偿。

【案例分析】

被告张某对自己所有的太阳能热水器应当予以妥善管理使用，引起使用不当，导致太阳能管道跑水造成流水淤积渗入王某家中，致原告家中房顶、墙面装修涂层脱落，室内部分财产浸泡受损，故对王某的财产损失，张某应承担主要赔偿责任。甲物业公司对所管理的物业财产负有管理、监督责任，其在之前未对房屋楼顶进行妥善维修、养护，在张某太阳能跑水后，未能及时发现并予以处理，造成王某房屋受到浸泡，应当对王某的经济损失应承担次要赔偿责任。

【相关法条链接】

《物业管理条例》第35条

《最高人民法院关于审理物业服务纠纷案件具体应用法律若干问题的解释》第3条

二、相邻业主之间的维修纠纷

01 住户承重墙上凿眼，邻居有权起诉

不动产所有权人或用益物权人之间存在相邻关系，因为相邻关系的存在，不动产所有权人对自己权利的行使要受到一定的限制，不能对他人权利造成侵害。如果业主违反法律法规的规定对房屋进行装修、改造而给其他所有者对其所有物的享有造成妨碍或危险，其应该排除妨碍、消除危险，造成损失的应该同时赔偿损失。

案 情[①]

杜某系天津市河东区某小区一层住户。据杜某称，该套房屋一直由她的儿子付某居住。去年1月，与付某居住在同一楼门的2至6楼住户未经杜某及付某同意，趁其家中无人之机，擅自使用大型开凿设备改造下水主管道，在楼道内开凿直径分别为100毫米和160毫米的两个过墙眼，并从杜某房屋旁的外延承重墙开凿一个160毫米过墙眼，使杜某房屋的顶部、一体橱柜及墙砖等造成不同程度损坏。改造后的下水管道由2楼住户房屋厨房改走楼道至楼外排水，原下水管道废除。杜某认为，5户邻居的行为严重损害了楼房的使用寿命，经向物业反映未果，杜某及付某提起诉讼，要求以上5户邻居对承重墙开凿的过墙眼排除妨碍、恢复原状。

对于杜某母子所提诉求，被告5户居民均表示，其进行改造是由于厨房的下水管道堵塞后，5户居民多次找付某协商通管道事宜，但付某不予配合，当时临近春节，无奈之下，5户居民才商议将

① 《今晚报》2008年3月7日版，有删改。

下水管道改从楼外通过,改管道并未对原告造成任何影响,且由于下水不从原告家通过,对原告还有好处,故不同意原告诉求。

法院认为,原告作为该不动产的权利人之一,请求对承重墙开凿的过墙眼排除妨碍、恢复原状的请求,符合法律规定,应予支持。

【案例分析】

原、被告因各自所有、居住的房屋相邻,产生了相邻关系。众被告对下水管道实施改造工程,虽系为了满足排水这项最基本的生活需要,但因改造管道在楼体承重墙开凿过墙眼,改变了楼体原设计,且该改造行为并未经过有关部门的许可,给整栋楼的安全造成隐患。因此,原告有权对被告关于承重墙开凿过墙眼的行为进行阻止,请求其停止侵害、排除妨碍、消除危险。

处理锦囊

本案是一起典型的邻里纠纷,为避免当事人双方矛盾激化,妥善解决纠纷,应从情理的角度对双方进行劝导。原、被告作为邻居应当和睦相处,并按照方便生活、团结互助的原则正确处理相邻关系。不动产权利人应当为相邻权利人用水、排水提供必要的便利,原告在下水管道堵塞后,众被告要求疏通而不予配合的行为实属不该,今后,如遇类似情况发生,双方应当协商解决,寻找恰当的解决办法,一方应当为相邻权利人的基本生活需求提供必要的便利,营造和睦的邻里关系,和谐的社区环境。如协商不成,双方可通过诉讼途径解决纠纷。

02 业主在其独用的平台上搭建玻璃房不能违反物业管理公约

根据《民法通则》和《物权法》的有关规定,业主作为其房产的所有权人，有权支配其房产，并进行合法合理的装修或装饰，任何人不得违法予以干涉。但是，任何权利的行使都有其合理的界限，应当符合法律法规的规定和相关约定，并不得侵害公共利益。业主需要装饰装修房屋的，应当事先告知物业服务企业。物业服务企业应当将房屋装饰装修中的禁止行为和注意事项告知业主。利用物业共用部位、共用设施设备进行经营的，应当在征得相关业主、业主大会、物业服务企业的同意后，按照规定办理有关手续。若未办理有关手续，或未经其他业主同意，业主不能违反物业管理公约私自搭建建筑物。

案　情①

2002 年 12 月，陈先生入住上海市某新建商品房公寓，在办理入户手续时，按《上海市居住物业管理条例》的规定，物业服务公司以《入住守则》的书面形式告知陈先生关于小区装修等管理制度，双方为此还签订了《管理服务公约》、《小区装修协议书》。其中物业服务公司按照《物业管理条例》规定，明确约定屋顶平台禁止搭建建筑物和构筑物。然而，陈先生在对新房进行装修时，不顾小区物业管理人员的多次上门劝阻和制止，擅自在其独用的西侧平台违章搭建了玻璃阳光房。为此，物业服务公司向其发出了《违章整改通知书》，要求其限期拆除玻璃阳光房。在遭到陈先生的拒绝后，无奈之下，物业服务公司一纸诉状将陈先生告上了法庭。法庭上，原、被告双方展开了激烈的辩论。物业服务公司称：被告陈先生所使用的屋顶平台，其所有权归属整幢大楼业主所有，被告的行为违反了《物业管理条例》的规定和原、被告双方《管理服务公约》、《小区装修协议书》的约定，严重影响了小区整体环境面貌，侵犯了整幢楼业主的

① 参见 http://www.lawyee.net，2005 年 6 月 14 日访问。

利益。故要求被告陈先生履行协议、恢复原状。陈先生辩称：自己在其独用的平台上搭建玻璃阳光房属实，但原、被告签订的约定是不平等条款，应为无效。物业服务公司无权禁止在开发商承诺给自己独用的平台上搭建玻璃阳光房。

法院经审理认为：原告作为前期物业管理单位，在被告入住装修时，依据《物业管理条例》有关规定，已告知被告并明确约定屋顶平台禁止搭建建筑物和构筑物，现被告违反有关规定和双方的约定，故原告的诉讼请求依法予以支持，被告的辩称意见依据不足，难以采信。遂依照《合同法》第7条、第8条之规定，作出了责令被告陈先生限期拆除玻璃阳光房的判决。

【案例分析】

本案中，平台虽然为业主独用，但业主应该遵守相关的法律法规的规定和物业管理条约的约定，不得未经业主大会或物业服务公司的同意，擅自在平台上搭建违章建筑，影响了小区整体环境面貌，侵犯了整幢楼业主的利益。因此，在未经其他业主同意的情况下，被告不得在其自有平台上修建玻璃房。

处理锦囊

业主在自己享有所有权的房产或设施上进行装修装饰的，应该遵守相关房产管理的法律法规规定和物业管理合同的约定，不得未经相关业主、业主大会或物业服务公司的同意，擅自在平台上搭建违章建筑，影响了小区整体环境面貌，侵犯了整幢楼业主的利益。业主的个人所有权不得侵犯整幢大楼业主的所有权，否则将承担相应的法律责任。

【相关法条链接】

《物业管理条例》第52条、第54条

03 业主装修不当造成损失，物业服务公司对其疏于监督管理造成的损失负责

物业服务公司根据法律法规的规定和物业管理公约的约定，具有进行物业管理的权利和义务。在公共部位、公共设施等造成业主损失的，物业服务公司作为直接侵权人承担责任。在因为其他业主或业主自己的行为造成的损失中，物业服务公司对损失不直接承担赔偿责任，但物业管理公司负有防止损失扩大的责任，如果因为物业管理公司的不作为或疏于监督管理而使损失扩大，对于扩大部分的损失应该由物业服务公司负责。

案　情①

业主周某夫妇外出回来后发现主卧室卫生间的地漏返水，三间卧室及走廊地面铺装的复合地板大部分被污水浸泡了，屋内臭气弥散。两人立刻通知华腾物业服务公司，物业服务公司在得知此情况后也即刻派人疏通了下水道，排除了室内积水。在疏通过程中发现，堵塞的部位是在该套房屋下部与楼下房屋相连的主下水管线处，堵塞物有水泥等装修垃圾和其他生活垃圾。堵塞虽然排除了，但周某夫妇认为此次事件给他们造成了很大的损失，故要求物业服务公司进行赔偿，双方几经协商亦未能达成共识，周某夫妇将华腾世纪物业服务公司告上了法庭。

2001 年 6 月，法院开庭审理了此案。原告认为物业服务公司应对此次事件负责，并要求物业服务公司赔偿更换门、门套、地板的损失及衣柜损失，共计 12,400 元，并向法庭提交了家庭居室装饰装修工程报价单以证明装修所需费用，同时两人还要求物业服务公司赔偿精神损失 2000 元。

---

① 参见 http://www.lawyee.net，2005 年 6 月 14 日访问。

物业服务公司则认为，在业主进行装修前，物业服务公司都与其签订了禁止向下水道排物的合同。房屋被水浸泡后，也及时派人疏通管道、排放污水进行了维修。而且浸水原因是水泥块及生活垃圾等堵塞物造成下水主管线阻塞。因为原告和该层的其他几户业主都在装修，所以无法查清堵塞物的来源，但据此要求物业服务公司承担责任是没有道理的。同时根据物业服务公司与业主所签订的合同，物业服务公司只负责公共部分的维修，涉及业主屋内的设施只承担报修的义务，物业服务公司不能同意原告的诉讼请求。

法院经审理认为：原告的房子遭到返水浸泡，堵塞部位在其居住的楼层与下层楼房的主下水管道之间，该部位属公共设施部分，维修管理责任在物业服务公司。根据物业服务公司所提供的交房验收记录显示，交房验收时物业服务公司与业主并未对下水管线进行验收，给将来在使用过程中出现管道堵塞引发争执留下了隐患。但根据事发时间和事发后从堵塞部位发现的堵塞物判断，主下水管道堵塞原因排除了交房时就不畅通的可能性，而主要是包括原告在内的多家业主装修使用不当造成的，法院认为物业服务公司不应当承担此案的直接侵权责任。

同时，业主与物业服务公司以及装修公司签订的房屋装饰协议书上虽然明确约定了因装修施工造成的公共部位、公共设备设施损坏的由装修公司承担赔偿责任，物业服务公司就装修质量收取了装修公司的押金，但物业服务公司并不能就此免除对业主装修房屋的监督管理责任。此外，物业服务公司在装修完毕后，未能在合理的期限内考察装修的质量和隐患，出现纠纷尚未明确责任的情况下，就将装修押金退给装修公司的做法，不仅是不合理的，而且由此应确认物业服务公司承认装修质量合格，再出现相关问题均应由物业服务公司承担管理责任。所以，物业服务公司虽然不是本案的直接侵权责任人，但确实在业主装修问题上存在管理疏忽和漏洞，故物业服务公司应当承担相应的责任。

法院依法判决物业服务公司赔偿两原告经济损失1880元，对于两原告所提精神损失的要求，因缺乏相应证据及法律依据，法院没有支持。

【案例分析】

本案中，因为业主不当装修造成主下水道堵塞，因此造成的损失包括两个部分：

（1）业主不当装修造成主下水管道堵塞，导致房屋遭到返水浸泡造成损害的，物业服务公司不应承担直接侵权责任。根据业主与物业服务公司以及装修公司签订的房屋装饰协议书上的约定，因装修施工造成的公共部位、公共设备设施损坏的，由装修公司承担赔偿责任，所以应该由装修公司承担不当装修的直接侵权责任，而非由物业服务公司承担。

（2）业主不当装修物业服务公司怠于监督管理的，应承担相应的责任。因为物业服务公司负有物业管理的职责，因其怠于监督管理而使业主损失扩大的部分，物业公司应该承担责任。

处理锦囊

业主在办理交房验收时，应与物业服务公司对相关设备设施进行验收，特别是下水管线等，以免给将来在使用过程中出现管道堵塞引发争执留下隐患。在装修装饰过程中，应与物业服务公司、装修公司签订房屋装修装饰协议，明确约定装修装饰施工造成的公共部位、公共设备设施损坏的由装修公司承担赔偿责任，并由物业服务公司就装修质量收取装修公司的押金。在装修装饰完成的合理期限内，业主应要求物业服务公司对装修公司的施工质量和隐患进行考察，在确认装修装饰质量合格之后，再将装修装饰押金退给装修公司，这样可以避免装修装饰出现质量纠纷而无人承责的情形。

【相关法条链接】

《物业管理条例》第35条

《合同法》第107条

《民法通则》第117条、第131条

04 业主不可以违反物业管理公约自行安装防盗设施

业主在享有建筑物区分所有权的同时,也负有遵守相关法律法规和物业管理规约的义务。业主不得侵犯其他业主的公共利益而擅自搭建违章建筑,否则应该承担相应的法律责任。如果确实存在防盗的必要,业主应该在征得物业服务公司同意的情况下,进行防盗设施的安装。

案　情①

2002年年初,吴某购买了一套位于6楼的新房。入住时,他与物业服务公司签订了管理规约,约定不在室外加建任何建筑物。但吴某在装修中,先后在新房的北露台与南露台上搭建了一间高约1.7米的小屋和高约2.6米的玻璃暖棚,物业服务公司多次要求吴拆除违章搭建,但均未果,为此物业服务公司诉至法院,要求吴拆除露台南面搭建的玻璃暖棚和北面搭建的小屋。吴某辩称:由于物业服务公司未为业主安装防盗设施,自己出于安全考虑,才在露台上搭建了玻璃暖棚,而搭建的小屋是为堆放杂物,且是经物业服务公司同意的,故不同意拆除。

法院审理后认为:吴先生对自己的房屋进行装修,但装修应当

---

① 参见http://www.lawyee.net,2005年6月14日访问。

在法律规定的范围内进行。现其在房屋的露台上搭建小屋与玻璃暖棚的行为，违反了双方签订的管理规约、住宅装修申报表及相关物业管理条例。法院一审判决业主拆除这些违章建筑。

【案例分析】

在本案中，业主与物业服务公司签订了管理规约，约定不在室外加建任何建筑物。业主在物业服务公司未安装防盗设施的情况下，擅自搭建玻璃暖棚和小屋，违反了双方签订的管理规约、住宅装修申报表及相关物业管理条例，破坏了建筑物的整体规划，侵犯了其他业主的权益，应为违章建筑。法院判决业主拆除违章建筑、恢复原状是正确的。

处理锦囊

业主应遵守相关物业管理法律法规的规定和管理规约的约定，不得擅自进行装修装饰。如确需安装相关的防盗设施，应事先征得物业服务公司的同意，并不得侵犯其他业主的共用利益，否则擅自搭建违章建筑就会承担相应的法律责任。

【相关法条链接】

《物业管理条例》第 52 条

《合同法》第 107 条

05 相邻业主不当装修造成损失，物业服务公司承担责任的法律界限

物业服务公司根据法律法规的规定和物业管理公约的约定，具有进行物业管理的权利和义务。在公共部位、公共设施等造成业主损失的，物业服务公司作为直接侵权人承担责任。在因为其他业主

或业主自己的行为造成的损失中，物业服务公司对损失不直接承担赔偿责任，但物业管理公司负有防止损失扩大的责任，如果因为物业管理公司的不作为或疏于监督管理而使损失扩大，对于扩大部分的损失应该由物业服务公司负责。

案　情①

2003 年 5 月，成小姐家的新居突然发生粪管破裂，导致居室多处被粪水浸渍。在物业服务公司的协助下，成小姐发现楼上只有彭先生家正在进行卫生间装修，故推测粪管破损是因为彭先生家有砖块坠落管道所致，便将彭先生和物业服务公司一并状告，并提出了总价 1.5 万余元的赔偿要求。庭审中，两被告指责成小姐有擅自变更房屋用途、将卫生间地漏封堵的行为，因而导致了粪水积蓄室内的后果，故不同意成小姐的索赔。

法院认为：因证据不足，排除了彭先生的赔偿责任；同时认定物业服务公司在监督业主不当装潢时，未尽及时纠正的职责，应对溢粪事件承担部分责任；此外，由于成小姐在装潢时的擅自变更房屋用途的行为造成了损害扩大，也应对事件承担部分责任。上海市闸北区人民法院判决物业服务公司应赔偿成小姐实际装潢损失的 60% 即 5421 元。

【案例分析】

本案中，业主擅自变更房屋用途、将卫生间地漏封堵，导致排水管破损，造成居室被粪水浸渍，应由相关侵权行为人承担责任。物业服务公司如果已将房屋装饰装修中的禁止行为和注意事项告知业主，及时排除妨碍，对于装修装饰造成的损害不应承担直接侵权责任。

---

① 参见 http://www.lawyee.net，2005 年 6 月 14 日访问。

业主擅自装修装饰，如果对相邻业主造成侵害的，应该承担直接的侵权责任。但其相邻业主自行装修装饰，造成损害的扩大时，也应对损害承担部分责任。物业服务公司在监督业主不当装潢时，未尽及时纠正的职责，应承担部分责任。

处理锦囊

业主进行必要的装修装饰的时候，必须遵守相关物业管理法律法规的规定和管理规约的约定，并及时通知物业服务公司，征得其同意，并不得侵犯其他业主的共用权益，否则应对不当装修装饰造成的损害承担直接侵权责任。物业服务公司应当将房屋装饰装修中的禁止行为和注意事项告知业主，并对业主的装修装饰进行监督，对不当装修装饰行为应加以及时纠正，否则就应承担物业管理责任。

【相关法条链接】

《物业管理条例》第35条

《合同法》第107条

《民法通则》第117条、第131条

06 业主不能以与其他业主进行同样装修为由，违反物业管理约定擅自装修

业主与物业服务公司签订的物业管理公约具有法律效力，业主应该按照物业服务公约的约定遵守相关的义务。其他业主未遵守物业管理公约的，其应该对物业服务公司应该承担相应责任。业主不能以他人未履行义务为由免除自己的义务。

案　情[1]

被告王某、谢某母子系位于中山北路的“秋月枫舍”小区某户业主，在购买商品房时与原告上海沙田物业服务公司签订了《前期物业管理使用公约》和《装修管理规定》，约定业主不得擅自对房屋阳台、外墙等乱拆、乱凿，不得改变房屋结构。2001年10月，被告装修房屋时将北阳台门拆除，另安装一扇门，并在阳台安装可移玻璃窗。沙田物业服务公司要求其整改未果，遂起诉法院要求被告遵守公约，恢复阳台外墙原状。

一审判决支持物业服务公司诉讼请求。王某母子上诉至上海市第二中级人民法院，认为公约的签订是违心的，其装修不影响建筑物整体美观，且有其他业主亦是同样装修的，不同意恢复原状。

二审审理后认为：业主与物业服务公司订立的有关物业管理协定合法有效，被告的装修违反了约定，影响了建筑物的整体美观和协调。上海市第二中级人民法院判决驳回被告上诉，维持原判。

【案例分析】

本案业主与物业服务公司在物业管理公约中明确约定业主不得擅自对房屋阳台、外墙等乱拆、乱凿，不得改变房屋结构。业主应当遵守相关约定，不得进行影响建筑物的整体美观和协调的违章装修。如果其他业主也进行同样装修的，物业服务公司也有权予以制止，要求其恢复原状。

---

① 参见 http://www.lawyee.net，2005年6月14日访问。

处理锦囊

业主应当在相关物业管理法律法规框架下，合法合理进行装修装饰。遵守前期物业管理公约的约定，如果觉得其违法或不合理，可以通过召开业主大会，选举业主委员会，制定新的物业管理公约，而不得违反约定，进行影响建筑物的整体美观和协调的违章装修。即使其他业主进行同样违章装修装饰的，也不能成其为自己违章装修装饰的合理理由。如果其他业主的同样违章装修装饰行为影响到整栋建筑物的共用利益的，业主可以通知物业服务公司予以制止，要求恢复原状。

【相关法条链接】

《物业管理条例》第52条

07 装修排污堵塞管道，相邻业主负有排除妨碍的配合义务

根据《民法通则》和《物业管理条例》的相关规定，鉴于建筑物联体相邻的特殊性，相邻业主之间负有排除安全隐患的责任。同时，物业服务公司作为物业管理主体，其对小区内公共设施、公共场所的安全负有保障义务，在存在安全隐患或其他情形时，应该予以解决。

案　情①

沈先生下班回家发现装修一新的居室不知何时变成了臭气熏天的厕所，家里到处是污水和粪便。物业服务公司查明祸因是卫生

① 参见 http://www.lawyee.net，2005年6月14日访问。

间的下水管道堵塞,遂为沈先生的居室排除了险情。但此后这管道“疾病”时隔不久就要发作一次,且来势凶猛,弄得沈先生一家如惊弓之鸟,整日提心吊胆。经物业服务公司检查确定,沈先生家的污水管道之所以经常发生堵塞,是由于沈先生家与楼下住户杨某家之间的管道内道有建筑废渣。彻底解决的方法是在杨家截开管道“梗阻”部位,清除残渣。为此,沈先生与物业服务公司多次与杨某协商,杨某则坚决不同意在自家实施“管道手术”。

为避免遭到突袭,无可奈何的沈先生只好请物业服务公司将管道疏通机和软轴留下以备急用。10 年来,这一“顽症”无时不困扰着沈家。忍无可忍的沈先生终于一纸诉状将物业服务公司告上了法庭,要求后者将“梗阻”管道断开后予以疏通,并赔偿 10 年水、电费 1872 元,及精神补偿费 3 万元。

物业服务公司辩称:在得知沈先生家卫生间下水管道堵塞之后,物业服务公司几乎随叫随到,并破例在沈家安放了管道疏通机和软轴以备急用。鉴于沈家的污水管道堵塞是与楼下住户之间的管道里残留的建筑废渣所致,他们曾多次与楼下住户协商,拆开其室内管道以清除管内残留物,但楼下住户坚决不同意。考虑到沈先生多年为此消耗了大量的水、电费,他们表示同情和理解,愿给其 200 元钱作为补偿。至于沈先生提出的精神补偿,物业服务公司则认为没有依据,未予同意。

法院认为:物业服务公司作为沈先生所居楼房的管理者,有义务对住户在居住、使用过程中发生的问题予以解决。沈先生要求前者疏通居室内排水管道堵塞问题,理由正当,应予支持。至于沈先生提出的 10 年水、电费损失一节,因其未提供证据证明,法院不予支持。有关精神补偿请求,因无事实及法律依据,法院亦无法支持。物业服务公司愿给付沈先生 200 元水、电费,法院不持异议。法院依照我国《民法通则》第106条第1款规定，判令物业服务公司对沈先生堵塞管道予以疏通；给付沈先生水、电费200元，同时驳回了沈先生的其他诉讼请求。

【案例分析】

本案中，沈先生可以向法院起诉杨某，要求其承担相应的法律责任。物业服务公司作为沈先生所居楼房的管理者，有义务对住户在居住、使用过程中发生的问题予以解决。虽然物业服务公司随叫随到，并破例在沈家安放了管道疏通机和软轴以备急用，但没有根本上解决问题，使该问题侵扰沈先生家10年之久。物业服务公司虽然多次与楼下住户协商，拆开其室内管道以清除管内残留物，但楼下住户坚决不同意，此时物业服务公司可以向法院起诉杨某，要求其履行相邻义务，排除妨碍。所以说，物业服务公司怠于监督和履行物业管理服务义务，应承担履行物业管理不到位的责任。就此而言，法院的判决有失妥当。

处理锦囊

业主对于共用设施如下水管道堵塞或存在安全隐患的，应及时通知物业服务公司，由其履行物业管理责任。物业服务公司应及时排除妨碍，确需相邻业主予以配合的，应事先说明，在其坚决拒绝时，可以向法院要求相邻业主承担相应责任。相邻业主应本着相互理解，相互配合的心态，积极配合物业服务公司，排除物业共用部位、共用设施设备存在的安全隐患。

【相关法条链接】

《物业管理条例》第35条

《物权法》第84条

《民法通则》第83条、第106条

三、业主与政府主管部门的维修纠纷

01 业主封闭自家阳台，房地局无权处罚

业主只要未违反法律法规的相关规定和物业管理公约，未侵害其他业主的合法权益和小区的公共利益，就有权对自己所有的房屋进行装修、改造。政府主管部门只有在有法律、法规明确授权的情况下才能够对业主的行为进行行政处罚。

案　情①

业主有一个面向小区的敞开式阳台，后其在该阳台上装窗、装顶，封闭了阳台。该区的房屋土地管理局认定徐某擅自在该室破坏房屋外貌（阳台违章搭建），违反了《某市居住物业管理条例》相关规定，依据该《条例》第58条“授权区、县房地产管理部门可以对违反上述规定的行为有权责令限期改正，恢复原状，可以并处1000元以上1万元以下的罚款等行政处罚职权”的规定，对其作出了行政处罚决定，限其在收到处罚决定书之日起7日内拆除阳台违章搭建，并恢复房屋原状。业主不服，认为自己封闭阳台的行为不属违章搭建，且曾向物业管理人员提出申请，并遵守管理人员的要求，不属擅自搭建；认为房管局行政处罚中适用法律不当，自己封闭阳台是在原有阳台的范围内进行，也没有涉及其他房屋的其他部位，因此未构成对房屋外貌的破坏，不应适用《条例》第28条第1项规定，不应该受到行政处罚。徐某随后向区政府提出复议，区政府经复议

① 任静远：“业主应否受物业合同约束而不得封闭阳台”，载《法制日报》2003年10月15日。

维持了该行政处罚决定。徐某又向区人民法院提起行政诉讼。

区人民法院审理后也驳回了其诉讼请求。业主仍然不服,向市中级人民法院提起上诉,要求中级人民法院支持自己的请求。

中级人民法院经审理后认为:区房地局认定业主的行为属《条例》第28条第1、3项的破坏房屋外貌、违章搭建行为,并适用《条例》第58条第1项规定对上诉人进行行政处罚的行为,并没有充分的事实根据和法律根据。因此,二审法院随后作出判决,撤销区人民法院一审行政判决,并撤销区房地局2000年9月28日对徐某作出的行政处罚决定。

【案例分析】

(1)对业主使用自家物业的不当行为进行行政处罚的事实依据和法律依据

在本案中,《某市居住物业管理条例》第28条第3项规定,禁止"在天井、庭园、平台、屋顶以及道路或者其他场地搭建建筑物、构筑物",对物业使用中的不当行为作出禁止性规定,此禁止性行为是法定的。但是,《条例》的制定机关某市人大常委会和《条例》规定的有权作应用解释的行政机关市房地局,并没有对该条中的"其他场地"是否包括阳台作出解释,所以区房屋土地管理局认为阳台亦属"其他场地",没有充分的法律依据,而且第28条中明列的物业使用中的禁止行为未包括封闭阳台。

本案中行政处罚适用的第二个法律依据,《条例》第28条第1项规定的禁止性事项是"破坏房屋承重结构和破坏房屋外貌",徐某封闭自己的阳台对房屋外貌确有影响,但从本案证据来看,尚未达到对房屋外貌造成破坏这样严重的程度。故行政处罚决定对徐某封闭阳台的行为定性错误。

因此,区房地局作出的行政处罚决定缺乏事实和法律依据,二审法院撤销了原审判决和行政处罚决定是正确的。

(2)对于业主进行装窗封闭阳台等无法律法规明确规定的禁止行为应如何处理

此类没有法律法规明确规定的禁止行为主要应由立法机关或是有权的行政主管部门如市房地局等机关,通过制定相应的规定加以规范和统一。此外,在商品房买卖合同、物业管理服务合同、物业管理公约中,开发商或物业服务公司可以与业主明确约定未经允许,业主不得擅自进行装窗封闭阳台等行为。这样,既可以避免基层执法机关在执法之时无法可依,导致随意处罚,又可以使房屋业主知晓自己的行为是否违法,避免不必要纠纷的产生。

处理锦囊

当前,业主为了自己的利益,有可能违反物业管理公约的相关约定,擅自进行装修装饰,甚至搭建违反法律法规规定的违章建筑,侵害全体业主的共有利益。对于这些行为,房产管理机关并非都有权进行行政处罚。只有对于那些法律明确规定的禁止行为,房产管理机关才有权进行行政处罚。业主对于那些缺乏事实和法律依据的行政处罚决定,有权请求相关房产上级机构进行行政复议,在合法权益仍然得不到保护的情形下,可以向法院起诉房产管理机关。

【相关法条链接】

《行政诉讼法》第11条

《行政复议法》第6条

02 业主擅自建设违章建筑，房产管理机关应该处罚业主还是物业服务公司？

业主违反法律规定及物业管理公约擅自建设违章建筑,其应该对自己的行为直接负责。同时,物业服务公司作为物业管理主体,对小区内的安全负有监督管理职责,物业服务公司对其未尽到监督管理职责的不作为行为负责。

案　情[①]

贾某及家人嫌所住别墅一楼厨房太小,计划在厨房外建一间平房,向物业服务公司提出建房申请,未获同意。2004 年 10 月,贾某开始建房。2004 年 10 月 16 日、24 日,物业服务公司分别向贾某送达通知,要求被告停止建房。贾某未予理睬,继续施工。2004 年 11 月 17 日,郑州经济技术开发区规划环保局通知贾某,称贾某有未办理有关规划手续而进行建设的现象,已违反了城市规划法。后该房建成投入使用,物业服务公司便以贾某违约建房为由诉至法院,要求贾某拆除违规建筑,恢复原状。

法院经审理认为:原、被告签订的前期物业管理服务协议中有关装修管理的规定,不违背法律及行政法规的强制性规定,双方都应遵守。被告在一楼厨房外搭建房屋的行为已违反了自己承诺的义务,也违反物业服务公司的物业管理规定,侵害了其他业主的利益,被告应承担违约责任。故法院判决被告贾某拆除其搭建的房屋。

【案例分析】

在本案中,业主未经物业服务公司准许擅自搭建平房,且在被

---

① 高山、郭文政:“物业告业主擅自搭建房屋:法院支持物业诉求”,载《人民法院报》2005 年 1 月 14 日。

通知的情况下未予理睬，继续施工，已违反了相关法律法规的强制性规定。在此过程中，物业服务公司已对业主的违法行为予以制止但没有奏效，在规划环保局通知物业服务公司违章建设之后，物业服务公司向法院起诉业主，应该说物业服务公司已履行了相应的义务，房产管理主管机关可以对业主直接予以行政处罚。

处理锦囊

业主在买房装修或装饰过程中，除了应该遵守相关的物业管理合同外，还应遵守相关的城市规划或房产管理法规，特别是在物业服务公司合理劝阻后，应停止相关不当装修装饰行为，以免违反相关法律规定，侵犯其他业主的公共利益，构成违法行为。

【相关法条链接】

《物业管理条例》第 45 条

Chapter.3

第三章　建筑物及其附属设施致人损害纠纷

一、建筑物致人损害纠纷

01 锻炼坠楼身亡，修建方和物业成被告

在一般侵权行为领域，承担侵权损害赔偿责任的归责原则为过错责任原则，即行为人对因自己的故意或过失而给他人造成的损害承担损害赔偿责任。因此，在相关物业纠纷中，物业服务公司是否承担业主损害的赔偿责任，关键在于物业服务公司是否尽到了监督管理职责，未尽到监督管理职责的需要承担责任。

案　情①

市民林先生喜欢晨练，2007 年 1 月 14 日他在自家居住的房屋楼顶上锻炼身体时不慎从楼顶上摔下死亡。事后，林先生的妻子和两个子女认为，由于房屋修建公司在屋顶防护设施上的重大缺陷和物业公司在物业管理过程中的严重过错造成了这个悲剧，于是将这两家单位起诉至法院，要求承担责任。

经过现场查看，他们发现林先生锻炼的楼顶外围防护栏高度不到膝盖，这个高度低于我国建筑规范中关于“上人屋面”防护栏杆的相应要求。原告认为，这个重大缺陷是由于房屋修建公司在房屋修建过程中及物业公司在物业管理过程中的严重过错行为造成的。两公司应对林先生死亡后果承担全部的赔偿责任。

在法庭审理的过程中，房屋修建公司辩称，该房屋是由设计所设计，且具体施工单位也不是他们，验收时，该房屋的确是质检合格的优良工程。更为重要的是，该房屋的楼顶原本设计是不允许上

① “业主楼顶锻炼坠楼身亡物业担责 30%”，载物业律师网，有删改。

人的。

物业公司辩称,林先生是具有完全民事行为能力的人,楼顶本身就不是锻炼身体的地方,死者林先生对此有重大过错,因此他们不该承担责任。

法院经审理判决,修建公司不承担责任,物业公司由于疏于管理,承担30%责任,赔偿林先生家人75,973.37元损失。

【案例分析】

本案中,林先生作为一个具有完全民事行为能力的公民,在楼顶上锻炼身体应当对潜在的危险有理解、辨别、判断和控制的能力,但林先生没有预见这一行为存在的危险,自身有重大过错,其过错对其死亡起主要作用。物业公司作为小区的管理者,对业主林先生在楼顶上锻炼身体没有及时制止,也没有在楼顶设置警示标志,疏于管理,未能尽到职责范围内的必要注意义务,增加了林先生从楼顶上摔下的可能性,对林先生的死亡起次要作用。物业公司应当对林先生坠楼死亡承担相应的民事责任。

林先生家人提供的证据不能证明楼顶屋面是上人屋面和设计标准不符合国家标准,因此要求房屋修建公司承担责任的诉讼请求没有正当的理由,修建公司对此不负任何责任。

【相关法条链接】

《侵权责任法》第6条

02 物业公司不对触电受伤业主负责

在建筑物致人损害纠纷中,直接侵权人应该承担侵权损害赔偿责任。同时,因为物业服务公司负有监督管理、防止损失扩大的职责，其未尽到相关职责而使损失扩大的，物业服务公司应该承担相应责任。

案　情[①]

孙某（男，10岁）在家玩耍时发现阳台旁边的树上有小鸟，用身边的铁条去打小鸟，结果被挂在树上的折断的高压电线所吸而触电受伤。孙某的父母向法院提起诉讼，要求物业管理公司和电力公司共同承担赔偿责任。

法院查明，在距离孙家阳台的垂直距离大约5米处，有10千伏的高压线，事发前天晚上有7级大风，大风将高压线刮断，导致损害事故的发生。孙某触电受伤是电力公司未尽维护高压电设施安全使用义务而引起，电力公司应当承担赔偿责任。物业管理公司没有维修养护高压电管线的义务，不负损害赔偿责任。

【案例分析】

（1）物业管理公司不承担法律责任

物业服务合同与供电合同是两个法律关系。物业管理的功能在于保障物业的正常使用，维护小区的公共秩序。物业管理的管理范围应当限制在建筑物及与建筑物密不可分的附属配套设施。并不是业主在小区内受到的所有伤害都应当由物业管理企业承担责任，物业管理企业承担责任的界限是合同的约定以及法律的规定。如果物业服务合同没有约定由物业管理企业对有关事项进行管理，而法律法规又没有规定由物业管理企业相应的义务，那么物业管理企业自然无从承担法律责任。本案中高压电线不属于案发小区建筑物的配套设施，物业服务合同没有约定物业管理企业维护高压线的正常使用功能，因而不应当属于物业管理事项的范围。根据《电

---

① 中国物业管理协会网，有删改。

力设施保护条例》以及《物业管理条例》等法律法规的规定，高压电线的维修养护责任是由电力公司承担的，物业管理公司对高压电线漏电造成的损害，不承担赔偿责任。

(2)电力公司应当对孙某进行损害赔偿

电力公司具有维修养护高压电线的责任，应当严格依照《电力设施保护条例》及其《实施细则》规定，采取有力的措施保障电力设施的安全，在大风过后应当采取措施消除危险。《物业管理条例》第51条第1款规定，“供电、供水、供气、供热、通讯、有线电视等单位，应当依法承担物业管理区域内相关管线和设施设备维修、养护的责任。”电力公司未能及时检修刮断的电力设施，主观上有过错，应当承担损害赔偿责任。《民法通则》第123条规定，“从事高空、高压、易燃、易爆、剧毒、放射性、高速运输工具等对周围环境有高度危险的作业造成他人损害的，应当承担民事责任；如果能够证明损害是由受害人故意造成的，不承担民事责任。”《侵权责任法》第73条：“从事高空、高压、地下挖掘活动或者使用高速轨道运输工具造成他人损害的，经营者应当承担侵权责任，但能够证明损害是因受害人故意或者不可抗力造成的，不承担责任。被侵权人对损害的发生有过失的，可以减轻经营者的责任。”本案中孙某并非故意触电，电力公司不具有免责条件，应当依法承担法律责任。

【相关法条链接】

《民法通则》第123条

《侵权责任法》第73条

《物业管理条例》第51条第1款

03 楼道设计不合理，住户摔伤，物业服务公司与开发商应各自承担责任

(1)开发商对于设计单位和施工企业在楼盘建设中存在的缺陷致人损害的,应该承担相应的责任。《建设工程质量管理条例》第3条规定,建设单位、勘察单位、设计单位、施工单位、工程监理单位依法对建设工程质量负责。开发商应注意设计单位和施工企业在楼盘建设中存在的缺陷,并在合同中对这些问题加以明确。这样,在发生侵权事故时,能够容易区分责任。

(2)物业服务公司对楼盘自身的缺陷致人损害没有完全尽到管理职责的,应该承担相应的责任。物业服务公司在楼盘缺陷问题得到妥善解决之前,有义务采取预防措施,避免侵害业主利益的事故发生。或发生侵害事故的,采取应急处理措施,将损失降到最小。如应预见到发生停电事故将出现的安全问题,应开启楼道应急灯等设备,或派出保安在停电过程中加强楼道的巡视,以应对各种突发事件的发生。

(3)业主应注意个人的人身安全,注意防范物业共用设备设施的安全隐患,因自身的疏忽大意发生事故的,也应承担一定的责任。

案　情[①]

2003年9月,某小区业主的父母来京探望儿子,并在儿子家小住。同年9月的某天,该小区停电,该业主的父亲只得走楼道外出办事,但一直未归。后物业服务公司工作人员在该楼一层通往地下室的平台上发现了摔伤的老人。后虽然经医院尽力抢救,但老人终

① 何欣荣、申黎主编:《物业之争:物业纠纷典型案例评析》,法律出版社2005年版,第1页。

因伤势过重而死亡。

该业主认为开发商和物业服务公司对于老人的死亡都有责任。开发商未按购房合同约定采用双路供电,致使老人不能乘坐电梯,而只能改走楼道。而且,该楼的设计存在问题,不仅一层公共通道狭窄,而且通往地下室的楼梯与地面通道未进行隔离防护。因此,该业主认为开发商应对老人的死亡承担责任。此外,该业主认为老人的死亡与物业服务公司的行为也有直接的因果关系,物业服务公司未事先公告停电情况,致使老人外出时在黑暗中无法辨明方向,从而跌入通往地下室的楼梯下部摔伤致死。在交涉未果的情况下,该业主将小区物业服务公司和开发商告上法庭,提出赔偿各项损失共计 37 万余元的诉讼请求。

法院认为:根据国家有关规定,标准高层民用建筑的地下室与地上层不宜共用楼梯间。必须使用共用楼梯间时,应在首层与地下层的入口处,设置隔离墙和防火门隔开,并有明显标志。本案的该楼楼梯存在的设计瑕疵与老人的摔伤致死存在因果关系,开发商应当承担主要赔偿责任;该楼停电后,物业服务公司虽然采取了部分措施,但未完全尽到管理职责,仍应承担一定的赔偿责任;老人外出时已明知停电的事实,本人亦应注意个人的人身安全,其摔伤与本人的疏忽大意有一定的关系。法院根据各自的过错程度判决:开发商赔偿 64,800 元,物业服务公司赔偿 32,400 元。

【案例分析】

本案中,因为开发商未遵守国家有关法律法规的规定,在建设共用楼梯间时,未在首层与地下层的入口处,设置隔离墙和防火门隔开,开发商的过错行为造成老人的损害,应该承担责任。同时,本案的物业服务公司虽然采取了部分措施,但未完全尽到管理职责,仍应承担一定的赔偿责任。而老人外出时已明知停电的事实,本人亦应注意个人的人身安全，其摔伤与本人的疏忽大意有一定的关系，其自身也应承担一定责任。本案判决合理。

处理锦囊

业主应清楚小区共用设备设施的使用情况，注意防范物业共用设备设施的安全隐患，注意个人的人身安全，晚上停电或深夜勿单独外出。物业服务公司应及时查验物业共用设备设施，有义务采取预防措施，避免侵害业主利益的事故发生。或发生侵害事故的，采取应急处理措施，将损失降到最小。开发商应注意设计单位和施工企业在楼盘建设中存在的缺陷，并在合同中对这些问题加以明确。

【相关法条链接】

《建设工程质量管理条例》第 3 条

《物业管理条例》第 35 条

《合同法》第 107 条

《民法通则》第 106 条、第 119 条、第 131 条

04 小区没有成立物业服务公司，出现问题时居委会街道办需要负责

在小区没有成立业主委员会或委托专门物业服务企业进行管理之前，居委会和街道办应进行相应的监督和指导，排除共用设备设施的安全隐患，否则应对怠于履行义务致人损害承担连带赔偿责任。

案　情①

2004年5月16日，年仅数岁的雍某在成都龙爪小区的公共区域玩耍时，位于其间的三个窨井发生爆炸，腾空升起的窨井盖将其击伤致死。该小区是成都市干道指挥部经有关部门批准建设，2002年4月，该部依据有关规定与武侯区政府达成协议将建成的小区移交给区政府管理，2004年1月，干道指挥部协助住户办理了小区的分户产权，但小区一直未成立业主委员会，也无专门的物业服务公司进行社区物业管理。

龙爪居委会在成立之后，曾组织人员对窨井进行过疏通，并协同当地学校对学生进行安全义务教育，事故发生之后，居委会向雍某的父母支付2000元。随后因相关的几个单位相互推脱责任，雍某的父母只好将居委会、街道办等告上法庭，要求其进行赔偿。

一审法院认为：按照《城市居民委员会组织法》的规定，龙爪居委会负有对本辖区有关居民公共事务的公益事业进行管理的义务。《四川省城市住宅物业管理暂行办法》也规定，小区的共用设施、设备的维护修缮、整治等管理活动应由小区业主自主管理或委托物业服务企业实施专业服务管理。但在小区成立业主委员会或由业主委托专门物业服务企业进行管理之前，居委会作为当地居民的群众自治性组织，实际上承担着对小区共用设施的管理职责，虽然居委会曾对窨井进行过疏通并协同所在地学校对学生进行了安全义务教育，但仍未能阻止爆炸事件的发生，证明居委会对公共设施的维护修缮不利，故应承担不作为的侵权损害赔偿责任。而街道办为区政府的派出机构，在小区移交给区政府之后，街道办对本行政区域

① 任硌："小区窨井爆炸致人亡，居委会街道办有相应责任赔偿"，载新华网，2006年1月6日访问。

内的住宅物业管理活动有进行监督、指导职责，其对事故发生负有监督、指导不力的责任，对居委会所负的赔偿责任应承担连带责任。雍某的父母监护不力也是事故发生的重要因素之一，故判定居委会、街道办负担损失的60%共6万多元，原告应自行承担该事故所致损失的40%。

一审宣判后，原告和被告街道办均不服判决，提起上诉。

二审维持原判。

【案例分析】

本案中，根据相关法律的规定，龙爪居委会负有对本辖区有关居民公共事务的公益事业进行管理的义务。在未成立业主委员会之前，龙爪居委会作为当地的自治组织，应该对小区共用设施的安全负责，承担监管责任。本案居委会未尽到相应的监督管理职责，应该承担相应的损害赔偿责任。

【相关法条链接】

《民法通则》第106条、第131条

《城市居民委员会组织法》第3条

05 电梯发生事故，物业服务公司负责举证证明自己没有过错

我国《侵权责任法》规定，在建筑物致人损伤的侵权案件中，适用举证责任倒置的证明标准，即建筑物或其他设施以及建筑物上的搁置物、悬挂物发生倒塌、脱落、坠落造成他人损害的，它的管理人如不能证明自己没有过错，就应承担责任。

案　情[①]

2004年5月，住在南京市建邺路一高层住宅的王女士，乘电梯下楼时，电梯突然向下坠落，然后又极不正常地上下升降多次。惊恐万分的王女士因站立不稳，撞伤了腰。后被送到医院治疗。

王女士认为，小区物业服务公司维护电梯不力，应对她的受伤负责，因此诉至法院。物业服务公司认为，他们只是替电梯公司收取电梯维护费，且王女士也不能证明，她是因电梯故障受伤的。因王女士受伤一事无证人，王女士提出，物业服务公司拥有电梯运行情况监控录像，电梯是否发生故障，自己是否在电梯中受伤，都在录像的监控范围内。但物业服务公司拒绝提交录像。

法院经审理认为：作为电梯管理人的物业服务公司，没有证据证明其无过错，因此，判决物业服务公司赔偿王女士2000余元。法院认为根据《侵权责任法》的规定，建筑物或其他设施以及建筑物上的搁置物、悬挂物发生倒塌、脱落、坠落造成他人损害的，它的管理人如不能证明自己没有过错，就应承担责任。同时，最高人民法院"证据规则"也规定，没有正当理由，持有证据的当事人拒不提供证据，可推定有过错。物业服务公司有电梯监控录像，但拒绝提供。因此，可推定为录像内容对物业服务公司不利，该公司存有过错。综上，被告作为电梯管理人的物业服务公司，没有证据证明其无过错，因此，法院判决物业服务公司赔偿王女士2000余元。

【案例分析】

根据《侵权责任法》第85条的规定："建筑物或其他设施以及建筑物上的搁置物、悬挂物发生倒塌、脱落、坠落造成他人损害的，它的管理人如不能证明自己没有过错，就应承担责任。"本案中，作

① 参见 http://www.lawyee.net，2005年6月14日访问。

为电梯管理人的物业服务公司没有证据证明自己没有过错，就推定其对电梯造成的损害存在过错，因此需要承担因此给业主造成的损失。

处理锦囊

业主在使用物业共用设备设施的时候，对于其存在异常或安全隐患的，应及时通知物业服务公司进行修理维护，以保障共用设备设施的正常运行。对于突发的物业共用设备设施遭受侵害的业主，应及时保存相关证据。物业服务公司应对物业共用设备设施进行定期检测，发现问题及时修理维护，对于怠于物业管理致使共用设施发生事故致人损害的，应该承担赔偿责任，如果能提供证据证明自己已履行物业管理义务的除外。

【相关法条链接】

《最高人民法院关于民事诉讼证据的若干规定》第4条、第75条

《民法通则》第126条

《侵权责任法》第85条

06 业主入住后房屋受损，物业服务公司和开发商在各自的职责范围内负责

开发商和物业管理公司作为不同的民事主体，其对业主的房屋所承担的法定职责时不同的。开发商作为房屋的设计、建筑者，对房屋的质量问题应承担责任，而作为物业管理主体的物业公司，其对物业承担维护和管理责任。因此，业主入住后房屋受损，具体由谁来承担损害赔偿责任，应该视房屋的损失原因而定。如果因为房

屋的设计、建设、施工过程中的问题而使房屋受损的，应该由开发商承担责任；如果因为物业服务公司未尽到维护和管理职责而使房屋受损的，应由物业服务公司承担责任。

案 情①

两业主慈溪人郑某、张某于2000年先后购买了浙江省慈溪某房产公司开发的某小区五楼居室各一套，随后装修入住。2001年8月，房产公司与慈溪某物业服务公司签订了该小区前期物业管理委托合同，约定由该物业服务公司对该小区实施物业管理，委托管理期限为合同签订之日起至小区移交业主委员会止。

2002年年初，房产公司将已通过综合验收的小区移交给小区所在的某社区居民委员会。因该小区尚未成立业主管理委员会，物业服务公司虽未与小区业主签订物业管理合同，但仍继续进行物业管理。房产公司支付物业服务公司物业管理费至同年8月25日止。2002年8月16日下午，天降暴雨，该小区数名业主的房屋均出现了渗漏现象，导致地板、平顶、墙体等不同程度受损。后经有关部门鉴定，认为房屋渗水主要是因屋檐水落管口被垃圾堵塞排水不畅所致，其次屋面机平瓦少量破损，檐沟柔性防水层局部起鼓等缺陷，也是引起屋面少量渗漏水的原因。两业主因此分别造成损失5.6万余元和4.4万余元。

法院经审理认为：对房屋建筑共用部分的维护、养护和管理，疏通下水道是物业服务公司应尽的责任，排水设施未达到设计要求是房产公司的责任。法院依责任大小，判决由物业和房产公司分摊业主损失。

【案例分析】

(1)开发商作为房屋的设计、建筑者，对房屋的质量问题应承

① 参见http://www.lawyee.net，2005年6月14日访问。

担责任

本案中，经有关部门鉴定，业主房屋屋面机平瓦少量破损，檐沟柔性防水层局部起鼓等缺陷，说明排水设施未达设计要求，是造成房屋漏水的次要原因，开发商应对此承担责任。

(2)物业公司对物业承担维护和管理责任

房屋渗水主要是因屋檐水落管口被垃圾堵塞排水不畅所致，物业服务公司没有尽到疏通排水管道的职责，管理上存在过错，应对业主房屋漏水遭受的损害承担主要赔偿责任。

处理锦囊

业主在装修装饰房屋或对建筑物共用设备设施使用过程中，应遵守相关房屋管理法律法规及装修协议和物业管理公约的约定，不得擅自进行违章装修装饰，以免因自己的过错给自己或相邻业主造成损害。物业服务公司应依法对物业共用部位、共用设施设备进行查验，防止因为房屋本身的质量问题而承担责任。

【相关法条链接】

《物业管理条例》第35条

《合同法》第107条、第122条

《民法通则》第106条、第111条、第117条

07 业主冒失乘货梯摔伤，物业服务公司不能证明自己没有过错的，需要负责

我国《侵权责任法》第85条规定了建筑物致人损害赔偿的举证责任倒置的证明原则，即建筑物或其他设施以及建筑物上的搁置物、悬挂物发生倒塌、脱落、坠落造成他人损害的，它的管理人如不

能证明自己没有过错，就应承担责任。

案　情[1]

邓先生所在的办公场所位于上步工业区304栋楼的5楼。大楼没有专供行人通行的电梯，只有两部货梯，平常大楼里的人上下班都是乘坐货梯通行。2002年4月28日邓先生去单位上班，他看见电梯门半开着，就一脚迈进去，伸手去开电梯里的照明灯，岂料手刚伸出去，身体便失去平衡，一下掉到了电梯井，脖颈处的气管被磕伤，全身多处受伤。事发后他多次找物业服务公司及其办公场所的出租方索赔，但对方认为当时并非修电梯，也非电梯坏了，无须设立警示性标志，此外，邓先生搭乘的是货梯，不愿赔偿。邓先生则认为，大楼并没有专供行人乘坐的电梯，而且平常大家也都是乘坐货梯上下楼。事发时，电梯半开着却没有"行人禁乘"提示标志，附近也未有警示性标志和其他安全防护措施，致使他受到损伤，要求大楼的物业服务公司"深圳市鹏基物业管理服务有限公司"和办公场所的出租方"深圳兴华物业服务公司"予以赔偿。索赔无果后，于10月25日向福田区人民法院提起诉讼，称事发后，他在医院住院17天，共支付医药费1.1万多元，出院后又全休了一个月，期间，花费交通费2700多元、护理费6700多元、伙食费7000多元，此外，因生病他已有多日不能上班。产生上述严重后果，皆因出租方兴华公司未保证其出租屋的安全，物业服务公司鹏基公司对其应管理的电梯管理不善所致，两被告应对上述损失承担连带责任。因此，请求法院判令两被告支付医疗费、误工费、伙食补助费、护理费、交通费等3.6万多元。

法院认为：被告鹏基公司既是物业服务公司，又是电梯维修保

---

① 参见 http://www.lawyee.net，2005年6月14日访问。

养人，未能提供证据证明对电梯门半开不存在过错，推定存在过错，应对原告的损害承担主要责任；原告作为完全民事行为能力人，明知电梯门半开，电梯内灯未亮，仍然踏进电梯，主观上也存在一定过错，应承担次要责任；被告兴华公司作为出租方，与电梯维修管理及物业管理无关，不应承担赔偿责任。据此法院判决支持原告医疗费、交通费、护理费、住院伙食补助金、财物损失等各项费用2.6万多元，其中90%由鹏基公司承担，10%由原告自身承担，驳回原告对第一被告的诉讼请求及其他诉讼请求。

【案例分析】

本案中，原告业主因为电梯门半开而发生损害，此种损害属于建筑物致人损害而发生的侵权责任。根据《侵权责任法》第85条的规定，物业服务公司鹏基公司需要对自己没有过错承担举证责任，鹏基公司未能证明自己没有过错，因此需要对原告业主的损失承担一定的责任。

处理锦囊

业主应注意安全使用物业共用设备设施，对存在安全隐患的，应及时通知物业服务公司加以维修管理。物业服务公司应定期检测相关的物业共用设备设施，及时清除安全隐患，保障其正常运行，否则应对物业设备设施发生事故致人损害承担相应的责任。

【相关法条链接】

《物业管理条例》第35条、第55条

《民法通则》第106条、第111条、第119条、第123条、第131条

《侵权责任法》第85条

08 台风导致水管堵塞造成损失，物业服务公司应该负责

虽然台风属于自然灾害，其无法预测和消除，但物业服务公司作为专业的物业服务企业，应提前预测台风灾害，并做好相应的防范措施。在业主因台风造成的水管堵塞，应及时派人检修，查找原因排除安全隐患，尽职尽责地履行物业管理职责。如果其未能履行相应的监督管理职责，对其不作为而扩大的损失，物业服务公司应该承担相应的赔偿责任。

案　情①

2005 年 8 月 6 日，“麦莎”台风侵袭上海，雨水如注。漕宝路某小区 2 楼的陈先生住房遭大量漏水，家庭装潢及财物受水浸润。陈先生及时向物业服务公司报修。物业服务公司第二天才派员检修，却又不能找出原因，以致损失扩大。经观察，发现漏水系楼上邻居顾先生独用的阳台下水道被杂物堵塞，雨水漫至顾先生家后下渗到陈先生家中。

陈先生认为，物业公司未尽管理职责，理应对陈先生的损失承担责任。经上海文汇工程造价咨询有限公司对陈先生房屋装潢修复费用进行估价，核定为 3949. 24 元。为此，陈先生一家四口诉诸法庭，要求物业服务公司和顾先生共同赔偿装潢损失 3900 元。

收到诉状的顾先生大呼冤枉，称堵塞部位非自家房屋产权，管理属于物业服务公司。目前，雨水经由屋顶流到他家后再至陈先生家，故其本身也是受害者。而物业服务公司虽然承认对事件负有一定的责任，但称在“麦莎”来临之际，出于维护员工生命安全的考虑，当时是不可能派人到屋顶去排查漏水，并坚称已合理地尽到了维修责任。

---

① 参见 http://www. lawyee. net，2012 年 7 月 16 日访问。

法院认为：漏水的屋顶是一个卫生死角，没有计入任何业主的产权范围，故顾先生不需承担该屋面的疏通排水责任。物业服务公司没有及时进行清理，造成严重后果，应承担全部责任。据此，判决物业公司赔偿业主陈先生一家房屋装潢损失费3900元。

【案例分析】

物业服务公司应对台风导致的水管堵塞致人损失承担赔偿责任。本案中，漏水的屋顶是一个卫生死角，非任何业主的产权范畴，相邻业主不承担相应的疏通排水责任，物业服务公司对于台风造成的水管堵塞，没有及时清除安全隐患，致使业主遭受严重损失的，应承担相应的赔偿责任。

处理锦囊

物业服务公司应按照相关房屋管理法律法规的规定和物业管理服务合同的约定，不断提高物业管理服务水平，对于自然灾害，及时做好相应的预测和防范措施，并提醒业主做好防范准备工作。对于自然灾害造成的损失，应及时进行清除，排除妨碍，否则应承担相应的物业管理责任。业主应配合物业服务公司做好自然灾害的防御工作，采取有效的措施，避免损害的扩大。

【相关法条链接】

《物业管理条例》第35条

《合同法》第107条

09 下水道堵塞找不出肇事人，由共有人共同承担责任

业主应维护小区共用设备设施的正常使用，进行装修装饰的，

也应遵守相关房屋管理法律法规的规定和物业管理公约的约定，不能损害小区全体业主的共同利益。同时，作为负责小区服务和管理的物业服务公司，对小区的公共设施、公共设备负有维护和管理的义务，如发现共用设施存在异常情况应及时处理，否则给业主造成的损失应该承担损害赔偿责任。在几户业主共有的建筑物部分发生的损害，不知道具体肇事人的情况下，应该由共有业主共同承担责任。

案　情①

杂物堵塞下水道主管道，造成住在2楼的刘某家中的下水道堵塞返水，财产受损。刘某将住在其楼上的三家住户一并告上法庭。辽宁沈阳市铁西新区人民法院近日对此案作出一审判决：楼上的三家住户各赔偿原告刘某经济损失1778元，原告刘某也为自己家的损失承担1778元的责任。2005年7月16日早晨，刘某和老伴一推开2楼刚装修好的新房房门，看见漂浮着卫生纸的粪水居然溢满了整整一地板。物业维修人员检查发现，原来是下水主管道堵了造成返水。维修人员将该管道弯头处锯开后，从里面取出了很多水泥块及电线头、粪便、卫生纸等杂物。刘某花钱雇人将地板上粪水清理了。但由于粪水已渗到地板下面，刘某又不得不花钱雇人再将地板全部撬开进行清理。之后，物业服务公司出面对此事进行了调解，但是楼上住户均不同意赔偿。刘某将楼上四住户以及小区的物业服务公司共五方告到了法庭。

法院认为：原告与楼上几户共同使用同一下水管道，应共同维护管道畅通，保证公共设施的正常使用。根据堵塞下水道的水泥块

① 霍仕明："下水道堵塞找不出'主犯'上下相邻原被告共担责"，载《法制日报》2005年7月。

等杂物，可以推断下水道被堵塞显然与某些住户使用不当存在因果关系。让原告明确指出是哪一户或哪几户侵权，显然原告没有能力做到。下水主管道在住户进住时是封闭状态的，因为被告李某系在堵塞之后才进行装修入住，可以排除。楼上朱、贾、杜三家住户包括原告在内均在3月至7月进行过装修，不能排除其不当使用的可能性。因无法确认堵塞下水管道的杂物的直接来源，从维护公共利益的角度出发，根据公平原则，应当由使用主管道的住户共同承担赔偿责任。又因无法确定责任比例，所以应由包括原告在内的四住户平均承担原告的损失。法院据此判决：楼上的三家住户各赔偿原告刘某经济损失1778元，原告刘某也为自己家的损失承担1778元的责任。

【案例分析】

本案中，原告与楼上几户业主共同使用同一下水管道，此下水管道属于这几家业主的共同共有，因修理此下水管道而发生的费用应该由业主平均承担。本案的物业服务公司不存在疏于监督管理的情形，因此物业服务中心不承担修理下水管道的费用。

处理锦囊

业主应维护小区共用设备设施的正常使用，进行装修装饰的，也应遵守相关房屋管理法律法规的规定和物业管理公约的约定，及时排放垃圾，不能擅自装修无序排放，造成下水道堵塞或其他共用设备设施不能正常使用，以免对相邻业主造成损害。物业服务公司应定期及时检测共用设备设施的情况，保障其正常使用，发现异常及时排除，以防共用设备设施不能正常使用发生事故致人损害。

【相关法条链接】

《民法通则》第130条、第131条

二、附属设施致人损害纠纷

01 物业设施伤人，物业服务公司需要承担责任

物业服务公司作为小区内的物业管理主体，其根据法律法规的规定和物业管理公约的约定，负有对小区内公共设施、共用设备进行维护、管理的职责。因物业服务公司怠于管理而发生的损害，物业公司应该承担赔偿责任。

案 情[①]

2003年7月1日晚8时许，家住哈尔滨某小区现年17岁的小龙与其父范某一起散步，见自家楼上落了一群鸽子，便返回家中取来铁质“抄罗子”，登上楼顶抄鸽子。正玩得高兴，意外发生了，“抄罗子”碰到外墙铁质漏水管，小龙被电击倒死亡。小龙触电事故发生后，调查组于当晚在事故现场发现，有一根2.5米长的细铁丝，一端搭在居民楼进户电缆与进户线的接头处，另一端垂悬于距外墙漏水管10毫米处。哈尔滨市安全办与电业局的专业人员乘升降机近距离勘察，发现细铁丝垂悬端对应的“水漏子”表面有明显放电痕迹，用试电笔测量该端头有电，万用表测得该端头对地电压为220伏。7月2日上午9时，哈尔滨市总工会、哈尔滨市公安局道里分局、哈尔滨市道里区劳动和社会保障局的有关人员加入调查组再次进入现场调查，物业服务公司的领导、电工和电业局的技术人员再次对接头漏电处进行测试，实测电压为55伏。经黑龙江省公安厅

① 贾晋璇、刘松江、王丹：“水管放电少年殒命，物业公司失责赔偿”，载《人民法院报》2004年12月3日。

鉴定,小龙系生前受电流作用死亡。悲痛欲绝的范某将物业服务公司、电业局告上法庭,要求其对小龙的死承担责任,并赔偿各类损失。

一审法院认为:1998 年 3 月 25 日,电业局与黑龙江省某房地产开发公司签订《供用电协议》一份。由该公司的物业服务公司负责小区内的电力设施维修和管理。物业服务公司对进户线连接点管理不善,造成小龙触电死亡,对此纠纷应负全部责任。判决物业服务公司给付范某尸检费、丧葬费、死亡补偿费等各类费用合计95,988元。判后,物业服务公司不服,上诉至哈尔滨中院,哈中院认为,小龙触电死亡是在上诉人物业服务公司所负责管理的地点,由于上诉人对电缆与进户线连接点管理不善导致漏电并造成小龙触电死亡,因此上诉人应承担损害赔偿责任。小龙上楼顶使用铁质"抄罗子"抄鸽子的行为,没有违反法律,没有过错,上诉人主张小龙应承担相应责任,不符合《民法通则》第 131 条中规定的可以减轻侵害人民事责任的情形。因此,上诉人物业服务公司对小龙的死亡应承担全部赔偿责任。哈尔滨市中级人民法院作出终审判决,物业服务公司赔偿死者家属95,988 元。

【案例分析】

对于物业设备设施存在安全隐患时,作为物业服务公司,有责任排除妨碍,保障小区和业主的安全。特别是像电力这样的共用设备,更是要特别加强管理,及时进行检测,加装相关防护栏或绝缘设备,防患于未然。本案中的物业服务公司疏于管理,使小区人员碰到外墙铁质漏水管,被电击倒死亡,对此负有不可推卸的物业管理责任。

处理锦囊

对于小区存在的危险设备设施，物业服务公司应告知小区居民，并警告大家请勿接近。对于物业设备设施存在安全隐患的，物业服务公司应及时进行检修，加强管理，对于危险设备设施，应采取相应防护措施，否则应当对存在安全隐患的物业设备设施致人损害承担相应的赔偿责任。

【相关法条链接】

《物业管理条例》第 35 条

02 小区内堆放的建筑垃圾伤人，物业服务公司需要承担责任

《侵权责任法》第 89 条规定："在公共道路上堆放、倾倒、遗撒妨碍通行的物品造成他人损害的，有关单位或者个人应当承担侵权责任。"物业服务公司对小区内的共用设施、共有设备以及共用部位存在的物品负有维护和管理的职责，对于小区内的建筑垃圾致人损害的，物业服务公司应承担相应的责任。

案　情[①]

2000 年 4 月 25 日中午，家住北京西城区的李文华老人带着孩子在自家的楼下行走时，忽然刮起了一阵大风，大风将一块三合板刮起，迎面砸到了她的身上，老太太一下子就被砸倒在地，不省人事。她的家人得知消息后，立即将她送到医院抢救。经医院诊断

① 参见 http://www.lawyee.net，2005 年 6 月 14 日访问。

为:脑动脉粥样硬化,腔隙性脑梗塞后遗症,腰部软组织损伤,胸12椎压缩性骨折,高黏血症。为此,花费了上万元的医疗费。

治愈后,李老太太将管理其家住地的某物业服务总公司告上了法庭,理由是:该物业服务公司负责住地的物业管理工作并已收取了房屋装修户的清运费,但其没有及时清理装修垃圾,因此造成了损害结果,要求赔偿各项损失共计4.6万余元。某服务总公司则认为:砸倒李老太太的三合板并非装修垃圾,在装修前就有,是所有权不明的闲置物,虽然收取了每个装修户200元的垃圾费,但因此案责任不明,不同意赔偿。

法院认为:被告的辩解与其提供的证据相悖。被告已收取装修垃圾费,应履行清运垃圾之责,由于其没有及时清理,致三合板被风刮起将原告砸伤,应承担赔偿责任。对原告不合理的部分诉讼请求不予支持。判决被告赔偿治疗、护理、营养、精神抚慰金及继续治疗费,共计人民币4.2万余元。

【案例分析】

本案中,这块砸伤老太太的三合板是不明的闲置物,还是堆放在装修垃圾上的垃圾,成了本案被告是否承担民事赔偿责任的关键。但被告提供的证人证言恰恰能证明:这块三合板是被大风刮起来的,原来就扔在装修垃圾堆处。对于建筑垃圾的清理责任,有的小区规定由堆放的业主自行委托人员清理,有的小区则由物业服务公司统一清理。但无论怎样,物业服务公司对于小区内的建筑垃圾,既没有督促业主及时清理,也没有自行清理,对其致人损害的应该承担疏于管理的责任。当然,三合板的丢弃者是老人受伤的直接侵权责任人,理应承担直接侵权责任,只是暂时无法查明。

处理锦囊

小区居民对于自家产生的垃圾,应妥善加以处理,将垃圾堆放到物业服务公司指定的安全地点。物业服务公司应在合适的场所放置装载容器,以供业主堆放垃圾,并应注意对遗漏在场所外的垃圾及时进行收集、清运。

【相关法条链接】

《物业管理条例》第 35 条

《侵权责任法》第 88 条、第 89 条

03 设置路障没有采取防护措施,物业服务公司需要承担责任

《侵权责任法》第 89 条规定:“在公共道路上堆放、倾倒、遗撒妨碍通行的物品造成他人损害的,有关单位或者个人应当承担侵权责任。”物业服务公司对小区内的共用设施、共有设备以及共用部位存在的物品负有维护和管理的职责,对于小区内的建筑垃圾致人损害的,物业服务公司应承担相应的责任。

案　情①

1999 年 6 月前后,被告物业服务公司为保持新村内的良好住宅环境,出于好心在进入该新村的路口通道上设置了两根一米多高的钢桩,意在杜绝一些大卡车之类的车辆进入新村。为确保行路者的安全,物业服务公司还在钢桩上涂了红白相间的油漆。然而,据说

① 清华:“钢桩绊车致人死,物业公司赔十万”,载《法制日报》2001 年 1 月 17 日。

该钢桩对消防有不利影响，加上风吹雨打等因素，不知何时，该桩只剩下离路面高为10厘米多一些的钢桩根。2000年8月30日夜21时前后，一名不熟悉该路状况的外村居民郑某，驾骑着一辆木兰牌摩托车路过该处，暗淡的灯光下，他的车底部被10厘米多高的钢桩根所绊，人跌下时头部撞在了路旁花圃墙上，当即受伤，经送医院抢救无效死亡。

法院经审理认为，物业服务公司对新村物业（包括新村内的道路）有妥善管理的责任。被告物业服务公司原设的一米多高的路桩变成10厘米多高的路障时，其没有采取有效措施消除隐患，导致了郑某途经该地时事故的发生，故被告物业服务公司应承担赔偿责任。据此，该院作出了上述判决。法院判令被告南通市光华物业服务公司赔偿死者家属人民币100,418元。

【案例分析】

本案中，被告物业服务公司原设的一米多高的路桩变成10厘米多高的路障时，其没有采取有效措施消除隐患，导致了郑某途经该地时事故的发生，可见，物业服务公司未尽到维护和管理的职责。因物业公司未尽法定职责而给业主造成损失的，物业公司应该予以赔偿。

处理锦囊

物业服务公司依法依约对小区承担妥善管理的责任，在小区内建立或设置相应的设备设施，应确保其安全运行，善始善终，定期检查，加强有效的防范措施，消除安全隐患。否则因其建立或设置的设备设施疏于防护致人伤害的，应承担相应的赔偿责任。

【相关法条链接】

《民法通则》第125条

《侵权责任法》第89条

04 危险品露天放置，小孩失手点燃引爆，物业公司和监护人各自承担责任

在小区范围内发生的侵权行为，应该区分直接侵权人和间接侵权人。直接侵权人因为其直接侵权行为直接对损害承担赔偿责任，如果涉及未成年人侵权，则未成年人的监护人应对其损害承担相应的责任。同时，物业服务公司对小区内公共场所、公共设施等负有维护和管理职责，物业服务公司应对楼盘管理处附近的杂物房内的危险品致人损害承担疏忽管理的责任。

案 情[①]

2003年5月7日晚18时许，家住深圳罗湖区布心花园的小康(6岁)与小伙伴小奕(9岁)、小文(11岁)、小颖(10岁)4人在所住楼盘管理处附近的杂物房旁玩耍时看到一个“神秘桶”。他们找来一根木棒并点燃，小奕将燃烧的木棒插进了桶里，“轰”的一声，小桶突然爆炸了！他们吓得魂飞魄散逃开，而年纪最小的小康躲闪不及，被桶里蹿出的火焰严重烧伤。

小康父母闻讯赶来，当即将他送到医院抢救，经检查原来小桶中装的是天那水(俗称香蕉水)，小康入院后诊断为全身多处烧伤并休克。5月24日，已花掉近5万元的小康父母无力继续交纳住院

① 参见 http://www.lawyee.net,2005年6月14日访问。

费，只好将他接出医院，在家自行购置药品治疗。6 月 13 日，小康败血症恶化不幸去世。

随后，小康父母一纸诉状将小奕和花园物管告上了法庭，索赔医药费和精神损失费共 20 万余元。爆炸时与小康一起玩耍的小文、小颖也被要求负连带责任。

法院经审理后认为：小康不仅参与了玩火，在受伤后又提前出院，据此法院认为其父母应自负 15% 的责任。法院确认小康死亡最主要的原因是天那水爆炸而烧伤导致。物业服务公司对易燃易爆的天那水疏于管理，致其置于儿童容易获取的杂物间，对爆炸的发生负有重要责任，因此，物业服务公司的不作为和 4 名儿童玩天那水烧火引起的爆炸，应各占一半责任。而孩子中直接引起爆炸的是小奕，在 4 人中责任相对较重，另外 3 人责任相对次要。

深圳罗湖法院判决物业服务公司承担 45% 的责任，小奕承担 25% 的责任，小颖、小文各承担 7.5% 的责任，小康父母获得经济赔偿和精神损害赔偿共计 13 万余元。

【案例分析】

本案中，应区分不同的责任主体：

（1）物业服务公司应对楼盘管理处附近的杂物房内的危险品致人损害承担疏忽管理的责任。本案中，对于楼盘管理处附件的杂物房应属于违章搭建的房屋，其所有权应属于小区全体业主。物业服务公司对违法搭建的房屋内存放的危险物品应尽到必要的管理义务，但其疏于管理，致其置于儿童容易获取的杂物间，存在过错，对爆炸的发生应负有主要责任。

（2）未成年人的监护人应对其致人损害承担相应的责任。根据《侵权责任法》第 32 条的规定，本案中，由于受害人及其他未成年人的监护人未尽到监护责任，对爆炸事故的发生也有失职的情况，因此也应承担相应的责任。

处理锦囊

业主应注意看管未成年人,尽到监护职责,防止未成年人不当行为造成事故致人损害。物业服务公司应遵守相关房屋管理法律法规的规定和物业管理公约的约定,不得擅自搭建违章建筑。同时要特别注意小区内的危险品,加以谨慎看管,及时清除安全隐患,以免因疏忽管理发生事故致人损害,承担相应的法律责任。

【相关法条链接】

《物业管理条例》第35条

《合同法》第107条

《民法通则》第18条、第106条、第111条

最高人民法院《关于贯彻执行〈中华人民共和国民法通则〉若干问题的意见(试行)》第10条

《侵权责任法》第32条

05 因遭受物业环境污染损害,业主可以要求精神损害赔偿

根据《侵权责任法》第65条规定,因污染环境造成损害的,污染者应当承担侵权责任。同时,根据最高人民法院《关于确定民事侵权精神损害赔偿责任若干问题的解释》第1条的规定,因环境污染而造成的人身伤害等可以请求精神损害赔偿。因此,因遭受物业环境污染而造成的精神损害,可以请求精神损害赔偿。

案　情①

2000年4月,银川市43岁的下岗职工张殿盛,一纸诉状将银川市物业服务公司告到了法院。他在诉状中称,被告银川市物业服务公司修建的德胜浴池锅炉烟囱距张家住房不足3米,烟囱口比张家住房(6楼)还低2米。被告违反了《宁夏回族自治区烟尘污染防治办法》关于茶浴炉不许烧烟煤的明确规定,长期燃烧烟煤,该烟囱长年黑烟滚滚,严重污染张家住房,侵害了原告及其妻子、儿子的身心健康。张殿盛向法院提供了全家人因病住院就诊医疗费单据32张合计4247.98元及病历等证据,向法院提出被告应立即停止侵权,关闭浴池锅炉;赔偿其经济损失1万元、精神损失赔偿费1万元等诉讼要求。

据了解,张殿盛居住的楼房受该浴池烟尘污染已多年。楼房里的几十户居民长期忍"气"吞"烟"。此次张殿盛打官司得到了楼里39户居民的签名支持。随后,张殿盛凭个人力量收集证据,向法院提供了烟尘污染照片、原告住院就诊医疗费单据、环保部门对被告的行政处罚决定书、原告误工证明等相关证据。

银川市城区人民法院受理此案后,分别于5月17日、8月10日两次开庭对此案进行了公开审理。在案件审理过程中,被告承认侵权事实的存在,并于5月关闭了德胜浴池。但强调"原告不能提供其疾病与烟尘污染之间存在的因果关系"、"法律对精神赔偿无明确规定",要求法院对原告诉讼请求不予支持。

法院认为,被告所建浴池违反国家及自治区的有关规定,使用时严重污染了原告的居住环境,侵害了原告的合法权益,对此被告应承担民事责任。法院对原告要求将房内外设施恢复原状、赔偿经

---

① 参见http://www.lawyee.net,2005年6月14日访问。

济损失的诉讼请求，酌情考虑赔偿经济损失3000元，由于被告的侵权行为客观上已对原告一家人的精神造成了损害，对此被告也应赔偿原告的精神损失。宁夏回族自治区银川市城区法院于2000年10月12日作出一审判决，判被告银川市物业服务公司赔偿原告张殿盛经济损失3000元，精神损失2000元。

【案例分析】

本案中，被告的行为严重污染了原告的居住环境，侵害了原告的合法权益，其应该对原告承担损害赔偿责任。在经济损害上，被告应该恢复原状，并赔偿因此给原告造成的经济损害。同时，被告的环境污染行为给原告造成了精神损害，在原告提出请求的情况下，应该同时对原告予以精神损害赔偿。

处理锦囊

物业服务公司应当遵守相关房产管理法律法规的规定和物业管理公约的约定，不得擅自搭建违章建筑，污染小区环境，侵害业主的合法权益。《侵权责任法》第65条规定，对于物业服务公司的侵权行为，业主应该联合起来，向相关的房产管理行政机关反映，要求予以制止，排除妨碍，甚或向法院起诉，要求其赔偿相关的物质损失及适当的精神损失。

【相关法条链接】

《民法通则》第124条

最高人民法院《关于确定民事侵权精神损害赔偿责任若干问题的解释》第1条

《侵权责任法》第65条

06 儿童攀爬小区草坪钢筋护栏受伤，物业服务公司和监护人各自承担责任

物业服务公司对小区内公共场所、公共设施等负有维护和管理职责，物业服务公司应对其疏于维护和管理致人损害承担损害赔偿责任。同时，未成年人的监护人对未成年人具有监护职责，因其未妥善履行监护职责而造成未成年人损失的，应该承担责任。

案　情[①]

2001 年 8 月某天，一名 11 岁女童在小区内与同学一起打网球，在攀登草坪边的钢筋护栏，捡被打到楼上一层平台上的网球时，该女童不慎倒在了护栏的尖头上而受伤，治疗费用计 2.9 万余元。2002 年 10 月，受伤女童将小区物业公司告上法庭，要求物业公司赔偿医疗费、营养费、父母护理误工费、精神损失费等共计 26 万余元。

法院经现场勘察和审理后认为：除了原告及其监护人的责任外，物业公司安装的该钢筋护栏七十余厘米高且留有十余厘米的尖头，其目的虽是保护栏内草坪，但应考虑却没有考虑到居民特别是孩子的安全，埋下了安全隐患，对原告所受伤害应负一定责任，从而判决：物业公司给付原告经济损失 10,000 元，驳回原告的其他请求。

【案例分析】

本案中，物业服务公司因对公共设备设施管理不善致人损害的应承担责任。从民事责任上来说，物业服务公司应当预见到设置这种外观的护栏，可能给小区居民人身安全造成损害，但却因疏忽大

① 欣荣、申黎主编：《物业之争：物业纠纷典型案例评析》，法律出版社 2005 年版，第 112 页。

意而没有预见，所以推定其存在过失。物业服务公司作为某些物业共用设备设施的设置者和管理者，在设置此护栏上没有考虑到其存在的安全隐患，所以对女童的伤势承担相应的赔偿责任。当然，女童自己作为民法上的限制行为能力人，应当注意个人的安全，其家长作为监护人，也有失职的地方，应当承担一定的责任。

处理锦囊

物业服务公司在设置相关共用设备设施的时候，应全面考虑问题，放置于合适的位置，注意其质量，对可能危及小区业主人身安全的设备设施应设置明显的标志，并采用相应的防范措施，消除各种安全隐患，避免因自己一时疏忽，致人损害而承担相应的法律责任。

【相关法条链接】

《物业管理条例》第35条

《民法通则》第18条、第106条、第119条

《民法总则》第34条

最高人民法院《关于贯彻执行〈中华人民共和国民法通则〉若干问题的意见(试行)》第10条

Chapter.4

第四章　物业侵权纠纷

一、业主侵权纠纷

01 房前小院扩建至人行道，物业公司起诉获支持

物业小区内的公共绿地及人行道属于业主共有，业主个人不能未经其他业主同意，占用业主共有空间。业主擅自占用全体业主共有空间的，物业服务公司作为物业管理主体，有权要求其停止侵害，恢复原状，并向法院起诉。

案　情[①]

2007 年 2 月 23 日，本市一家物业公司受开发商委托对河东区某住宅小区进行前期物业管理服务。据该物业公司称，2008 年 5 月 4 日，小区业主李某办理入住手续。同年 6 月初，物业服务工作人员在进行日常巡查时发现，李某在其房前的绿地上正在打地基扩建房前小院。工作人员当即进行规劝和制止，并向李某下达了《装修违章通知单》，要求其停止扩建并恢复绿地原状。李某不听劝阻，仍然将小院扩至绿地。11 月 4 日早上，工作人员在进行日常巡查时发现李某再次扩建小院，在制止无效的情况下拨打了 110 报警，而李某继续施工。李某扩建后的小院已至小区人行道上并用铁栅栏围起，严重影响了小区业主的正常通行和小区绿化景观，侵犯了其他业主的合法权益。为此，物业公司提起诉讼，要求李某拆除私自扩建的小院并恢复原状。

对此，被告李某称，他在买房时开发商承诺小院面积为 5 平方

---

① “房前小院扩建至人行道物业公司起诉获支持”，载中国物业管理协会网，有删改。

米,但实际交付的小院面积还不足1平方米,他曾多次找到开发商及物业公司,但双方互相推诿,所以才自行将小院扩至应有的面积,且小区内一楼的业主都将小院外扩,不只李某一家,因此不同意原告的诉讼请求。

法院审理认为,该业主以开发商实际交付的小院面积比售房时承诺的面积小为由,拒绝拆除理由并不充分。小院面积不足是业主与开发商之间的问题,在未经确认前不足以对抗物业公司。根据《物权法》第73条的规定,"建筑区划内的道路,属于业主共有,但属于城镇公共道路的除外。建筑区划内的绿地,属于业主共有,但属于城镇公共绿地或者明示属于个人的除外。建筑区划内的其他公共场所、公用设施和物业服务用房,属于业主共有"。该业主行为侵犯了其他业主利益,因此判令其拆除小院扩建部分,恢复至房屋交付使用时的状态。

【案例分析】

物业小区内的公共绿地及人行道属于业主共有,原告作为小区的前期物业管理机构,依照前期物业管理合同的约定,对共有部分享有管理维护的权利。被告将其小院扩建至全体业主的共有部分,属于侵权行为,原告有权提起诉讼要求被告停止侵害、排除妨害。关于被告抗辩所称的开发商交付使用的小院面积不足一事,属于被告与开发商之间的问题,因原告系依照竣工验收图纸确认其对共有部分的管理权限,被告此项主张在未经开发商认可或未经法定程序确认之前,不足以对抗原告。关于被告抗辩的小区内其他业主也存在扩建小院的情节问题,法院认为不能因众多业主都存在此种行为而导致行为合法化,被告此项抗辩理由不能成立。

【相关法条链接】

《物权法》第73条

02 业主委员会张贴通知指责物业服务公司贪污，内容失实应承担责任

根据我国《民法通则》及《侵权责任法》的规定，未有事实支持而指责他人犯罪的情形属于侵害他人名誉权的侵权行为，行为人应该对此承担相应的法律责任，包括赔礼道歉、消除影响等。在给对方造成损失的情况下，应该同时承担损害赔偿责任。

案　情①

南京某公司受聘对花园小区实施物业管理，其在履行职责的过程中与小区业主委员会产生了矛盾，小区业主委员会在小区内张贴“通知”，指责物业服务公司存在贪污、携款逃跑及内部管理混乱等现象。2005 年 7 月 27 日，物业服务公司一纸诉状将业主委员会告上法院，称被告侵犯其名誉权。

法院开庭时，原告举证：7 月 11 日该小区业主委员会张贴“通知”，指责物业服务公司存在贪污、携款逃跑等内容，有照片为证。被告业主委员会拒不到庭，也未提出书面答辩。

法院审理认为：我国《民法通则》第 101 条规定，公民、法人享有名誉权，公民的人身尊严受法律保护禁止用侮辱、诽谤等方式损害公民、法人的名誉。贪污属于违法犯罪行为，是否构成贪污应由有关部门认定。本案中，花园小区业主委员会未举证证明物业服务公司存在贪污等问题，经法院传唤又拒不到庭，法院只好采信物业服务公司的举证及陈述。物业服务公司举证的照片等证据可证明小区业主委员会制作了“通知”，并在小区内张贴。这种行为导致原

---

① 李自庆：“南京一小区业委会指责物业‘贪污’缺少证据，法院判令不得再散布此言论”，载《人民法院报》2005 年 10 月 27 日。

告声誉的降低，因此，小区业主委员会的行为构成侵权。遂判决被告业主委员会不得再散布此言论；在小区内向物业服务公司书面致歉，致歉内容须经法院审核。驳回原告要求赔偿500元的请求。

【案例分析】

本案中，业主委员会未举证证明物业服务公司存在贪污等问题，因为物业管理纠纷发生矛盾，擅自采取张贴通知的不当方式，指责物业服务公司存在贪污、携款逃跑及内部管理混乱等问题，导致物业服务公司声誉的降低，已经构成侵权。物业服务公司未举证证明该公司受到的财产损失，且业主委员会仅是业主大会的执行机构，并没有独立财产，不能承担赔偿责任。所以说，法院对物业服务公司要求业主委员会赔偿500元损失的诉讼请求不予支持是正确的。

处理锦囊

业主如果对其管理和服务水平不满意，可以通过合法的途径采取适当的方式与其沟通，让其改进，甚或通过召开业主大会，重新选聘物业服务公司，而非采取在小区内张贴通知的方式，随意捏造或歪曲事实进行指责，以免承担相应的侵权责任。

【相关法条链接】

《民法通则》第120条第2款

《侵权责任法》第2条

03 部分业主无权处置其使用的共用楼道

共用设备设施的使用权是由小区全体业主享有的，而且这种使用权是不可分割的，单个业主无权单独对上述共用设备设施进行使用,排除其他业主的正常使用。即使是只有部分业主使用的共用楼道,其也无权自行处置。

案　情[①]

部分业主所购房屋均位于高层塔楼东北角,从屋里出来后都有将近3.3米的楼道,在装修防盗门时,其都将防盗门向外挪了2米左右,占用了部分公用楼道,引起了其他部分业主的强烈不满。于是,物业服务公司向法院起诉占有楼道的部分业主,要求他们拆除所侵占共用部分的建筑、恢复共用楼道的原状。

法院认为:物业管理区域内按照规划建设的公用建筑和共用设施不得改变用途。物业服务公司对于共用部位、共用设施设备有维修、养护和管理的责任。部分业主在其居室外圈占共用走廊的行为,违反了物业管理协议,应属无效。由此判决部分业主7日内拆除占用公共走道上的建筑,并恢复原状。

【案例分析】

本案中,部分业主圈占楼道的行为,不仅是对本层其他业主权益的侵害,也是对整栋楼全体业主权益的损害。事实上只有部分业主使用的共用楼道,该部分业主也无权自行处置。

物业服务公司对于部分业主的侵权行为有权要求其拆除违章建筑,并恢复原状。

物业服务公司作为小区物业的管理者,其职责就是保障小区业主能正常使用小区共用设备设施。对于部分业主损害小区共用设备设施,侵害其他业主权益的行为,物业服务公司有权利也有义务积极纠正,要求其拆除违章建筑,恢复原状。

---

①　何欣荣、申黎主编:《物业之争:物业纠纷典型案例评析》,法律出版社2005年版,第62页。

处理锦囊

业主应维护小区共用设备设施的正常使用，即使是部分业主使用的共用楼道等设施，也不能自行处置，以免侵害相邻业主乃至整栋楼业主的共用权益。物业服务公司对于部分业主的侵占小区共用设备设施的行为，应积极加以劝阻和纠正，及时要求其拆除违章建筑，恢复原状。

【相关法条链接】

《物业管理条例》第 11 条、第 35 条、第 49 条、第 65 条

《物权法》第 70 条、第 76 条

04 业主维权行为过激，是否会侵害物业服务公司名誉?

根据我国《民法通则》及《侵权责任法》的相关规定，业主采取过激方式维权，损害物业服务公司名誉的，构成名誉权侵权，业主应该承担赔礼道歉、消除影响等责任，给物业服务公司造成损失的，应该承担损害赔偿责任。

案 情[①]

2001 年 4 月 5 日，位于中关村旁黄金地段的满庭芳园内的 A 座楼西侧外墙上不知何时悬挂出一宽约 1 米、长约 30 米写有“抵制乱收费禁止欺骗”的巨型条幅，白底蓝字的条幅十分抢眼，惹得过路行人驻足旁观，议论纷纷。后经查为业主刘女士所为。

1999 年 7 月 1 日，刘女士与北京当代城市房地产开发有限公司

① 参见 http://www.lawyee.net，2005 年 6 月 14 日访问。

签订购买北京市内销商品房预售契约。2000 年 3 月 16 日,刘女士办理入住并于同日签订承诺书,该承诺书内容表明刘女士已详细阅读北京市房屋土地管理局核准的北京满庭芳园《房屋使用、管理及维修公约》。当代城市公司将满庭芳园小区的物业管理交给当代物业服务公司进行管理,但是由于刘女士对物业服务公司提供的服务管理不满,同时对物业收费合理性产生怀疑,便不愿交纳物业管理费。于是发生了上述事件。

为了讨个说法,维护自己的名誉,当代物业服务公司一纸诉状将刘女士推上公堂,认为自己公司严格按照北京市的相关收费标准收取物业管理费,无任何乱收费现象。而刘女士无视事实,在公共场所以悬挂巨型条幅的形式,恶意诽谤、诋毁自己公司的对外形象,对公司名誉造成了极其恶劣的影响,使公司至今未能够及时收取满庭芳园业主的物业管理费,严重影响了公司的日常经营及未来的发展。要求刘女士停止侵害、恢复名誉、消除影响、赔礼道歉,赔偿公司名誉权损失 2 万元。

而法庭上刘女士否认悬挂巨型条幅的事实,认为条幅的悬挂与自己无关,同时认为该条幅并未直接指向当代物业服务公司,其内容也不涉及侵犯名誉权,故不同意当代物业服务公司的诉讼请求。

2001 年 8 月 27 日,北京市海淀区人民法院依据《民法通则》第 101 条、第 120 条及相关意见判决,刘女士向当代物业服务公司书面赔礼道歉,赔偿当代物业服务公司 1000 元。

【案例分析】

业主采取过激方式维权,损害物业服务公司名誉的构成侵权。物业服务公司是否乱收费应由有关部门鉴定。在本案中,业主没有证据证明物业服务公司乱收费,因为物业管理纠纷发生矛盾,擅自采取在公共场所以悬挂巨型条幅的形式,指责物业服务公司乱收费,导致物业服务公司声誉的降低,已经构成侵权,应承担相应的责任。

【相关法条链接】

《民法通则》第 120 条

《侵权责任法》第 2 条

05 业主车辆受损，辱骂攻击保安构成侵权

根据我国《民法通则》及《侵权责任法》的相关规定,业主辱骂攻击保安的行为,可能构成名誉权和身体权、健康权侵权,业主应该承担赔礼道歉、消除影响等责任,给保安造成损失的,应该承担损害赔偿责任。

案 情[①]

某夜,一位车主到朋友家喝酒,将车停放在了朋友居住的小区内。第二天清晨,该车主发现车门被人用锐器刮伤,联想到自己几次出入小区大门时,均没有按保安张某的要求交纳停车费,从而认为是张某报复所为。不久,该车主又因事在该小区内停车,车门再次被刮,该车主断定是张某所为,就将车开到保安办公室门口,对张某进行辱骂,并将其打伤。

后张某将该车主诉至法院,要求其赔偿医药费,并以该车主在大庭广众无端指责自己损坏车辆,侵害了自己的名誉为由,要求其赔偿自己的精神损失费 5000 元。

---

① 何欣荣、申黎主编:《物业之争:物业纠纷典型案例评析》,法律出版社 2005 年版,第 103 ~ 104 页。

法院经审理认为：该车主怀疑张某恶意刮坏自己的车辆，应向公安机关报案，或在张某再次作案时将其当场抓获。但该车主却没有这样做，而是在没有确凿证据的情况下，在公众场合对张某进行谩骂，并出手将其打伤，这种做法损害了张某的人格和名誉，侵犯了张某的人身权利，依法应予以赔偿。一审判决该车主赔偿张某医疗费 570 元。

【案例分析】

本案中，业主没有向公安机关报案，而是在公众场合对保安张某进行辱骂，并出手将其打伤，业主的行为构成名誉权和身体权侵权，应当依法向保安赔礼道歉、消除影响、赔偿损失等。

处理锦囊

业主应遵纪守法，不得侵害他人的人身和财产权利。对于自身的人身和财产，应加强安全防范意识和措施，对于怀疑他人恶意损害自己财产的，应向公安机关报案，或采取相应的防范措施，在他人再次作案的时候将其当场抓获，而不能在没有确凿证据的情况下，公然谩骂或殴打他人，以免自己从受害者成为致害者而承担相应的赔偿责任。

【相关法条链接】

《民法通则》第 106 条、第 119 条、第 120 条

《侵权责任法》第 2 条

06 业主堆放建筑垃圾导致住户受害，应当承担赔偿责任

根据《侵权责任法》第 89 条的规定，在公共道路上堆放妨碍通行的物品造成他人损害的，有关单位要承担侵权责任。首先，作为

直接侵权人,堆放妨碍通行的物品的业主需要直接承担侵权责任。其次,物业服务公司对小区内的公共场所和公共设备负有维护和管理职责,因其怠于履行管理职责而发生的损害,物业服务公司应该承担赔偿责任。

案　情[①]

卓元楷系上海市宝山路499弄26号503室业主,在其房屋装修过程中,将建筑垃圾堆放在26号门口的垃圾箱旁,后经居委会要求做了部分清运。2001年7月,原告卢友伟、徐启娟之子卢志军(1993年11月出生)和第三人吴佳伟(1990年6月出生)在小区内玩球,卢志军不慎跌倒在建筑垃圾旁的玻璃鱼缸上,吴佳伟坐在卢志军身上,卢志军被玻璃鱼缸割断股动静脉,被送往医院后不治身亡。卢友伟、徐启娟遂诉诸原审法院,要求卓元楷、吴佳伟、宝通物业管理有限公司(小区物业)、宝山路街道办事处以及吴佳伟、居委会承担赔偿责任。

法院审理后认为:卓元楷堆放建筑垃圾为鱼缸的放置创造了条件,对原告的损害应当承担赔偿责任。宝通物业公司收取物业管理费,其对小区的管理存在不足,亦应承担相应责任。卢志军受伤系在与吴佳伟玩球中发生,后者应承担一定的赔偿责任。两原告未尽监护之责,对损害后果应分担责任。遂判决宝通物业公司、卓元楷、吴佳伟等共赔偿卢友伟、徐启娟经济损失共计人民币93,000余元。

【案例分析】

本案中,被告卓元楷堆放建筑垃圾为鱼缸的放置创造了条件,是原告损害的直接侵权人,应该承担损害赔偿责任。其次,宝通物业公司对小区的管理存在不足,对公共场所和公共设备未尽到维护

---

① 参见 http://www.lawyee.net,2005年6月14日访问。

和管理义务,因此造成的损失应该承担损害赔偿责任。

处理锦囊

《侵权责任法》第89条规定,在公共道路上堆放妨碍通行的物品造成他人损害的,有关单位要承担侵权责任。物业服务公司和业主应遵守相关房屋法律法规的规定和物业管理公约的约定,业主对于自家装修装饰所产生的建筑垃圾应及时清运出小区,物业服务公司应尽职履行物业管理职责,应对建筑垃圾所产生的安全隐患进行排查,督促业主及时清运建筑垃圾,以免发生意外事故而承担责任。未成年人在小区玩耍时,业主应让成年人在旁尽职看护,谨防发生各种人身伤害意外。

【相关法条链接】

《物业管理条例》第35条
《民法通则》第18条、第106条、第119条
《侵权责任法》第89条

二、物业服务公司对业主人身权的侵权纠纷

01 业主在住宅被装修工杀害，物业公司被判赔偿

住宅小区物业管理公司在物业管理区域内，对于物业管理合同关系的另一方当事人，依法应承担合理限度范围内的安全保障义务。住宅小区物业管理公司对于进入住宅楼内的人员，采取适当的方式核实其身份，属于合理限度范围内的安全保障义务。如果因物业管理公司未尽到必要的安全保障义务而给业主造成损害的，物业管理公司应该承担补充侵权责任。

案　情①

2002 年 4 月，受害人郑某购买了东海花园小区的住房。小区物业管理处承诺：协助公安部门维护该物业区域内的公共秩序，24 小时有保安巡逻值班以及时、妥当处理各类突发事件。入住当年，郑某对其住房进行了装修。凶手钟某作为装修工人，在东海花园管理处办理了《出入证》。2003 年 7 月 21 日上午 9 时，钟某拿了一张过期的《出入证》进入东海花园，保安员既没有仔细查看《出入证》，也没有要求钟某进行登记，便同意其进入小区。钟某以“搞维修”为由，诓骗郑某的保姆李某开门。进屋后，钟某将李某杀害，并搜得 1000 多元现金和 6 部手机。半个小时后，郑某回家，钟某胁迫郑某打开保险柜，并取走 10 余万元现金。得手后，钟某将郑某杀害，携赃物逃离东海花园。同年 7 月 27 日，钟某被公安机关抓获。2004 年 4

① “业主在住宅被装修工杀害　物业公司被判赔偿 17 万”，载中国物业管理协会网，有删改。

月1日,深圳市中级人民法院以抢劫罪、故意杀人罪判处钟某死刑。

郑某母亲钱女士诉称:小区保安员未查实钟某的出入证,也未进行登记就予放行,由于其过失导致郑某被杀害,该管理处的行为已构成侵权。东海房地产公司为小区装备的监控设备陈旧落后,选聘物业管理公司不当,也应承担连带赔偿责任。钱女士请求法院判令被告赔偿其丧葬费、死亡补偿费、被扶养人生活费、交通费、精神损害赔偿金共计97万余元,以及因侵权行为导致的近3年的可预期收入损失500万元。

法庭上,物业管理处认为,在此案中,凶手钟某应对郑某的被害结果承担损害赔偿责任。管理处对郑某私人物业内的人身、财产不负有安全保障义务,只对公共区域负有合理限度内的安全保障义务。管理处在维护公共秩序方面已尽到足够的义务,其未登记的不作为行为不具有违法性,也没有主观过错,与郑某被害结果之间不具有因果关系。即便管理处在维护公共秩序方面未尽合理限度范围内的安全保障义务,也仅应在能够防止和制止损害的范围内承担相应的补充赔偿责任。

法院审理后认为,由于无证据证明钱女士丧失劳动能力又无其他生活来源,其不属于侵权法意义上的被扶养人,其请求赔偿被扶养人生活费的要求法院不予支持。钱女士因女儿被杀害受到精神损害,其请求赔偿精神损害抚慰金10万元法院予以支持。钱女士请求钟某赔偿郑某预期可得收入损失,没有法律依据。法院一审判决:钟某赔偿钱女士59.3万余元。东海花园物业管理处承担30%即17.7万余元。

【案例分析】

住宅小区物业管理公司对于以装修工人名义要求进入住宅楼内的人员,采取适当的方式核实其身份,属于合理限度范围内的安全保障义务。本案中，在被告钟某出示过期的《出入证》，自称搞装修时，未查验其出示的《出入证》，也未要求其登记，系属未尽合理限度范围内的安全保障义务，物业管理公司有过错。

东海房地产公司未实施任何违法行为，不应承担人身损害赔偿责任。该公司在小区业主委员会成立前，委托具有物业管理资质的机构进行物业管理，完全符合法律规定，没有任何过错。

【相关法条链接】

《侵权责任法》第37条

02 在小区内张贴失实公开信，物业公司成立侵权

物业服务公司根据法律法规的规定和物业管理公约的约定，有权对小区内的公共事务进行管理，但是物业公司的管理行为必须局限在法律法规和公约授权的范围内。如果物业服务公司超越法律法规和公约的授权，对业主造成损害的，成立相应的侵权责任。

案　情[①]

2005年9月1日，天津市河北区某小区内贴出了一份《解除合同通知书》和一封致小区业主的公开信，信中说："半年中，业主委员会主任对物业不支持，而只是挑剔，一些事出尔反尔，不但不协助物业督促业主交物业费，他还带头不交，几个女委员也随着不交，更有甚者出面阻拦业主交费，蛊惑人心……"公开信中所提到的业主委员会主任对公开信的内容极为不满，认为公开信捏造事实、恶意

① 张晓敏："物业公司致信业主，内容失实引发侵权"，载《人民法院报》2006年4月8日。

诽谤,损害了他的名誉权。于是诉请法院判决前后有权利交接的甲、乙两家物业服务公司负连带责任,在同等范围内赔礼道歉。

被告甲物业服务公司经法院合法传唤,无正当理由拒不到庭应诉,也没有在法定期限内提交书面答辩状。被告乙物业服务公司的法定代表人石某在法庭上表示,公开信并没有对原告的名誉造成损害,并认为作为物业服务公司有对业主的公示公告权,因此,不同意原告的诉讼请求。

法院在审理中查明,2005 年 4 月 25 日,原告所在小区的业委会和甲物业服务公司签订了一份物业管理服务合同,合同约定服务期限是 1 年。2005 年 11 月 28 日,甲物业服务公司和乙物业服务公司联合向小区全体业主发出变更声明,声明甲物业服务公司在 2005 年 2 月 26 日至 11 月 30 日在某小区产生的一切债权债务现由乙公司负责,乙公司将继续履行甲公司与某小区所签订的物业管理服务合同。

法院认为:被告甲物业服务公司在没有事实依据的基础上在小区内张贴公开信,从其内容来看,有部分失实,贬损了原告的人格,损害了原告的名誉,在小区内给原告造成很坏的影响,因此对原告诉请判令被告甲物业服务公司公开书面向其赔礼道歉的主张予以支持。关于原告主张被告乙物业服务公司承担连带责任的请求,因主体不对,不予支持。遂作出一审判决:物业服务公司在小区内以书面形式向原告赔礼道歉。

【案例分析】

本案中,被告甲物业服务公司在没有事实依据的基础上在小区内张贴公开信,其行为已经超越了法律法规和物业管理公约的授权,其行为侵害了原告的名誉,根据我国法律的规定,物业公司的行为成立名誉权侵权,应当依法承担赔礼道歉、消除影响、赔偿损失等责任。

处理锦囊

物业服务公司应在相关房屋管理法律法规和物业管理公约的框架下，依法谨慎合理地管理物业共用设备设施，履行善意管理人的义务，进行物业管理。对于业主的不当行为，应采取适当方式进行劝阻，而不能采取在小区内张贴公开信的方式进行，更不能捏造或歪曲事实贬损业主的人格，损害业主的名誉，否则应承担相应的侵权责任。依据《侵权责任法》第2条的规定，损害他人名誉权，应承担法律责任。

【相关法条链接】

《民法通则》第120条

《侵权责任法》第2条

03 小区保安打死访客，物业服务公司承担责任

根据《侵权责任法》第34条规定，用人单位的工作人员因执行工作任务造成他人损害的，由用人单位承担侵权责任。物业服务公司应对其工作人员不当履行职务导致的侵权行为承担赔偿责任。

案 情[①]

2005年1月27日晚，单欣欣及其亲戚黄某等前往温州市区的银都花园探访亲戚时，因登记问题与小区门口的执勤保安发生纠纷，并相互推搡。黄某后从车上取出"斧头"状利器加入冲突，被保安胡献田夺下，胡献田用"斧头"砍击单欣欣右臂等处，正在附近巡

① 参见http://www.lawyee.net，2005年6月14日访问。

逻的保安何玉权闻讯赶到后持水管殴打单欣欣。单欣欣后经医院抢救无效死亡。

保安何玉权和胡献田案发后已被依法追究刑事责任。受害人家属认为，单欣欣的死亡是保安人员履行职务行为所致，因此，要求其所在的温州大管家物业管理有限公司、温州警威安保服务有限公司承担民事赔偿责任，共计76.9万余元。

法院审理后认为：两保安与受害人单欣欣之间并无私人恩怨，他们是在上班期间为维护物业管理的正常秩序而与单欣欣及其亲戚发生冲突，系因职责参与纠纷，属执行职务的行为。法人和其他组织的工作人员在执行职务中致人损害的，应由该法人或其他组织承担民事责任。另经查明，何玉权和胡献田与温州警威安保服务有限公司并无劳动合同关系。据此，温州市鹿城区人民法院判处温州大管家物业管理有限公司赔偿死者单欣欣家属死亡赔偿金、精神损害抚慰金等共计49.4万余元。

【案例分析】

本案中，两个保安在上班期间为维护物业管理的正常秩序而与单欣欣及其亲戚发生冲突，系因职责参与纠纷，属执行职务的行为。物业服务公司作为保安的雇主，应该对其雇员在从事雇佣活动中致人损害的行为承担赔偿责任。

处理锦囊

物业服务公司应健全其工作人员业务管理及考核机制，明确职责，并加强素质教育，提高工作人员的法律意识和职业道德意识，以免因其工作人员的不当履行职务行为构成侵权而承担责任。业主也可以依法依约对物业管理工作人员进行监督，如发现其不当行为或侵权行为，应及时向物业服务公司或有关部门反映，以维护自己的合法权益。

【相关法条链接】

《侵权责任法》第34条

最高人民法院《关于审理人身损害赔偿案件适用法律若干问题的解释》第9条

04 物业员工窃卖业主电话号码被判刑

业主的个人信息受到法律保护,物业公司及其员工应当保护业主个人信息。根据新修订的《刑法》第二百五十三条规定:"违反国家有关规定,向他人出售或者提供公民个人信息,情节严重的,处三年以下有期徒刑或者拘役,并处或者单处罚金;情节特别严重的,处三年以上七年以下有期徒刑,并处罚金。

违反国家有关规定,将在履行职责或者提供服务过程中获得的公民个人信息,出售或者提供给他人的,依照前款的规定从重处罚。

窃取或者以其他方法非法获取公民个人信息的,依照第一款的规定处罚。

单位犯前三款罪的,对单位判处罚金,并对其直接负责的主管人员和其他直接责任人员,依照各该款的规定处罚。"

因此,物业公司员工窃取或者物业公司贩卖业主电话号码需属于严重的犯罪行为。

案　情[①]

物业公司员工徐某因利用职务之便,进入物业公司电脑窃取业主信息四千余条,以总价四千元出售给欧某,被诉至法院。

① 参见 http://news.xinhuanet.com/local/2015-09/24/c_128261096.htm,有删改,2016年10月12日访问。

2014年1月，欧某与某物业公司员工徐某多次接触，商谈购买北京某小区业主信息一事。两个月后，徐某伙同李某、吴某、熊某，非法进入其所在物业公司的电脑，窃取业主信息四千余条，并以四千元的价格出售给欧某。案发后，徐某、欧某、吴某被抓获归案，李某、熊某经公安机关电话通知自行到案。

一审法院以非法获取公民个人信息罪分别判处欧某、物业公司员工徐某有期徒刑一年，处以罚金两千元。欧某、徐某不服上诉。

北京市三中院经过审理，维持一审判决，欧某、徐某因非法获取公民个人信息罪均被判处有期徒刑一年，罚金两千元，吴某、李某、熊某被判处缓刑，并分别处罚金两千元。

【案例分析】

在现实生活中，物业公司员工或者物业公司贩卖业主电话号码的违法犯罪行为十分常见。本案中，物业公司员工徐某应当保护业主个人信息安全，但徐某为牟取不义之财，利用职务便利，伙同他人窃取并贩卖业主的电话号码，违反了我国《刑法》第253条的规定，应当受到法律处罚。因徐某的行为不是在履行职务，故物业公司无须承担相应的法律责任。

【风险提醒】

物业服务公司应切实提高工作人员法律意识和职业道德意识，以免工作人员因法律意识淡薄从而进行违法甚至犯罪行为，继而给物业公司带来诸多不利影响。物业公司还应当采取多种有效方式保护业主的个人信息，防止因个人信息泄露，从而承担法律责任。

需要特别指出的是，物业公司也可以成为“非法获取公民个人信息罪”的犯罪主体。若物业公司犯罪，对物业公司判处罚金，对物业公司的主要负责人判处刑罚。因此，贩卖业主电话号码，对于物业公司而言，是巨大的法律风险。

业主还可以依法依约对物业公司及其管理工作人员进行监督，如发现个人信息泄露或者有其他不当行为或侵权行为，应及时向物业服务公司或有关部门反映，必要时可以向公安机关报案，以维护自己的合法权益。

【相关法条链接】

《刑法》第253条

《侵权责任法》第2条

05 业主突发急病，却遇电梯停运，物业服务公司应当负责

物业服务公司根据法律法规的规定和物业管理公约的约定，有权利也有职责对小区内的公共事务进行管理，其负有对公共场所、公共设备的维护和管理职责。如果物业服务公司没有尽到法定和约定职责，给业主造成损失的，应该依法承担损害赔偿责任。

案　情①

2005年3月2日凌晨3点40分左右，家住朝阳安贞西里某小区16层楼的张某在家中突然发病，他家人就拨打999急救电话要求抢救，其家人到电梯司机值班室找电梯司机，但却发现没人在。后家人立即通过告示牌上写的监督电话联系，才查询到，电梯司机值班室已搬到了16号楼108室。同时他们还被告知，电梯司机不在，而且该楼的电梯钥匙也被值班司机带走，其他人员都不能开电梯。4时3分左右，999急救中心的急救车赶到5号楼下，急救人员

① 郭志霞："脱岗电梯司机耽误抢救业主，物业公司判赔10万多"，载《北京娱乐信报》2006年3月18日。

只好自己爬到了16层楼上，对张某进行急救，急救效果为有效。半小时后，电梯才开启。急救人员立即将张某送到安贞医院就诊，送到医院20分钟后，张某经抢救无效因急性左心衰死亡。此外，据张的病历记载，他还患有冠状动脉粥样硬化、痛风等。张某的家人认为，亿方物业公司作为物业服务企业，应按照约定和相关规定提供电梯服务。亿方物业公司的行为违反了合同的约定，侵害了张某的生命权，同时给家人带来经济及精神伤害，因此要求亿方物业公司赔偿丧葬费等38万元经济和精神损失。

法院经审理认为：根据事发时的情况判断，张某的死亡是多种因素综合所致。依照北京市住宅物业管理服务标准，住宅楼房的电梯主梯在6点至24点应不间断运行，0点至6点呼叫运行。现虽无明确证据可以证实张某如能得到及时抢救即可能生存，但物业服务公司作为张某所居住的房屋的物业管理单位，其值班人员应在夜间对电梯进行值守。而值班人员脱岗，导致电梯不能及时开启，张某未能得到及时的救治，物业服务公司的不及时作为行为亦有一定过错，对于原告损失应适当予以赔偿，遂一审判决亿方物业公司赔偿死者家属丧葬费等共计10.4万元，其中包括2万元的精神抚慰金。

【案例分析】

物业服务公司作为张某所居住的房屋的物业管理单位，其对小区内的公共设备应该尽到维护和管理的义务，物业服务公司的值班人员应在夜间对电梯进行值守。但本案中，物业服务公司的值班人员脱岗，导致电梯不能及时开启，使业主张某未能得到及时救济，物业服务公司没有尽到法定和约定的管理职责，给业主造成了损失，应该依法承担损害赔偿责任。

处理锦囊

物业服务公司应遵守相关房屋管理法律法规的规定和物业管理公约的约定，保障物业共用设备设施的正常运转，如电梯的不间断运行、水电供应或排水管道的通畅等。并定期进行检查，督促值班人员忠于职守，否则会对值班人员怠于履行物业管理职责或履行不及时不到位致人损害的行为，承担相应的法律责任。

【相关法条链接】

《物业管理条例》第35条

《民法通则》第106条、第117条

最高人民法院《关于确定民事侵权精神损害赔偿责任若干问题的解释》第1条

06 业主小区内违禁放花炮出事故，物业服务公司尽到管理职责则不需要承担责任

物业服务公司作为小区内的物业管理主体，有义务按照法律法规的规定和物业管理公约的约定对小区内的公共事项、公共场所和设施进行维护和管理。只有因其未尽到管理职责而发生的损害，物业服务公司才需要承担责任。从民事责任来看，物业服务公司如果能证明其所管理的物业共用设备设施致人损害没有过错的，可以免除侵权责任。

案　情①

2003年除夕这天,高文的儿子高天与同伴在小区内玩耍。二人两次将花炮点燃,塞入一污水井盖内。“砰”的一声,井盖被爆竹炸起,蹲在一旁的高天被弹起的井盖砸中头部,血流不止。后经抢救无效,于当日身亡。经法医检验高天系因重度颅脑损伤导致中枢性循环呼吸功能衰竭死亡。为此,高天的父母以小区未设立警示标志,并未按时清理化粪池为由将小区管理者——顺天家园物业服务公司诉至大兴区法院,要求赔偿高天的医疗费399.8元、丧葬费3700元、死亡赔偿金207,280元,并承担本案的诉讼费用。

顺天家园物业服务公司辩称,2003年1月30日,受害人高天两次将花炮从井盖的小眼处塞进污水井,其行为有明显过错;作为受害人的法定监护人未尽到监护职责,是导致受害人死亡的直接原因。同时,物业服务公司已委托专业清洁公司按时清掏化粪池,认真履行了自己的职责,化粪池非法定危险物品,物业服务公司无义务设定危险警示标志;并且春节期间公司张贴告示,禁止居民在小区内燃放鞭炮,尽到了告知义务,故对事故发生无任何过错,遂不同意两人的诉讼请求。

法院经审理认为:已满10周岁的高天在事故发生时,系限制民事行为能力人,具有一定的判断能力,应知道燃放花炮等此类易燃物的危险性,对其两次将花炮塞入污水井盖的行为造成的损害后果,本人应负主要责任。高天的父母作为其监护人,理应负有教育、提醒子女安全问题的义务和责任,而其父亲未尽到相关责任,并购买花炮让高天燃放,是导致事故发生的直接原因。故高天及其父母应对此次事故负责。顺天家园物业服务公司作为小区市政设施的

① 参见 http://www.lawyee.net,2005年6月14日访问。

管理者，对此事故并无主观过错，其行为应适用我国民法理论中的过错推定原则，即作为小区内化粪池的管理者，当证据能够充分证明其已尽到了善良管理人的义务时，则对事故的发生不应承担民事责任。法院依法驳回原告高文、吕琳的诉讼请求。

【案例分析】

未成年人因其不当行为受害，物业服务公司已尽告知义务应免责。结合本案，物业服务公司已委托专业清洁公司按时清掏化粪池，认真履行了自己的职责，化粪池非法定危险物品，物业服务公司无义务设定危险警示标志。并且春节期间公司张贴告示，禁止居民在小区内燃放鞭炮，尽到了告知义务，由此观之，物业服务公司主观上不存在过错，不应承担管理失职的侵权责任。未成年人有一定的判断力，其家长作为监护人，怠于履行监护职责，对事故的发生负直接责任。

处理锦囊

业主应加强对未成年人的安全教育和提醒，杜绝未成年人接触或使用危险品，防范安全事故。物业服务公司作为物业共用设备设施的管理者，应从安全的角度通盘考虑共用设备设施的设计和设置，消除各种安全隐患，对于危险品应设置明显标志，将共用设备设施可能存在的安全问题向业主做宣传和明示，以免自己疏忽大意，导致共用设备设施致人损害而承担相应的责任。

【相关法条链接】

《民法通则》第 18 条、第 106 条

《民法总则》第 34 条

《侵权责任法》第 32 条

07 噪声扰民，开发商与物业谁之罪

随着近代工业的发展,环境污染也随着产生,噪声污染就是环境污染的一种,已经成为对人类的一大危害。噪声污染与水污染、大气污染、固体废弃物污染被看作世界范围内四个主要环境问题。物理上噪声是声源做无规则振动时发出的声音。在环保的角度上,凡是影响人们正常的学习、生活、休息等的一切声音,都称为噪声。声音由物体振动引起,以波的形式在一定的介质(如固体、液体、气体)中进行传播。我们通常听到的声音为空气声。一般情况下,人耳可听到的声波频率为20~20,000Hz,称为可听声;低于20Hz,称为次声波;高于20,000Hz,称为超声波。我们所听到声音的音调的高低取决于声波的频率,高频声听起来尖锐,而低频声给人的感觉较为沉闷。声音的大小是由声音的强弱决定的。从物理学的观点来看,噪声是由各种不同频率、不同强度的声音杂乱、无规律地组合而成;乐音则是和谐的声音。判断一个声音是否属于噪声,仅从物理学角度判断是不够的,主观上的因素往往起着决定性的作用。例如,美妙的音乐对正在欣赏音乐的人来说是乐音,但对于正在学习、休息或集中精力思考问题的人可能是一种噪声。即使同一种声音,当人处于不同状态、不同心情时,对声音也会产生不同的主观判断,此时声音可能成为噪声或乐音。因此,从生理学观点来看,凡是干扰人们休息、学习和工作的声音,即不需要的声音,统称为噪声。当噪声对人及周围环境造成不良影响时,就形成噪声污染。

案　情

2004年9月2日,王先生与房地产公司签订《商品房屋买卖合同》,购买了该公司开发的位于某区益丰园小区的一套房屋。2005年12月27日,王先生与小区物业公司签订《物业服务合同》,办理

了入住手续,并对房屋进行了装修。2006 年 10 月,供暖开始后,王先生夫妇发现其地下室供暖泵噪声很大,影响其正常的休息和生活,就向物业公司反映了这一情况。虽然物业公司采取挪动位置、遮盖等措施,但均未见效。2008 年 2 月 19 日晚上 10 点半,王先生委托某检测单位对其房屋室内噪声进行了检测。2 月 22 日,检测单位出具的检测报告确认:主卧室、客厅、次卧室、厨房的测量值 dB(A)分别为 42.9、42.4、37.9、44.5,超过了《城市区域环境噪声标准》以及《城市区域环境噪声测量方法》规定的夜间低于 35 分贝(dB)的要求。为此,王先生支付了检测费 1500 元。于是,王先生与妻子将房地产公司及物业公司诉上法院,请求判令两被告采取有效措施降低水泵噪声,给付其精神损害抚慰金 10 万元、检测费 1500 元。

开庭审理时,房地产公司辩称:所建房屋经过建委验收,是合格的;王先生夫妇要求采取降噪措施,可以协商解决,但房地产公司不同意赔偿精神损害抚慰金;而检测费应由败诉方承担。另外,房地产公司只是名义上的开发商,一切债权债务、风险、责任等均应由实际开发商某市某建筑公司承担。第二被告物业公司辩称,物业公司只是负责养护设施,不同意承担责任。

法院审理后认为,王先生与房地产公司签订了商品房买卖合同,故房地产公司应为本案适格被告。由于王先生所购买房屋的主卧室、客厅、次卧室、厨房的测量值 dB(A)分别为 42.9、42.4、37.9、44.5,超过了《城市区域环境噪声标准》以及《城市区域环境噪声测量方法》规定的夜间低于 35 分贝(dB)的要求,故房地产公司应当采取降噪措施,并应当适当给予赔偿。赔偿数额由法院酌定为 2.5 万元,检测费 1500 元,应由房地产公司承担。物业公司仅是对开发商交付的公共设施进行养护,其不应承担责任。王先生夫妇过高之诉求,法院不予支持。

【案例分析】

本案中,由于噪声污染业主将开发商与物业公司同时告上法庭,法院判决仅仅支持了原告请求被告房地产公司损害赔偿的诉讼请求,而没有支持请求物业公司赔偿的诉讼请求,法院的判决结果是合理的。根据《合同法》第107条:“当事人一方不履行合同义务或者履行合同义务不符合约定的,应当承担继续履行、采取补救措施或者赔偿损失等违约责任。”本案中房地产公司履行合同明显不符合约定,应当采取补救措施或者赔偿损失等违约责任,另外,根据《合同法》第122条:“因当事人一方的违约行为,侵害对方人身、财产权益的,受损害方有权选择依照本法要求其承担违约责任或者依照其他法律要求其承担侵权责任。”房地产公司履行合同违约进而影响到王先生夫妇身心健康,其健康权受到侵犯,王先生夫妇请求精神损害抚慰金与检测费于法有据,至于物业公司是否承担赔偿责任,须判断物业公司是否违反法定义务,结合案情,物业公司只对开发商交付的公共设施进行养护,而不应对开发商交付的房屋质量本身负责。

【相关法条链接】

《合同法》第107条、第122条

08 物业服务公司张贴告示点名批评业主,不构成名誉侵权

根据《民法通则》的相关规定,侵害名誉权民事责任的构成应具备以下条件:一是行为人实施了侵害他人名誉权的行为,并且是针对特定人实施的;二是行为人主观上具有过错;三是造成了损害后果;四是侵害他人名誉权的行为与损害后果之间有因果关系。因此,物业服

务公司张贴公示批评业主，只要情况属实，则不构成名誉侵权。

案　情[①]

2005年9月的一天，南京秦淮区某高档小区业主张某下班回家后，发现自己的名字被登上了小区告示栏。其名下还列出“占用储藏室、欠交物业管理费、占用车位”等一系列“罪状”，张某顿时火冒三丈，并很快以物业服务公司侵害其名誉权为由，将小区物业服务公司告上法院。

据张某诉称，他在南京城南某高档小区买了一套商品房。去年8月，小区物业服务公司对1～6月的部分经营收支进行了公示。张某因对其公示的经营情况存有异义，就向物业服务公司提出应对费用使用情况予以详细说明。此后没多久，物业服务公司就先后在小区13幢楼的每个单元门口，及小区大门旁张贴了60多张传单，其中列出张某占用储藏室、欠交物管费、占用车位等一系列“罪状”，损害其名誉。张某请求法院判令物业服务公司立即停止对其名誉权侵害、赔礼道歉，并赔偿其精神损害抚慰金2000元。

法院审理后认为：本案中物业服务公司张贴告示并未超出小区范围，其告示内容仅涉及“小区储藏室、地下车库清理，要求业主配合，告知业主如对财务状况有疑义需查账，应按合同办事”等。虽然告示中对张某占用储藏室、欠交物业管理费、占用车位等予以“点名”批评，但其中有些属于事实，告示中也看不出有贬低其人格、损害名誉的故意行为。法院认为，物业服务公司与业主之间沟通需要耐心、诚心，用张贴告示的形式来解决与业主的纠纷不够妥当。法院最后一审驳回张某诉讼请求。

---

① 参见“龙虎网”，2006年7月6日访问。

【案例分析】

本案中,业主确有占用储藏室、欠交物管费、占用车位等不当行为,物业服务公司通过张贴告示的方式予以点名批评,此行为也不够妥当。但物业服务公司主观上不存在贬低业主人格、损害其名誉的故意,因此,不承担名誉侵权责任。

【相关法条链接】

《民法通则》第120条

09 业主热水器产生的冰溜子砸死小区居民，业主、物业公司和生产商各负其责

我国《侵权责任法》第85条规定:"建筑物、构筑物或者其他设施及其搁置物、悬挂物发生脱落、坠落造成他人损害,所有人、管理人或者使用人不能证明自己没有过错的,应当承担侵权责任。所有人、管理人或者使用人赔偿后,有其他责任人的,有权向其他责任人追偿。"因此,业主建筑物、构筑物或其他设施或搁置物、悬挂物造成他人损失的,业主应该在过错范围内承担损害赔偿责任。如果建筑物、构筑物的设计者、建造者存在过失的,也应该承担责任。同时,物业服务公司作为小区内物业管理责任者,如果其没有依法履行维护和管理职责,应该在其过错范围内承担损害赔偿责任。

案　情[①]

2005年2月,哈尔滨市居民李爱菊,途经香坊区延福街233号

① 郭毅、李丹:"全国首例'冰溜子砸死人案'一审宣判",载《法制日报》2005年6月29日。

安埠小区 107 栋 2 单元楼下时，被一块“飞”来的巨大冰溜子砸中头部，经抢救无效死亡。

李爱菊的家属认为，哈尔滨市香开物业服务公司、太阳能热水器的生产厂家及使用者高洪杰应对李爱菊的死亡后果承担赔偿责任，遂提起诉讼，要求三被告赔偿各项费用共 248,689.2 元，其中，李爱菊的丈夫李景发、儿子李德鹏以及其母亲李素英申请法院判赔他们各自 2 万元的精神损失费。

物业服务公司辩称，经过查看发现，冰块掉落的地点不是从第一视线能见到的水溜管上掉下来的，而是热水器漏水产生的，而且事发后相关人员查看现场时还看到热水器西侧也挂着许多冰块，并且仍有漏水的痕迹，由此断定，造成李爱菊被砸的祸根就是这台热水器。这台热水器的主人是该小区 107 栋 2 单元的高洪杰，而热水器的生产厂家就是太阳能公司。物业服务公司认为，物业服务公司是一个有偿的专业性服务企业，相关的法律法规没有规定是否允许住户安装太阳能热水器，也没有规定究竟哪个部门可以将其拆除。对此意外，物业服务公司没有责任，太阳能公司应该承担民事赔偿责任，高洪杰应承担疏于管理的相应责任。

而被告高洪杰认为，自己是太阳能热水器的消费者，热水器的产品缺陷问题应由太阳能公司负责，这一点生产者和销售者在自己购买其产品时，已明确向其作出承诺，保证其产品质量、服务质量和安装质量。而且，他在使用该热水器时，也没有发现有漏水的地方，同时，通过质量监督检验部门的检测证明，该热水器不存在质量问题，所以自己不该对缺陷产品造成的人身损害后果承担赔偿责任。

太阳能公司代理人则认为，没有证据证明太阳能公司产品存在质量缺陷，讼争的太阳能热水器不存在漏水现象；冰块如何形成，与太阳能公司无关，所有人和使用人应对这一事实负责；被告物业服务公司未尽到管理义务，未对隐患进行排查，对引起损害发生负有不可推卸的责任；该公司称其生产的太阳能热水器与损害事实没有直接因果关系，不同意承担赔偿责任。

法院认为：被告物业服务公司对冬季排水管形成冰挂这一不正常的现象未能尽到管理者应尽的管理义务，即未能就这一现象所反映的隐患进行排查，致使未能在第一时间发现讼争的热水器溢水结冰。被告物业服务公司应对冰块脱落造成的损害后果承担相应的物业管理责任。被告高洪杰作为讼争太阳能热水器的所有人和使用人，应当对热水器出现的产品缺陷情况及时发现并通知销售商或生产商，对隐患进行排查和清除。被告高洪杰未尽此项义务，应依法承担疏于管理的相应责任。被告太阳能公司对其生产的产品，在使用过程中所产生的缺陷及造成的后果，向全社会承诺保证由其承担终局责任。本案的被告太阳能公司不能提供证据证明讼争的热水器外部冰挂是如何形成，故应认定讼争的热水器所产生的冰挂属于产品缺陷的范畴。因此，被告太阳能公司应按照其向全社会的承诺，对讼争的太阳能热水器外部产生冰挂脱落造成损害的后果，作为主要责任人应承担主要的赔偿责任。遂依法判决原告李景发、李德鹏、李素英获赔抢救医疗费、死亡赔偿金等共计 164,489.20 元，由被告连云港市腾浪太阳能热水器有限公司赔偿 60% 即 98,693 元，被告哈尔滨市香开物业管理有限责任公司承担 30% 即 49,347 元，其余 10% 由被告高洪杰承担；法院同时判决三被告按上述比例给付三原告每人精神损害死亡赔偿金各 5000 元，共计 15,000 元。驳回原告李德鹏、李素英其他诉讼请求。

【案例分析】

本案中，讼争的热水器所产生的冰挂属于产品缺陷的范畴，热水器的生产者连云港市腾浪太阳能热水器有限公司对建筑物的附属设施致人死亡存在过错，应该根据《侵权责任法》第85条的规定承担损害赔偿责任。同时，哈尔滨市香开物业管理有限责任公司未能举证证明已经尽到管理和维护责任，其对建筑物附属设施致人死亡同样具有过错，也应该承担责任。业主高洪杰对建筑物附属设施致人死亡也具有一定的过错，应该承担相应的损害赔偿责任。法院的判决符合法律的规定。

处理锦囊

物业服务公司和业主都应遵守相关的房屋管理法律法规的规定和物业管理公约的约定，对建筑物或者其他设施以及建筑物上的搁置物、悬挂物进行排查，特别在冬天结冰或大风大雨的天气里，及时消除建筑物或者其他设施以及建筑物上的搁置物、悬挂物发生倒塌、脱落、坠落的潜在危险，以尽到谨慎适当管理的职责，否则应对其发生的致人损害后果承担侵权责任。对此，《侵权责任法》第85条也有相关的规定。业主应遵守相关规定，尽量不把相关的设备设施放置户外，以免发生脱落、坠落致人损害，承担相应的责任。

【相关法条链接】

《侵权责任法》第85条

《物业管理条例》第35条

《民法通则》第106条、第119条、第122条、第126条

最高人民法院《关于确定民事侵权精神损害赔偿责任若干问题的解释》第1条

三、物业服务公司对业主财产权的侵权纠纷

01 物业装修监管不力，楼下轿车被砸“毁容”

小区内财产遭受损失时，各责任主体的责任范围不同。其行为对财产造成直接损失的直接侵权人，应该承担主要责任。物业服务公司对小区内的公共场所和公共设施具有维护和管理职责，其负有安全保障义务，如果物业服务公司怠于履行安全保障义务使财产受到损失的，其应当对损失承担补充责任。同时，如果财产所有权人没有遵守相关法律规定和管理公约，存在被害人有过失的情形，其也应该承担相应的次要责任。

案　情①

王某与苏某将一辆别克车停在了距苏某居住的楼外阳台面墙体竖面侧不足1米处。未料，苏某家楼层阳台面墙皮突然脱落，将王某的车砸损。事发当日，王某便找到苏某家要求解决问题，后经协商，王某与苏某之母赵某签订了关于修车相关事宜的协议书。但后因协议赔偿未果，双方诉讼到法院，王某诉请苏某及其母赵某赔偿经济损失2.1万余元。法院受理该案后，应两被告的申请，追加该房屋的原房主田某及事发小区的物业管理公司为共同被告。

法院审理后判决：苏某承担主要责任，赔偿车主1.5万元，物业公司承担次要责任，赔偿4314元。收到判决后，被告物业管理公司不服，提起上诉。

二审法院经审理认为，原审判决认定事实清楚，适用法律正确，

① “物业装修监管不力楼下轿车被砸‘毁容’”，载中国物业管理协会网，有删改。

遂判决驳回上诉，维持原判。

【案例分析】

公民、法人由于过错侵害国家的、集体的财产，侵害他人财产、人身的，应当承担民事责任。苏某是造成损害事实发生的房屋所有权人，具有财产损害赔偿的赔偿主体资格，因此，对损害事实应承担主要的民事赔偿责任。

苏某提出造成损害事实的房屋阳台是原房主田某自行封闭的，苏某取得该房屋所有权时该附着物存在，作为具有小区物业管理职能的被告物业管理公司亦未尽告知或提示义务，所以应由田某及物业公司共同承担赔偿责任。法院认为因田某已于2004年8月将房屋卖与苏某，且在房屋转移过程中，房屋的附送物随房屋一同发生了转移，田某虽没有对苏某释明阳台自行封闭的部分，但苏某亦未对转移前的房屋现状提出异议。因财产权从财产交付时起转移，故苏某要求田某共同承担赔偿责任的主张没有依据。

被告物业管理公司作为事故发生地的小区物业管理部门，对该小区负有管理责任，应当对业主入住时的房屋装饰、装修进行监督管理，对不符合安全要求和影响公共利益的应当阻止，并责令限期改正。由于其对原房主田某自行封闭阳台的行为采取了放任态度，在物业管理公司合同续签后仍未对不符合物业管理规定的行为予以规范，故被告物业管理公司对事故发生负有管理不当的次要责任。

此外，王某所停车位置并不是小区物业管理部门规定的停车位置，所以，王某本人亦负有次要责任，应承担相应的车损损失。

处理锦囊

本案涉及物业管理中的装修管理责任。在装修管理过程中,对业主装修的房屋有违反规定的地方一定要有书面整改通知,在规劝整改无效时要保留证据并书面上报主管机关备案,对于二次房屋交易或业主变更,也要对房屋再做一次装修检查,以免发生此类纠纷。

02 未经业主同意,物业服务公司无权将“公用地”委托他人使用

业主作为建筑物区分所有权人,其权利具体由三部分组成:业主对自有房屋的专有权,对公共地区、公共设施的共有权,以及对小区进行管理的成员权。可见,小区内“公用地”的法律性质为业主的共有物,非经业主同意,物业服务公司无权将“公用地”委托他人使用。

案 情①

物业服务公司在未征得住宅业主同意的情况下,于2003年4月20日,就与位于该小区的俱乐部签订了委托书,约定物业服务公司委托俱乐部管理住宅楼设备间的给排水、供暖、供电设备,负责设备日常维修保养,确保设备正常使用,解决设备的突发事故;物业服务公司同意俱乐部使用设备间内的闲置室间及在设备间外属于俱乐部的通道等处增添必要的设备。委托书签订后,俱乐部于5月将

① 贾晋璇等:“物业转让‘公共用地’,侵权!”,载《人民法院报》2004年10月22日。

改建后的燃煤炉建在地下室设备间内，并对设备间出口及楼梯进行了维修，将地下室的出口设在住宅楼的一角。得知真相的业主立即向物业服务公司提出抗议，要求他们取消委托协议，还住宅小区本来面貌。但多次交涉无果。业主们一怒之下，将物业服务公司和休闲俱乐部告上了法庭。

一审法院认为：物业服务公司和休闲俱乐部签订协议，在设备间安装锅炉，其行为不构成对业主权益的侵犯，亦未构成妨碍，因此驳回了业主诉请俱乐部排除妨碍的请求。业主们不服而上诉，诉求二被上诉人之间协议无效。

二被上诉人辩称：他们没有对业主构成妨碍，俱乐部所有的设施、设备均经环保部门的验收，未对业主们的生产、生活造成妨碍；锅炉安装在设备间，而设备间不是共用部位，侵害业主共用部位的所有权和使用权是不成立的。

二审法院认为：物业服务公司受该住宅楼内业主委托对该楼的物业进行管理，与业主是委托与被委托的关系，作为委托方的业主对物业共用部位、共用设施设备和相关场地使用情况享有知情权和监督权。擅自对委托人委托其管理的设备进行转委托，就是侵害了所有业主的权利。

依据《哈尔滨市住宅物业管理办法》的有关规定，利用物业设置经营性设施的，应征得相关业主、使用人和业主委员会的同意。物业服务公司和俱乐部未按约定征求业主们同意，侵害了业主的权利。遂依法撤销原审判决，判令物业服务公司和俱乐部将安装在住宅楼设备间内的锅炉及其附属设施烟筒予以拆除，将住宅楼通往设备间的出口恢复原状。

【案例分析】

本案中，物业服务公司未经业主同意，擅自将属于所有业主共有的“公用地”委托给他人使用,其行为侵害了业主的共有所有权,成立侵权,应该承担相应的法律责任。

处理锦囊

物业服务公司利用物业共用部位、共用设施设备进行经营的,应该征得业主或业主大会的同意,业主对物业共用部位、共用设施设备和相关场地使用情况享有知情权和监督权。

【相关法条链接】

《物业管理条例》第 54 条

03 物业公司擅自将共有区域出租，属于违法行为

我国《物权法》第 73 条规定:“建筑区划内的道路,属于业主共有,但属于城镇公共道路的除外。建筑区划内的绿地,属于业主共有,但属于城镇公共绿地或者明示属于个人的除外。建筑区划内的其他公共场所、公用设施和物业服务用房,属于业主共有。”小区的共有部分属于全体业主共有。物业公司无权擅自对共有部分进行出租、出售,或者擅自利用共有部分进行盈利活动。

案　情①

2003 年开始,伊仕诺物业公司受百年世家小区建设单位委托,对该小区进行前期物业服务。百年世家小区于 2008 年成立了业主委员会。从 2008 年 11 月开始,伊仕诺物业公司在未征得业主大会同意、办理合法手续的情况下,擅自利用百年世家小区物业公共场

① 参见中国法院网 http://www.chinacourt.org/article/detail/2016/06/id/1941346.shtml,有删改,2016 年 10 月 20 日访问。

地、电梯进行了修建停车位、发布广告等盈利活动，获得了公共收益。2013 年 4 月 11 日，百年世家小区业委会与伊仕诺物业公司终止了物业服务合同。伊仕诺物业公司在提供服务期间未曾公布公共收益的账目明细，在退场时也未就公共收益与业委会进行交接，并在业委会提出返还请求时以主体不适格、经营成本高于收益、已过时效等理由予以拒绝。2014 年 9 月 10 日，百年世家业委会提起本案诉讼，要求伊仕诺物业公司返还公共收益 814,395 元并赔偿资金占用损失。

重庆市沙坪坝区人民法院经审理认为，物业服务企业擅自占用、处分业主共有部分、改变其使用功能或者进行经营性活动，业主委员会请求物业服务企业将扣除合理成本后的收益给付业主委员会的，人民法院应予支持，物业服务企业对成本的支出及其合理性承担举证责任。本案中，物业公司未经业主大会同意即将业主共有部分经营停车位及广告位，业委会有权要求物业公司将扣除合理成本后的收益给付业委会，用于补充专项维修资金或者业主共同决定的其他用途。物业公司对成本的支出及其合理性承担举证责任。物业公司抗辩称停车位、广告位的经营成本高于收益的观点无证据支持且与常理相悖，法院不予采信。但是考虑到约 300 个停车位以及电梯广告位的设立、运营、维护必然存在成本，在双方均不申请司法评估、审计的情况下，法院依据查明的案件事实、本地区行业现状等因素，将物业公司应当返还业委会的收益酌定为 491,602.80 元，即双方一致确认的收益总额 819,338 元的 60%。据此，法院判决：伊仕诺物业公司返还百年世家业委会公共收益 491,602.80 元并赔偿资金占用损失。

一审宣判后，双方均不服，提起上诉。重庆一中院经审理后于 2015 年 12 月作出终审判决：驳回上诉，维持原判。

【案例分析】

全体业主才是小区真正的主人。小区共有部分的真正的主人也是全体业主。物业公司擅自占用、处分小区共有区域、共有部分属于违法行为,利用小区共有部分进行营利性活动的,其所得应当归全体业主共有,用于补充专项维修基金或者其他合理用途。在本案中,伊仕诺物业公司在未征得业主大会同意情况下,擅自利用小区物业公共场地、电梯进行了修建停车位、发布广告等,属于违法行为;经营性收入应当属于公共收益,由全体业主共有。因此,人民法院判决恰当,依法维护了全体业主的合法权益。

【风险提醒】

面对物业管理公司越权处分小区共有部分的行为屡屡发生的情形,业主可以通过以下途径维护自身权益:

1. 通过业主大会或业委会与物业管理公司进行沟通协商。物业管理公司是全体业主通过业委会或业主大会委托其提供物业管理服务的民事主体,在其经营活动中存在违法违规行为时,可依据相关法律规定和合同约定与其协商解决。

2. 直接向法院提起诉讼。因物业管理公司的行为已经侵犯了全体业主的合法权益,可以要求业委会或业主大会代表全体业主向法院提起民事诉讼,并追究物业管理公司的相关责任。

3. 向有关行政部门投诉。根据我国《物业管理条例》的相关规定,在物业管理公司擅自利用物业共用部位、公用设备设施进行谋利经营时,应由县级以上房地产行政主管部门责令限期改正,给予警告,并处以 5 万元以上 20 万元以下的罚款。若行政部门对此未进行查处,可以对该行政部门提起行政诉讼,敦促行政部门依法履行职责。

【相关法条链接】

《物权法》第73条

《物业管理条例》第54条、第64条

04 开发商和物业服务公司无权收取业主装潢保证金

业主通过与开发商签订购房合同并履行相关房屋变更登记手续后，在法律上业主即为房屋的合法所有人，其有权对房屋进行占有、使用、收益和处分。开发商和物业服务公司收取装潢保证金的行为，没有法律依据，妨碍了业主房屋所有权的行使，属于侵权行为。

案 情①

坐落在南京市集庆路127号的宏安大厦，是由被告中江公司开发建设的33层商品房项目。2001年10月，原告等业主相继购买了宏安大厦的房屋，双方签订了《商品房买卖契约》，在约定房屋交付时间的同时，契约附件中还写明：被告中江公司的物业管理已于2001年9月与利德公司签订了合同，委托该公司进行有关物业管理。

2002年7月30日前，两被告向原告等业主发出《入住通知》，两被告均在上面加盖了公章。该通知要求原告等业主在2001年7月31日前办理入住手续，并按《入住物业费用一览表》要求交纳有关入住费用，向原告等众业主分别收取了1000元的装潢保证金，并注明“验收后归还”。收取的这批款项先存放在中江公司的账上，

① 李自庆：“装潢押金分文不退九十余户告物业胜诉，开发商把关不严承担连带赔偿”，载《人民法院报》2004年6月22日。

后又转到利德公司的账上。之后原告等众业主陆续入住宏安大厦。2003年年初，众原告均已装潢完毕，遂要求两被告退还该笔装潢保证金，但两被告拒不退还。宏安大厦业主委员会成立后，新物业服务公司开始进驻管理，被告利德公司撤离宏安大厦。3月，原告俞女士等业主共91人诉至法院。

2003年6月17日，法院就此案公开开庭作出宣判，被告利德公司败诉，如数退还收取的装潢押金；被告中江公司对被告利德公司不能偿还的部分，承担70%的赔偿责任。

【案例分析】

开发商和物业服务公司收取业主装潢保证金的行为构成侵权。本案是一起典型的开发商和物业服务公司共同侵害业主利益的案例。在实践中，也经常存在业主办理入住手续时，由物业服务公司负责向其发放房屋钥匙，并提出不交纳物业费就不给钥匙的现象。这种做法完全是物业服务公司将开发商对业主应尽的义务作为自己的权利，或是开发商将自己的义务扭曲成了自己享有的权利，是对业主权利的粗暴侵害。本案中，开发商和物业服务公司这种收取装潢保证金的行为本身就是违法的。待业主均已装潢完毕，要求退还该笔装潢保证金还遭到开发商和物业服务公司的拒绝，这就是既违法又违约了。在此情况下，开发商和物业服务公司已构成对业主合法权益的侵害，应当承担连带赔偿责任。

处理锦囊

在实践中，经常出现开发商在业主办理入住手续时，指定物业服务公司，附带多种附加条件，如由物业服务公司负责向其发放房屋钥匙，并提出不交纳物业费就不给钥匙，或者像本案那样预先收取装潢保证金等各种保证金，到期还拒绝退还，抑或一次性收取多年的物业管理费，这些都是开发商和物业服务公司联合侵害业主合法权益的典型做法。这样的做法不利于物业服务公司提高服务水平，最根本的是侵害了业主的利益。开发商和物业服务公司在业主办理入住、房屋交接、物业服务公司进驻小区的过程中，要充分认识到自己的权利和义务，及与业主之间的法律关系。如果将彼此的权利和义务相混淆了，侵害了业主的合法权益，就会单独或连带承担侵权责任。业主也要清楚认识自己的权利和义务，如果发现开发商和物业服务公司单独或共同侵害自己合法权益的，应联合起来，通过合法途径，采取适当方式，向相关房屋管理行政机关反映，或直接向法院起诉，主张权利。

【相关法条链接】

《民法通则》第 106 条、第 117 条、第 130 条

05 业主装修，物业公司指定水泥、沙子等装修材料属于违法犯罪行为

我国《刑法》第 226 条规定："以暴力、威胁手段，实施下列行为之一，情节严重的，处 3 年以下有期徒刑或者拘役，并处或者单处罚金；情节特别严重的，处 3 年以上 7 年以下有期徒刑，并处罚金：

（一）强买强卖商品的；

（二）强迫他人提供或者接受服务的；

（三）强迫他人参与或者退出投标、拍卖的；

（四）强迫他人转让或者收购公司、企业的股份、债券或者其他资产的；

（五）强迫他人参与或者退出特定的经营活动的。

单位犯本罪的，对单位判处罚金；并对其直接负责的主管人员和其他直接责任人员，依上述规定追究刑事责任。”

在业主装修过程中，物业公司及其员工使用暴力、威胁手段，迫使业主购买指定的装修材料，如水泥、沙子等，属于违法行为，情节严重的，构成犯罪，应当承担刑事责任。

案　情[①]

2009年6月，河南省平顶山市新华区某小区进入大规模装修阶段。物业公司的霍某、王某、李某等人垄断该小区的装修建材销售，建材的价格明显高于市场价。他们有的人负责调派搬运工人，有的人负责把守大门，不让业主的运货车进入，有的负责销售。霍某等人多次使用暴力、胁迫等方法阻碍业主自行购买的建材进入小区，并殴打送货的建材商，迫使业主购买霍某等人的建材。

2009年6月26日，霍某等人殴打给业主送货的搬运工，致使搬运工逃跑，强迫业主购买霍某等人的建材；6月30日，霍某等人殴打为业主送货的建材商梁某，梁某报警。

2009年11月，区检察院指控被告人霍某等人犯强迫交易罪向区人民法院提起公诉。区法院认为，被告人霍某、王某、李某等人使

---

① 参见王占强著：《物业管理经典案例与实务操作指引》，中国法制出版社2014年版，有删改。

用暴力、胁迫手段多次强迫他人购买商品和服务，其行为构成强迫交易罪。被告人霍某系累犯，应当从重处罚，判决：被告人霍某犯强迫交易罪，判处有期徒刑二年，并处罚金人民币3000元。王某、李某也被判处一定刑期的有期徒刑。

【案例分析】

业主作为消费者，享有自主选择商品或者服务的权利，还享有公平交易的权利。而本案中，霍某等人利用物业公司管理小区的便利条件，采取多次殴打、威胁业主、装修人、送货人的手段，使业主无法购买其他建材商的产品，只能在霍某等人处购买高价建材。霍某等人的行为严重侵害了业主的人身权和财产权，扰乱了正常的市场交易秩序，应当承担刑事责任。区法院判处霍某等人以强迫交易罪，维护了业主的合法权益。

但我们也看到，霍某等人所在物业公司对此行为没有采取任何制止行为。如果物业公司为霍某等人的犯罪行为创造条件，提供帮助，那么物业公司也可能构成强迫交易罪，因为单位也可以成为强迫交易罪的主体。如果物业公司构成本罪，除了对物业公司判处罚金，还要对直接负责的主管人员和其他直接责任人员按规定判处刑罚。

【风险提醒】

各地已发生多起物业公司在业主装修过程中使用暴力、胁迫等手段强迫业主购买物业公司指定的装修建材的案件，有些公司及其负责人已被处罚。物业公司违法的表现形式不一，有的物业公司在装修期间自营水泥和沙子等建材，有的物业公司指定一家或者数家建材厂进驻小区，但不管是自营还是指定，一般价格相对较高。为了垄断，有的物业公司禁止在外购买的水泥、沙子的业主使用电梯，甚至采取暴力、胁迫手段禁止业主、其他建材商将建材运进小区。

物业公司在此情况下，轻则被行政处罚，重则面临承担刑事责任。

对于广大业主而言，在装修过程中遇到强迫交易时，应当保存证据，积极向行政机关举报，必要时向公安机关报案。

【相关法条链接】

《刑法》第226条

《消费者权益保护法》第9条、第10条

《物业管理条例》第35条

06 物业服务公司不能以危害小区安全为由擅自拆除户外广告牌

小区外墙等公共用地的所有权属于小区内全体业主共有，在小区外墙设置广告牌需要小区业主委员会和业主大会的同意，并履行相关的法定程序。但经过业主委员会和业主大会同意后的广告牌，物业服务公司在法律法规没有明确授权的情况下，不能以危害小区安全为由擅自拆除。

案　情[①]

原告某公司诉称，2005年3月30日，相关部门批准了原告在某大厦18层东侧外墙设置户外广告牌，随后原告依法安装了该广告牌。10月20日，被告某物业服务公司擅自将原告设置的广告牌拆除。被告的行为给原告造成了巨大的经济损失，同时也影响了原告设立广告牌的目的，使经营收入大幅度降低，故起诉至法院，要求被告赔偿原告广告制作费、广告行政审批与代理费、经营损失20余

① 参见http://www.lawyee.net，2005年7月16日访问。

万元。

法院认为:原告设置户外广告牌是经过业主委员会同意和当地行政管理部门批准的,其设置广告牌的行为合法。业主委员会和被告公司向业主联合发出的公开信、派出所的询问笔录及原告公司人员针对拆除广告牌现场所作的书面证言,可以证明被告实施了拆除广告牌的行为;被告在未有合法依据的情况下拆除原告经合法审批设置的广告牌,侵犯了原告的财产权,应当予以合理赔偿。据此,法院判决被告某物业公司赔偿原告某公司广告制作费、广告行政审批及代理费14万余元。

【案例分析】

本案中,原告设置户外广告牌是经过业主委员会同意和当地行政管理部门批准的,其设置广告牌的行为合法。物业公司未经业主委员会的同意,擅自拆除广告牌的行为侵害了广告公司的财产权,应该赔偿相应的损失。

处理锦囊

业主、法人或其他组织为了商业目的,在楼房顶层或外墙设置户外广告牌,应当依法征得业主委员会或物业服务公司的同意,获得相关房屋行政管理部门的批准,办理相关手续才行。对于业主、法人或其他组织依法设置的户外广告牌,物业服务公司不得以危害楼宇整体安全为由擅自拆除,否则应承担相应的赔偿责任。

【相关法条链接】

《民法通则》第106条、第117条

07 物业服务公司丢失业主汇款应当承担责任

物业服务公司作为小区内物业管理主体，有义务妥善保管业主的各种邮寄信件、包裹及汇款，及时而准确地交给相关收款人，并谨慎管理其收发室等相关部门的工作人员，监督其尽职尽守。如果其未履行相应的管理职责而给业主造成损失的，应该承担损害赔偿责任。

案　情①

1999年5月，徐某在河北某邮局汇款7740元给北京石景山区的程某。之后，徐某发现收件人未收到这笔汇款。到邮局查询得知，此笔汇款邮局已投交给收件人程某居住的小区物业服务公司收发室。然而，该收发室却矢口否认。1999年7月，徐某把北京某邮电局和小区物业服务公司告上法院。徐某的诉讼请求是：返还汇款7740元，赔偿来京的误工费、交通费、住宿费等共计5000元。

法院经审理认为：邮电局作为投递局，将汇款通知投递到程某居住的小区物业服务公司收发室，履行了有关法律规定的投递义务。小区物业服务公司在收到汇款通知后，本应妥善保管并及时交给收款人，但其并未尽保管义务，致使汇款被他人领取，又无证据证实取款人为收款人程某。对此，该物业服务公司确有过错，对由此造成的损失，应承担赔偿责任。邮局在兑付汇款时，已对取款人的证件进行了审查，履行了有关法律规定的审查义务，其行为并无过错。原告要求其赔偿损失的请求，法院不予支持。物业服务公司未核查邮件即将本单位收发章交投递人员自行盖章，其后果应由物业服务公司承担责任。遂判决物业服务公司赔偿徐某汇款、汇费，交

① 参见 http://www.lawyee.net，2005年6月14日访问。

通、住宿、误工费合计10,209.75元。

【案例分析】

小区物业服务公司作为物业管理主体有义务妥善管理小区内公共事务。本案中,物业服务公司在收到汇款通知后,本应妥善保管并及时交给收款人。但其并未尽保管义务,致使汇款被他人领取,又无证据证实取款人为收款人程某。对此,该物业服务公司存在过错,对由此造成的损失,应承担赔偿责任。

处理锦囊

物业服务公司有义务妥善保管业主的各种邮寄信件、包裹及汇款,及时而准确地交给相关收款人,并谨慎管理其收发室等相关部门的工作人员,监督其尽职尽守。业主对于自己的信件、包裹和汇款应及时查收,如果发现异常,应立即向相关部门报告,乃至向法院起诉,保护自己的权益,并留存有关证据,如收发票据或证明文件等。

【相关法条链接】

《物业管理条例》第35条

《民法通则》第106条、第117条

08 未经业主同意,物业服务公司无权利用小区公共供暖设施对外供暖

物业服务公司应按照相关物业管理法律法规的规定和物业管理服务合同的约定,严格履行物业管理职责,维护小区公共设备设施的正常运行,并消除相关安全隐患。利用物业共用部位、共用设施设备如供暖设施和供暖用房等进行经营的,应征得业主或业主大

会的同意，并按照规定办理有关手续，将所得收益主要用于补充专项维修资金，也可以按照业主大会的决定使用。否则，擅自使用小区公共设备设施对外经营的，应承担相应的法律责任。

案　情

2003 年 12 月 6 日至 2004 年 2 月 3 日，这个小区召开了业主大会，选举产生了业主委员会，2004 年 2 月 10 日，业主委员会在行政主管机关备案。业主委员会委员 7 人，匡先生是业主委员会主任之一。

在 2003 年度供暖期间，物业服务公司未经全体小区业主同意，安装供暖管线，利用小区供暖设备和设施，擅自向相邻的一家医院供暖，收取其供暖费 86,744 元，并收取房屋业主方改造供暖办公楼供暖管道工程款 48,162 元。业主委员会认为物业服务公司对外供暖的行为侵犯了小区业主权益，双方协商未果，业主委员会便起诉到法院，要求物业服务公司停止侵权，恢复原状，赔礼道歉，并返还收取的工程款 48,162 元和供暖费 86,744 元。起诉时，仅是业主委员会的主任匡先生在起诉状上签名，没有加盖业主委员会的公章。诉讼期间，业主委员会认可匡先生起诉的行为是代表业主委员会。

而物业服务公司认为，业主委员会的组成不符合"京国土房管物(2003)949 号文件"规定，且起诉书仅有匡先生的签字，没有原告印章，因此，业主委员会不具有原告主体资格，起诉行为也不符合民事诉讼法的规定。小区的供暖设施和供暖用房均不属于小区业主所有，他们没有侵犯小区业主的任何权利，故不同意业主委员会的请求。

法院经审理后认为：业主委员会已经在行政主管机关备案，且其认可匡先生的起诉行为是代表业主委员会的行为，因此，本案原告主体合格。物业服务公司在管理小区期间，未经业主同意，擅自利用小区业主的供暖设施和设备对外供暖，因此，其应将安装的对外供暖管线拆除，并应将其收取的供暖费在扣除必要成本后返还给业主委员会。业主委员会要求物业服务公司返还已经用于改造供暖办公楼供暖管道的工程款和要求物业公司赔礼道歉的请求，法院不予支持。据此，北京市丰台区人民法院判决物业服务公司将其安装的对外供暖管线拆除，并返还业主委员会供暖费5万元。

【案例分析】

本案涉及小区业主共有设备的收益权归属问题，属于业主委员会可以成为诉讼主体的范围。同时，业主委员会对业主匡先生的起诉行为予以认可，可以认为匡先生的诉讼行为对业主委员会发生效力。本案中，物业公司未经业主大会和业主委员会的同意，将属于小区全体业主共有的供暖设施和设备进行对外供暖，其行为侵害了业主的共有权，所取得的收益应该返还给业主共有。

【相关法条链接】

《物业管理条例》第49条、第63条

09 物业服务公司出租公用地，个别业主无权起诉物业服务公司

物业服务公司应遵守相关法律法规的规定和物业管理公约的约定，利用物业共用部位、共用设施设备进行经营的，应当在征得相关业主、业主大会、物业服务企业的同意后，按照规定办理有关手续，而不得擅自将小区共用地出租盈利。个别或部分业主对于物业服务公司利用物业共用部位、共用设施设备进行经营的侵权行为，应通过召开业主大会，得到业主大会或业主委员会的授权，或经过

全体业主的共同决定，方可向法院起诉物业服务公司，维护共用利益，个人或部分业主不具有此类诉讼主体资格。

案　情[①]

重庆市沙坪坝区华宇广场2号楼的周世雄说，该小区物管在2002年将小区门厅公共地租给银行，银行又将自动取款机设在大楼门口，招来不少社会闲杂人员，既影响业主出入，又对小区安全带来隐患。他认为，作为业主，他理应依法享有小区公用部分，有公用设施的所有权和使用权，其他人不得擅自处分。2005年7月，他起诉到法院，要求两被告立即拆除自动取款机。物管公司却提出，原告的主张未经业主大会讨论通过，不具有单独起诉的主体资格，周世雄以个人名义起诉不是适格的原告。

法院审理认为：门厅属于该小区的公共建筑和共用设施，其使用权、管理权属于小区全体业主，有关共用共管的重大事项应当由全体业主共同决定。若业主大会按照法定程序作出不同意设置银行柜员机的决定，也只能由业主委员会向法院起诉。本案原告无证据证明自己的主张是全体业主的共同决定，也无证据证明自己经业主大会或业主委员会授权，所以其以个人名义提出的诉讼请求，不予支持。遂作出判决：业主个人起诉未经业主委员会授权，判决驳回诉讼请求。

【案例分析】

本案的诉讼标的门厅，其属于小区的公共建筑和共用设施，其使用权、管理权属于小区全体业主，有关门厅的使用方法等应该由全体业主共同决定。周世雄作为小区内的业主，其在未经业主大会

① 陈亮："物管出租公用地，业主将其告上法庭"，原载《重庆晚报》，转引自新华网，2006年6月15日访问。

或业主委员会授权的情况下，无权针对共有设施提起诉讼。

处理锦囊

根据我国《物权法》《物业管理条例》的规定，物业服务公司利用物业共用部位、共用设施设备进行经营，应通过召开业主大会，得到业主大会或业主委员会的授权，或经过全体业主的共同决定之后，方可进行。若物业公司违反上述程序，私自将共用部分、共用设施对外出租、出售，单个或者部分业主虽然无权就此提起诉讼，但可以向相关行政机关举报，要求对该违法行为进行查处。若相关行政机关接到举报信后拒不处理，单个或者部分业主可就此向人民法院提起行政诉讼，要求行政机关依法履行行政职责。

【相关法条链接】

《物业管理条例》第 49 条、第 63 条

《物权法》第 73 条

10 业主家里管道堵塞受损失，物业服务公司在职责范围内承担责任

物业服务公司有责任维护公共设施的正常使用，因为其疏于管理，致管道堵塞，给业主造成损失，物业服务公司应承担怠于履行物业管理义务的法律责任。但如若下水管道等共有设施的堵塞，是由于相邻业主进行违章装修装饰造成的，应由直接侵权人即相邻业主承担直接侵权责任，物业服务公司在其职责范围内，对未履行维护和管理义务而发生的损失承担补充责任。

案　情①

李某在郑州市金水区民航路住，郑州市海达物业管理有限公司系该区的物业管理机构，每月向李某收取物业管理费用，其中包括上下水管网、排水、污化粪池等公用设施维护管理费用 3 元。某日，李某接到物业服务公司工作人员通知回家后，发现由于下水管道堵塞，主卧室卫生间内地漏向外渗水，造成主卧室木地板及“登喜路”公文包等损坏。

法院认为：物业服务公司每月向李某收取上下水管网等公共设施维护管理费用，就有义务保证上下水管网畅通，现因物业服务公司疏于管理，致管道堵塞，给李某造成损失，物业服务公司应予赔偿；主卧室木地板及“登喜路”公文包等均未完全丧失其使用价值，应给予李某适当的赔偿。郑州市金水区法院一审判决郑州市海达物业管理有限公司赔偿李某经济损失 2000 元。

【案例分析】

本案中，物业服务公司疏于管理，致管道堵塞，给李某造成损失，物业公司对李某的损失存在过错，应该承担怠于管理的损害赔偿责任。但如若下水管道等共有设施的堵塞，是由于相邻业主进行违章装修装饰造成的，应由直接侵权人即相邻业主承担直接侵权责任。所以说，物业服务公司对管道堵塞造成的损失只承担怠于管理的相应赔偿责任，而非承担直接侵权责任。

---

①　黄豫、赵阳：“管道堵塞受损失，物业公司应赔偿”，载《人民法院报》2001 年 3 月 29 日。

处理锦囊

业主如果发现共用设施存在安全隐患,如下水管道堵塞,应及时通知物业服务公司,进行疏通,排除妨碍,并采取适当措施,防止损失的不合理扩大。如果遇到安全隐患为相邻业主不当装修装饰施工造成的,应及时通知物业服务公司加以制止,消除隐患。

【相关法条链接】

《物业管理条例》第 35 条

《民法通则》第 117 条

11 群租二房东状告物业公司财产损失赔偿案败诉

根据《物业管理条例》第 45 条的规定,对物业管理区域内违反有关治安、环保、物业装饰装修和使用等方面的法律、法规的行为,物业服务企业应当制止,并及时向有关行政管理部门报告。“群租”违反了物业使用规定,物业公司对此进行制止,不违反法律规定,无须承担责任。

案　情①

外来人员黄某承租了上海市江宁路一套房屋,后转租给他人并被用于“群租”。

2015 年 1 月 23 日,房屋所在小区的物业公司在黄某转租的房屋处张贴《关于开展“群租”综合整治工作的提醒》:相关业主、承租

① 参见 http://news. 163. com/15/0704/08/ATLSU4VG00014AEE. html,有删改,2016 年 10 月 12 日访问。

人和使用人，接到群租整治管理部门通知，将定于2015年2月2日开展综合整治工作。现就相关事宜提醒相关租赁当事人，请于2015年1月31日前搬离现居住地，若到期仍无法搬离，请自行保管好自己财产及财物等内容。该告示的落款处有该物业公司印章。2天后，黄某得知房屋内的物品被搬走。

同年4月13日，黄某起诉到法院，称该房屋为自己承租，约140平方米左右，最多时居住6人，有6套家具。同年2月2日，小区物业公司借口群租整治，对他承租的房屋进行破坏毁坏性装修，搬走房屋内家具等物品；后因他再次搬物品入室，该物业公司再次于3月9日至10日，两次将他的物品搬走。黄某认为物业公司损害了他的财产所有权，请求法院判令该物业公司赔偿自己损失的房屋装修费3.8万元及家具损失费3.7万元。

该物业公司则认为开展群租整治活动，是由相关行政管理部门实施。作为物业公司在接行政管理部门通知后，对辖区群租整治对象作及时提醒；整治不是物业公司所实施，黄某的起诉不正确。

法院经审理认为，黄某认定该物业公司对其财产权实施了侵害，就应对侵权行为事实负举证义务，但黄某未提供相关证据来证明，鉴于黄某未能提供证据来证明自己的主张，故法院判决黄某败诉。

【案例分析】

“群租”现象是城市租赁市场中的一颗毒瘤，它不但对承租人的安全与健康带来一定的风险，严重影响了社会管理秩序，对群租房左右邻居生活带来影响，还会给公共安全造成诸多隐患。“群租”也有违住宅设计规范和相关行政法规。在本案中，物业公司执行政府相关部门整治“群租”的决定，是依法履行自身职责，不应当构成侵权。

【风险提醒】

物业公司依据《物业管理条例》第45条的规定，应当对物业管理区域内违反有关治安、环保、物业装饰装修和使用等方面的法律、法规的行为进行制止，并及时向有关行政管理部门报告。“群租”违反了物业的使用，物业公司有义务进行制止。在现实中，很多小区存在“群租”，物业公司对此未进行必要的管理，导致业主对物业公司产生不满，从而造成物业公司收取物业费存在困难。因此，物业公司依法制止违反法律的“群租”，不仅切实维护业主的合法权益，还是对自身权益的保护。

【相关法条链接】

《物业管理条例》第45条

Chapter.5

第五章　物业管理费纠纷

一、业主拒交管理费纠纷

01 因新买房屋漏水业主拒交物业管理费

业主与物业服务公司签订物业管理合同，其应该按照合同的约定按时支付物业管理费，其未按时、足额缴纳物业管理费的，构成违约，需要承担相应的违约责任。在物业管理合同中没有明确约定的情况下，业主不能因为非物业服务公司的过错行为而中止己方的履行。

案　情①

胡女士看中了某处商品房的顶层，在一次性付清全部房款后顺利入住，同时向物业管理公司交纳了当年的物业管理费。入住两个月后雨季来临，几场大雨之后，胡女士发现天花板有水浸湿的现象，后来竟然发展到漏雨的地步。胡女士于是找到物业管理公司报修。物业管理公司通知了原施工单位，施工单位重新在楼顶进行了防水处理。胡女士此时已经对现在的房屋有些反感，经过和开发商协商后准备换房，但是双方对漏雨造成损失的赔偿问题产生了分歧。胡女士认为自己购买房屋就为了居住，现在因为漏雨无法居住，并且自己进行的装修也遭到破坏，她认为这是开发商造成的，所以准备不再交纳第二年的物业管理费和供暖费。

开发商认为自己出售的房屋有质量问题是事实，也愿意赔偿胡女士部分经济损失，但是他们认为自己已经同意为胡女士调换房

① “因新买房屋漏水业主拒交物业管理费”，载《中国物业管理》2005 年第 7 期，有删改。

屋,自己和胡女士之间没有纠纷。

物业管理公司认为自己及时联系维修房屋,并且现在看来房屋存在质量问题也不是物业管理不到位,如果胡女士不交纳物业管理费他们无法接受。因为这个小区是采用小区外的供热厂的热力供热,统一供暖时间已到,如果胡女士不交纳供暖暖气费,他们就会受到经济损失。

三方对此事产生了争议。

【案例分析】

本案中,胡女士不能直接向物业管理公司主张抵销。《合同法》第99条所讲的抵销是指:当事人互负到期债务,该债务的标的物种类、品质相同的,任何一方可以将自己的债务与对方的债务抵销,但依照法律规定或者按照合同性质不得抵销的除外。

开发商、胡女士、物业公司三者存在债权、债务关系。开发商与胡女士之间存在合同关系,因为房屋质量问题,开发商基于赔偿责任对胡女士负有债务;胡女士与物业管理公司之间存在合同关系,如果物业管理公司如约履行自己的义务,胡女士不交纳物业管理费,那么就是胡女士对物业公司负有债务;关于供暖费的问题,一般是业主和物业管理公司单独签有供暖协议,应当依照执行,胡女士拒绝交纳供暖费,那么胡女士对物业管理公司负有债务;开发商与物业管理公司之间没有债权、债务关系。

胡女士主张抵销是不妥的。因为开发商对胡女士负债而胡女士对物业管理公司负债,这两种债务虽然都是金钱债务,但是并不符合"当事人互负到期债务"的条件。

【相关法条链接】

《合同法》第8条、第99条

《物业管理条例》第64条

02 认定物业公司提供的服务是否符合合同约定的标准

从一般的物业管理合同来看,关于物业管理公司提供的服务法律均有明确的规定,但对服务的具体标准却没有相应的规定,如何认定物业管理公司是否存在违约行为是司法实践中的一个难点。解决上述问题需要遵循两个基本原则,第一,遵循"有约定从约定"的合同意思自治原则;第二,如果当事人的约定不明确,则应依据现有法律的有关规定进行判断,并依据法律的基本原则适当使用法官的自由裁量权。

案　情[①]

2007年1月,刘先生经人介绍购买了一套住宅居住。购房后,刘先生即与小区的物业管理公司签订了一份《物业服务合同》,该合同约定物业管理费为1.2元/平方米收费;业主和物业使用人逾期缴纳物业管理费的,从逾期之日起每日按应交管理费的千分之一交纳滞纳金;对物业管理服务质量约定,物业公司必须按下列约定实现目标管理:清洁卫生、绿化、保安等九项内容。其中保安方面约定:实行24小时保安的义务,每天巡查十二次,固定岗设六个并对电梯、大堂等监控。2007年8月至11月,刘先生因其房屋被盗,共5次向居住地派出所报警。2008年3月23日,物业公司以刘先生拖欠2007年3月至2008年3月的物业管理费、公摊水电费、公共维修基金及逾期付款滞纳金等向某区人民法院提起诉讼。

某区人民法院经公开开庭审理后认为,刘先生表示他的房屋多次发生被盗的情况,但没有提供证据证明是由于物业公司的失职造

---

① "该物业企业提供的服务符合合同约定吗?",载《现代物业》2007年第14期,有删改。

成,刘先生的抗辩理由不足以支持刘先生拒绝向物业公司缴纳有关费用。据此,依照《民法通则》第 4 条、第 135 条,《合同法》第 107 条、第 114 条的规定,判决刘先生应于判决生效后十日内,向物业公司支付拖欠的物业费、公摊水电费、公共维修基金等合计 5630 元;并从逾期之日起按逾期金额支付日千分之一的滞纳金。判决后,刘先生不服,向中级人民法院提出上诉。

中级人民法院经审理后认为,物业公司是具有合法资质的物业管理企业,其与业主签订的《物业服务合同》均是合同签订主体的真实意思表示,没有违反法律、行政法规的强制性规定,是合法有效的,物业公司对小区行使物业管理的行为合法。依据物业服务合同,被上诉人物业公司负有实行 24 小时保安的义务,每天巡查 12 次,固定岗设 6 个并对电梯、大堂等监控。根据合同的约定,被上诉人物业公司提供的保安应该比较完备,但上诉人刘先生的房屋在 2007 年 8 月至 11 月被盗窃五次,尤其是上诉人刘先生将房屋被盗情况告知被上述人物业公司后,被上诉人理应加强对上诉人刘先生在区域的保安监控,但上诉人刘先生的房屋仍然在短时间内多次被盗,可见被上诉人物业公司没有切实履行物业服务合同中约定的保安义务,故自 2007 年 9 月 1 日起应扣减保安费的具体数额,而合同约定的物业管理义务共有九项,故保安费占物业管理费总额的 1/9 为宜。被上诉人物业公司的物业管理工作不仅包括保安,而且还包括公共环境、清洁卫生等八项义务,故上诉人以被上诉人没有切实履行保安义务拒绝支付其余八项物业管理费没有依据,不予支持。虽然物业服务合同明确约定了逾期缴纳物业管理费的违约责任,但被上诉人物业管理公司没有切实履行物业服务合同中约定的保安义务,且物业服务合同没有明确约定物业管理费中应如何扣减保安费,故上诉人不应支付逾期交纳物业管理费的滞纳金,原审法院判令上诉人刘先生支付滞纳金不当，应予以纠正。依照《民事诉讼法》第153条第1款第1项、第3项的规定，判决上诉人应在扣除2007年9月1日的保安费及拖欠物业管理费的滞纳金后，其余款项应在判决生效后十日内支付给被上诉人物业公司。

【案例分析】

《物业管理条例》第40条规定：物业服务收费应当遵循合理、公开以及费用与服务水平相适应的原则，区别不同物业的性质和特点，由业主和物业管理企业按照国务院价格主管部门会同国务院建设行政主管部门制定的物业服务收费办法，在物业服务合同中约定。《物业服务收费管理办法》对收费问题作了比较全面的规定。由于上述行政法规及部门规章规定还是比较原则的，各地地方行政主管部门开始着手制定符合本地区实际和物业服务状况的更为具体的物业收费标准。本案中上诉人刘先生提供证据证明其房屋在短时间内多次被盗，并以此证明被上诉人物业公司并未尽到保安义务，被上诉人虽然对此予以否认，但在诉讼中没有提供证据证明其依约提供上述保安义务。尤其是上诉人刘先生将房屋被盗情况告知被上诉人后，被上诉人理应加强对上诉人房屋所在区域的保安监控，故依据上述情况可以推定物业管理公司没有依约提供保安义务。虽然被上诉人物业公司没有依约提供保安义务，上诉人刘先生可以行使先履行抗辩权不支付物业管理费中的保安方面的费用，但上诉人并没有证据证明被上诉人没有履行合同约定的其他义务，依据公平合理原则，上诉人刘先生不能拒绝缴纳全部物业管理费，但由于双方并没有约定保安费用占全部物业管理费的比例，故上诉人没有缴纳物业管理费是有合理理由的，二审法院没有判令其支付滞纳金也是居于此原因。当然如何具体判令上诉人不支付滞纳金的起止时间还可以再探讨，在上诉人房屋被盗之前，应该推定被上诉人物业公司是依约提供了保安义务的,上述人刘先生不支付物业管理费没有法律依据,应支付逾期交纳物业管理费的滞纳金;在上诉人的房屋被盗之后,由于被上诉人未能证明其完全依约提供了保安义务,而保安费占物业管理的比例不清楚,故上诉人拒绝交纳物业管理费是合理的,其无须支付滞纳金。由于双方没有约定保安费占物业管理费的比例,依据物业管理公司提供了九项服务,二审法院认定保安费用占物业管理费的九分之一是可行的。

处理锦囊

从日常实践来看,保安涉及业主的人身和财产安全问题,一般而言,业主对物业管理中的安全服务是最为关注的,也是业主判断物业公司是否切实履行物业管理义务的最重要标准,保安费在物业管理费中所占的比例应该提高,以引导、促进物业服务企业加强保安服务。

【相关法条链接】

《民事诉讼法》第 153 条第 1 款第 1 项、第 3 项

《物业管理条例》第 40 条、第 64 条

03 尚未办理产权转让,正在使用业主不可因此拒交物业管理费

物业管理费是物业管理公司依据物业管理服务合同为物业使用人或所有人提供物业管理服务,物业管理使用人或所有人依据物业管理服务合同应当支付的费用。在有合同明确约定的情况下,由合同中约定的主体缴纳物业管理费用。没有合同约定时,一般由享受物业服务的主体履行物业费用缴纳义务。

案　情

上海某大厦物业公司自2008年1月开始管理该大厦,一业主一直拒交物业管理费,至2008年12月欠缴总额达16,923.72元,物业公司多次催讨无果,遂提起诉讼,该业主辩称自己虽出资购买和使用该房屋,但该房屋产权尚未转到自己名下,故物业公司应向房屋产权人主张物业管理费;且自己不从小区进出,故即使要支付也应扣除其中的保安、保洁费。

法院审理认为,某大厦业主大会通过的决议,对某大厦全体业主均有约束力。被告作为系争房屋的购买人及使用人,应当根据决议内容履行义务,应当向原告支付相应的物业管理费。审理中,原告自愿将保洁、保安费部分减半收取,本院予以准许。被告拒付物业管理费的抗辩,于法无据,本院不予采纳。据此,判决如下该业主应于判决生效之日起十日内支付该房屋2008年1月至12月物业管理费人民币16,923.72元。

【案例分析】

根据《物业管理条例》第41条的规定,业主应当根据物业服务合同的约定交纳物业服务费用。业主与物业使用人约定由物业使用人交纳物业服务费用的,从其约定,业主负连带交纳责任。已竣工但尚未出售或者尚未交给物业买受人的物业,物业服务费用由建设单位交纳。在本案中没有提到物业管理合同签订的问题,但该业主既然已经购买该房屋且一直使用,则为实际的业主,且其实际享受了物业服务,故不得以房屋产权未实际办理到该业主名下为由拒缴管理费。因此,业主应该按照约定向物业服务公司交纳物业管理费。

处理锦囊

物业管理费缴纳问题属于合同纠纷的范围,房屋产权转让属于物权纠纷的范围。两者属于不同的法律关系,不可混为一谈。业主在实际生活中应当按照法律规定和合同的约定,履行自己的义务。

【相关法条链接】

《物业管理条例》第41条、第64条

04 物业服务公司没有履行物业管理职责，业主可以拒交物业费

业主和物业服务公司签订物业管理合同,双方各自负有义务,其中物业服务公司应该按照合同约定履行物业管理职责,而业主应该按时、足额交纳物业管理费。如果物业服务公司未履行物业管理职责,其将构成违约,需要对业主承担违约责任。但业主不能在没有合同明确约定的情况下,因为对方违约而中止己方义务的履行,否则需要承担违约风险。

案　情[①]

金某家的烟道堵了多年,开发单位曾派人维修,但没有修好。金某只好安了两个大鼓风机排烟。2004年12月末,现届物业公司向其收取物业管理费,金某以烟道堵了没有修好为由拒不交费。物业公司因此起诉。诉讼中物业公司提供了一份与开发单位签订的

① 任建国:"只收费不维修有失公平,物业公司收费请求被驳回",载《人民法院报》2005年4月5日。

《接交物业协议》,协议中无烟道的规定,物业公司据此认为烟道维修不属于物业公司义务,金某应交纳两年的物业管理费 120 元并承担诉讼费用。

法院审理后认为:《延边朝鲜族自治州城市住宅物业管理条例》规定物业包括共用设施设备。烟道是共用设施,物业公司应负有维修义务,只收费不维修有失公平,物业公司与开发单位的交接协议虽没有烟道的规定,但法规已明确物业包括共用设施,即含烟道,协议的约定对抗不了法规的规定。法院作出判决:驳回某物业公司要求金某交纳物业管理费并承担诉讼费用的诉讼请求。

【案例分析】

本案中,业主家的烟道堵塞多年,开发商有义务保修,但一直没有修理好。物业服务公司应该按照相关房屋管理法律法规的规定和物业管理服务合同的约定,对物业共用设备设施负有维修保养的义务。虽然物业服务公司与开发商的交接协议没有烟道的规定,但《延边朝鲜族自治州城市住宅物业管理条例》规定物业包括共用设施设备,烟道是共用设施,物业服务公司应该遵守《延边朝鲜族自治州城市住宅物业管理条例》的法律规定,对烟道负有维修义务,不能以物业管理服务合同来免除自己的法律义务。物业服务公司因为自己怠于维修共用设施的,应承担相关的物业管理失职责任,如立即修理、减免物业费等。虽然物业服务公司怠于履行物业管理职责,没有及时维修共用设备设施,但业主仍应依法通过适当途径维护自己的合法权益,而不能消极地以拒绝交纳物业管理费的方式予以对抗,以免承担相应的违约责任。

处理锦囊

物业服务公司除了应遵守物业管理服务合同的约定以外，更应该遵守相关房屋管理的法律法规的规定，不得以物业管理服务合同的约定来免除相关房屋管理法律法规规定的法定义务。业主对于物业服务公司怠于履行物业管理职责的，可以积极地通过合法的途径向相关房屋行政管理部门反映，甚或向法院起诉，并不建议以消极地拒绝交纳物业管理费来对抗，以免承担相应的违约责任。

【相关法条链接】

《物业管理条例》第 35 条

《合同法》第 107 条

05 没有签订物业管理合同，业主不可以因此拒交物业管理费

合同法奉行合同形式的自由化原则，我国《合同法》第 36 条规定："法律、行政法规规定或者当事人约定采用书面形式订立合同，当事人未采用书面形式，但一方已经履行主要义务，对方接受的，该合同成立。"可见，即使业主和物业服务公司未签订物业管理合同，只要业主实际上享受了物业管理服务，其就应该交纳相应的物业管理费。

案　情[1]

承杰公司从 1995 年便开始负责该小区 4800 多住户的物业管

① 参见 http://www.lawyee.net，2005 年 6 月 14 日访问。

理工作。对于自己的工作,承杰公司认为自己多年来恪守小区委托管理协议,为广大住户提供优质的物业管理服务。小区绝大多数住户均能按约如期支付物管费,而程某等16人从2000年开始便不再交纳每年的物管费了,于是,承杰公司分别将业主们诉上了法庭,要求其赔偿所欠物管费。

被诉的第一批6名住户大多数是单位分房入住小区的。据称,单位在购房时,与新迎北区管委会签订了一份物业管理协议,同时另外几名自己购房入住的业主也与管委会签订了同样内容的协议。在协议中,规定了物业管理费的收费标准是每户每年180元。

住户们称,承杰公司从2000年8月开始,没有按照协议规定的收费标准收费,擅自提高收费标准,于是住户们拒绝按新的收费标准交纳物管费,并认为承杰公司如果要继续服务和收费就应当与住户们重新签订协议。而承杰公司则认为自己严格按照国家物价部门制定的收费标准收费,并没有擅自提价,与小区4800多住户签订合同难度太大,不可行。

法院一审审理后认为:承杰公司是合法的物业服务企业,其各项收费都是国家有关部门核准过的。由于小区至今没有成立业主委员会,所以造成了双方重新签订合同的困难,过错责任不在原、被告双方,而住户以物管公司没有与住户签订合同,所以无权收费为由拒绝交费的做法是错误的,最后判了6名住户败诉。住户不服,上诉到昆明市中院。法院作出了维持原判的终审判决。

【案例分析】

本案中,因为小区内一直没有成立业主委员会,使业主与承杰物业服务公司之间未签订物业管理合同。但是,承杰公司作为合法的物业服务企业,已经实际履行了物业管理服务,并得到了小区内业主的认可,根据我国《合同法》的规定,物业服务公司与业主之间的物业管理合同成立且生效,业主应该交纳相应的物业管理费用。

处理锦囊

物业服务公司应依法提供合格的物业管理服务,业主也应遵守相关房屋管理法律法规的规定和物业管理公约的规定履行各项义务,即使发生不可归因于物业服务公司和业主双方的事件,使业主和物业服务公司没有签订正式的物业管理服务合同,如果业主已享受了物业服务公司依法提供的物业管理服务,也应履行及时交纳物业管理费的义务。

【相关法条链接】

《合同法》第 36 条、第 107 条

《物业管理条例》第 7 条、第 12 条

06 业主家中被盗,业主不可因此拒绝交纳物业管理费

业主和物业服务公司签订物业管理合同,双方各自负有义务,其中物业服务公司应该按照合同约定履行物业管理职责,而业主应该按时、足额交纳物业管理费。如果物业服务公司未履行物业管理职责,其将构成违约,需要对业主承担违约责任。在存在因物业服务公司违约而发生刑事案件等严重情况,业主可以请求减免相应物业管理费。但业主不能在没有合同明确约定的情况下,因为对方违约而中止己方义务的履行,否则需要承担违约风险。

案　情①

负责管理某国际公寓的创新物业服务公司诉称，业主齐先生购买了某国际公寓B座房屋后，于2000年2月24日与我公司签署《承诺书》，确认接受我公司的《管理公约》，并同意交纳物业管理费等相关费用。但自2000年5月至2002年6月，齐先生以"家中曾经被盗"为由，共拖欠物业管理费40,651元、供暖费12,855元、电费2827元、有线电视收视费960元、车位费24,000元。物业公司要求业主齐先生支付这些款项，并支付滞纳金。业主齐先生辩称，不交纳物业管理费是由于，第一，创新物业制定的物业管理费收费标准未同产权人代表协商，违反了有关法律规定，且其管理水平低下，与收费标准不符；第二，《管理公约》不是在签订购房合同时签署的，而是在创新物业主张不签署《管理公约》就不给住房钥匙的情况下我们被迫签署的，违反法定程序，且违背了广大业主的真实意愿，其中的有关逾期付款滞纳金条款系无效条款，故该公约对我们没有约束力。基于上述原因，我们请求法院驳回创新物业的诉讼请求。同时，2001年3月26日，创新物业的清洁工伙同其保安，入室将我家的照相机、手机、项链、戒指等物品盗走，对此，创新物业应承担连带赔偿责任。因此，业主齐先生反诉要求创新物业赔偿物品损失50,000元。

法院查明，2000年2月24日，齐先生签署了《承诺书》，确认已收到创新物业的《管理公约》及《物业管理应收文件及用户守则》，声明完全明白及同意履行、遵守上述公约及守则之规定，并负担管理费。另外，法院查明，2001年3月26日，业主齐先生家中被盗，丢失照相机、诺基亚手机1部及戒指、项链等物品，盗窃犯之一郭某已

① 参见http://www.lawyee.net，2005年6月14日访问。

被判刑,同时认定同案犯有李某、侯某,认定相机、手机价值共计2950元,手机已起获发还,而戒指及项链的价值没有认定。李某是保安服务公司的聘用人员,派至创新物业处服务。

法院认为:《管理公约》及《承诺书》虽然为格式化合同,但没有违反法律及存有不公平之处,《管理公约》中有关滞纳金的规定也合法有效,齐先生签署了《管理公约》及《承诺书》即表示其对创新物业管理及物业管理费收费标准的认可,创新物业与齐先生之间已形成了物业管理与被管理、服务与被服务的关系,双方应当按照公约约定享有权利、履行义务。创新物业公司提供物业管理服务后,享有收取物业管理费的权利,且其物业费收费标准符合规定。齐先生接受服务后,也有按时交纳物业管理费的义务。齐先生家的失窃一事属刑事案件,创新物业对此无主观过错,但其管理有疏漏,应对齐先生家的损失承担部分赔偿责任。但齐先生以此拒付物业管理费等费用,理由不当,不予支持。齐先生认为创新物业管理水平低、服务质量差、代收电费标准不合理,但均举证不足,法院不予采信。

法院一审判决,齐先生向物业服务公司支付2000年5月至2002年6月的物业管理费、供暖费、电费、有线电视收视费及车位费。驳回物业公司要求齐先生支付滞纳金的诉讼请求。同时,物业公司向齐先生支付被窃物品损失3000元。

【案例分析】

本案中,业主齐先生与物业服务公司签订了《管理公约》及《承诺书》,双方成立物业管理服务法律关系,双方应该各自履行相应的法律义务。因为物业服务公司的管理疏漏,齐先生家里失窃,物业服务公司在其怠于履行管理职责的范围内承担损害赔偿责任。但是齐先生不能因此拒绝履行自己的义务,其应该交纳物业管理费。

处理锦囊

物业服务公司应根据相关房屋管理法律法规的规定和物业管理公约的约定,履行物业管理职责,保障小区居民的人身和财产安全,对于业主家中失窃等刑事案件,虽无主观过错,如果存在管理疏漏的,应承担相应的赔偿责任。在此情形下,业主可以要求酌情减少物业管理费,但不得以物业管理服务存在瑕疵而拒绝交纳物业管理费,否则就应承担相应的违约责任。

【相关法条链接】

《物业管理条例》第35条、第64条

《合同法》第107条

07 物业服务公司单方面提高小区停车费的行为违法

我国《合同法》第77条规定:"当事人协商一致,可以变更合同。法律、行政法规规定变更合同应当办理批准、登记等手续的,依照其规定。"可见,对于物业管理合同中的管理费用、管理方式等问题的变更,需要业主与物业服务公司协商一致,物业服务公司单方面提高物业管理费的行为不具有合同效力,业主可以拒交。

案情1①

因停车费上涨,近200名业主拉横幅集体维权

2016年7月2日下午,熙兆嘉园近200名业主在小区门口拉起了横幅维权。

① 参见http://sqb.ynet.com/html/2016-07/07/content_207213.htm? div=0,有删改,2016年10月12日访问。

“我们想要一个合理的解释，突然收费也不说清楚，我们全都是一头雾水”，周先生告诉记者，一周前小区物业贴出通知，将于7月1日开启地下车库蓝牙管理系统，需要业主提前办理地下蓝牙领取的相关手续。“去办的时候口头告知我们，月租金是380元，没有任何书面的通知”，物业工作人员表示，目前正属于过渡期，如未按规定领取蓝牙，今后车辆想停进小区都是难事，“我们是参考了周边小区的停车位价格，市场定价”。

记者了解到，熙兆嘉园小区现有地面停车位（临时停车位，不出租）74个，地下停车位1166个，除地下一层的产权车位外，地下二层正在租赁中。按照380元/月的价格计算，每个停车位每年租金为4560元，50年租期的费用近23万元，与地下一层50年租期的产权车位相比，高出近10万元。“我们想看看他们到底有没有租赁资质？所谓的市场定价明细又是什么？得有个准确的说法”。

人防车位可出租，价格近区域最高

熙兆嘉园位于地铁长阳站附近，2014年7月交房，业主分批次陆续入住，目前入住率达60%左右。自交房起至今年6月底，小区内均未实行停车收费制度。此次业主与物业的纠纷，主要集中在定价明细问题及是否具有租赁资质上。

记者走访后发现，长阳地铁站附近有熙兆嘉园、徜徉集、长阳半岛、长阳国际城等多个小区，均实行了停车收费制度。据调查，长阳半岛地下停车位为380元/月/个，长阳国际城地下停车位月租为300元/个，徜徉集的费用则为360元/月/个。对比表明，熙兆嘉园与长阳半岛社区定价相同，略高于周边的其他小区。

房山发改委工作人员告诉记者，自今年居住区的地下停车场实行市场调节价后，政府已不再具有监管权利。“市场定价之后，如果出现分歧，主要还是得靠业主和物业双方进行协商，我们现在能发挥的作用较小”,房山住建委工作人员给出了同样的答案。

案情2[①]

央广网北京2016年8月17日消息(记者管昕)据中国之声《新闻晚高峰》报道,位于北京南三环外的瑞丽江畔小区,有超过两千四百户住户,是马家堡西路上一个规模较大的住宅区。因停车费上涨,小区物业和业主的纠纷已经持续数月。业主反映,物业连续三年单方面上涨停车费,大多数业主签字反对。昨晚,小区物业和业主因此发生冲突,一人受伤,警方已经介入调查。物业称,他们拥有停车位产权,停车费上涨不需和业主商量。而业主称,小区物业服务本来就差,又单方面强制上涨停车费,严重违反相关规定,程序不合法。物业单方面上涨行为,谁来约束?小区物业服务的涨价程序谁来监督,又该如何平衡各方权益?

昨晚九点半,记者赶到小区地下车库门口时,现场已聚集了上百名小区居民。人群中央,一名业主满脸鲜血,正瘫坐在地上,上衣已被鲜血浸透,多名热心业主搀扶着他。附近民警已赶到,正在等待救护车。现场围观的群众向警察指认,打人者是物业方面的人员。

马家堡派出所的警员赶到现场后,很快控制了物业方面的相关负责人,并将其带回配合调查。

记者了解到,这次冲突主要因小区停车费上涨而起。多位小区居民说,很多小区的车主今天下班回家,开车进入车库时发现,车库的门禁系统已经更换,之前因反对涨价没有缴纳停车费的业主,门禁系统不能再识别。这导致不少业主的车堵在车库门口。双方因

---

① 参见 http://china. cnr. cn/xwwgf/20160817/t20160817_523013398. shtml,有删改,2016年10月12日访问。

此发生激烈争吵。

多位业主质问："你涨价合法吗？业主签字过半，你拿给我们看，如果大家都同意，我们交，谁也不差这几百块钱。但是你们不合法不合规。"

多位已经按新标准续费的业主告诉记者，他们续交停车费实属无奈。而未续费的业主也表示："我们不是不交，我们要按照原来的价格交，涨价是单方面涨价，我们跟他们协商，他们不愿意跟我们协商。"

因停车费上涨，小区物业和业主的纠纷已经持续数月。而业主对物业服务的不满，也积累了很长一段时间。停车费之争，只是双方矛盾的一个导火索。小区业主说，物业已连续三年上涨停车费。"每年都涨百分之十，百分之二十这样子，前几年我们也忍了，但这两年没有办法了，我们不知道明年还涨不涨，今天涨了百分之二十五。"

多位业主告诉记者，对于涨价，物业公司并未征求业主意见，物业方面还采取了关停车场，撕车位标签，扎车胎等手段强行涨价，业主不能接受。物业公司相关负责人之前在接受中国之声记者采访时称，停车位的产权属于开发商，涨价不需要和业主商量。

今年起，北京住宅小区停车费全面放开，不再由政府统一定价。这是否就意味着物业公司就可以单方面强制涨价？记者以业主身份电话咨询了丰台区房管局物业管理科的一位工作人员，对方表示，瑞丽江畔的事儿，他们知道，但作为物业主管部门却无能为力。

【案例分析】

案情 1 中，物业公司作为物业管理合同的一方当事人，其未经对方当事人，即业主们的同意，擅自提高停车费标准，该标准高于小区周边市场价格，提高停车费的行为不具有法律效力。案情 2 中，物业公司在未征得业主同意的情况下,连续提高停车费,严重侵害了业主的合法权益。

物业公司在未与业主协商就停车费一致的情况下,业主可以拒交相关的停车费。物业公司采取侵害业主人身权利的方式进行收费,应当承担侵权责任。

处理锦囊

虽然相关部门已放开小区物业收费定价权,但不意味着物业公司就可以任意涨价。物业服务公司应遵守相关的房屋管理法律法规的规定和物业管理服务合同的约定,正确履行物业管理职责,依照约定提供服务,收取费用。如果需要改变服务项目、收费标准,应与业主充分协商;在小区成立业主委员会的,应与业主委员会充分协商,达成一致后方可进行。不得单方面改变物业管理服务合同条款,更无权擅自提高收费标准,否则要承担相应的违约责任,业主也有权拒绝交纳增加的费用。若物业公司因此采取损害业主合法权益的行为,业主们可以联合起来,诉至法庭。

此类纠纷大多发生在没有业主委员会的小区,若成立业主委员会,业委会可代表业主就停车费调整之事与物业公司进行沟通、协商。因此,建议符合条件的小区成立业主委员会,以维护自己的合法权益。

【相关法条链接】

《物业管理条例》第35条、第40条

《合同法》第77条

《物权法》第76条

08 业主无权以开发商违约为由拒绝交纳物业管理费

合同具有相对性，一般情况下，合同的效力仅局限于签订合同的双方当事人，而不能约束合同之外的第三人，也不能因为第三人的原因而违反合同义务。物业管理合同的双方当事人分别为业主与物业服务公司，开发商作为合同之外的第三人，其行为不影响合同的履行，业主无权因为开发商违约而拒绝履行物业管理合同。

案　情①

2000 年 3 月，周先生一家 3 口购买了万科华尔兹花园一套预售商品房，其建筑面积为 93.25 平方米。去年 1 月 12 日，周家与上海万科物业管理有限公司办理了入住手续，双方签订了公共契约。契约约定业主应按规定交纳物业公司的各项服务费用，分担维修资金等，逾期拖欠的，按规定计收滞纳金。签约后，周家当即交纳了 2002 年 2 月 1 日至 2002 年 4 月 30 日的物业管理费。后来，周家在验房时却发现所购买的房屋与预售合同中小区平面图不相符，房屋的左侧多出一排自行车棚，前面还建了一个高度超过 5 米的儿童游乐场。周先生一家人认为，这些周边设施会影响其日后的正常生活。他向物业公司进行交涉，物业公司未予理会。之后，周家又因楼上空调滴水而向物业公司报修，物业公司派人进行了修理，但未彻底解决问题。周家因此再也未支付过物业管理费。2003 年 7 月 22 日，物业公司诉诸法院，请求判令周先生一家支付去年 5 月 1 日至今年 7 月 31 日的物业管理费 2088.80 元，并支付相应的滞纳金。

---

① 参见 http://www.lawyee.net，2005 年 6 月 14 日访问。

法院审理后认为:周先生一家以房屋周边设施与预售合同中小区平面图不符为由,拒付物业管理费,理由不成立。因上海万科物业管理有限公司非预售合同的签约主体,亦非自行车棚、儿童游乐园的建造者,故周家意见不构成其拒付物业管理费的理由。至于空调滴水问题,也不足以构成拒付物业费的理由,何况物业公司已予以维修,尽到了管理职责。周先生一家拖欠付费的行为已构成违约。

法院一审判决,业主周先生一家如数支付物业管理费 2088.80 元及相应的逾期付款滞纳金,并承担案件受理费 135.40 元。

【案例分析】

开发商存在违约的情况,业主无权以此为由拒绝向物业服务公司交纳物业管理费。结合本案,业主与开发商签订商品房预售合同,双方可能因房屋保修、规划变更、绿地、车库、会所等遗留问题产生纠纷,业主可能会要求物业服务公司履行开发商的义务,或要求物业服务公司协助开发商履行约定义务,而物业服务公司无法协调或协调不成。在此种情况下,法律关系主体是业主与开发商,其所发生的纠纷事项不属于物业服务公司的管理服务范围,业主应直接向开发商主张权利,而不能以此为由拒绝交纳物业管理费。本案中,业主在验房时发现所购买的房屋与预售合同中小区平面图不相符,但这是开发商的违约情形,业主不得以此为由对抗物业服务公司而拒绝交纳物业管理费。

处理锦囊

在房产物业纠纷实践中，经常存在业主与开发商之间、业主与其他业主之间、业主与物业服务公司之间、物业服务公司与开发商之间的纠纷发生重叠或错位的情况，相关法律关系主体应分清各自的法律权利和义务，不能相互混淆。一方面，业主不能因为开发商存在违约或与其他业主之间基于相邻关系产生的噪声污染等纠纷，物业服务公司无法协调或协调不成，而拒绝交纳物业管理费，否则应承担相应的违约责任。另一方面，业主应当积极向构成违约的开发商等主张权利，以避免造成超过诉讼时效，法律不予保护的后果。

【相关法条链接】

《物业管理条例》第 35 条、第 41 条

《合同法》第 107 条

二、物业服务公司索要管理费纠纷

01 业主未与物业公司签订物业合同，业主不可因此拒交物业费

合同法奉行合同形式的自由化原则，我国《合同法》第36条规定："法律、行政法规规定或者当事人约定采用书面形式订立合同，当事人未采用书面形式但一方已经履行主要义务，对方接受的，该合同成立。"可见，即使业主和物业服务公司未签订物业管理合同，只要业主实际上享受了物业管理服务，其就应该交纳相应的物业管理费。

案　情①

李某经营的网吧位于省政府公务员小区内，建筑面积1824平方米。2007年7月1日，省政府公务员小区业主委员会作为甲方与乙方某物业公司签订《省政府公务员小区物业委托合同》，委托乙方进行物业管理。乙方提供服务的受益人为本物业的全体业主和物业使用人，本物业的全体业主和使用人均应对履行本合同承担相应的责任。管理期限为两年，自2007年7月1日24时至2009年7月1日24时止。住宅房屋的物业管理费为按建筑面积每月每平方米0.65元，空置房屋的物业管理费为按建筑面积每月每平方米0.33元。该合同签订后，物业公司按约定进行了物业服务。李某至今未向物业公司交纳物业管理费。物业公司于2007年12月7日诉至原审法院要求李某给付拖欠的2007年第3～4季度的物业管理费3611.6元，并承担诉讼费。另查：物业公司是具有三级资质的

① "物业管理合同纠纷案例评析"，载中国物业管理协会网，有删改。

物业管理企业。2007 年 9 月 9 日,物业公司取得沈阳市物价局的收费许可证。收费标准为:住宅部分物业管理费每月每平方米 0.65 元,商业门市物业管理费每月每平方米 0.33 元。

李某以其与物业公司之间没有签订物业合同,物业公司给其经营的商业网点提供的服务不多为由,拒绝交纳物业费。

法院审理后认为:业主委员会是业主大会的执行机构,具有代表业主与物业管理企业签订物业服务合同的职责。本案中省政府公务员小区业主委员会与物业公司签订的物业服务合同是合法有效的。李某作为业主之一,该物业服务合同对其具有约束力,其负有向物业交纳物业管理费的义务。因物业服务合同中已约定物业公司提供物业服务的时间是从 2007 年 7 月 1 日 24 时起,物业公司亦按约定实际进行物业服务。且物业服务合同中约定的物业管理费与沈阳市物价局批准的收费基准是一致的。因此,李某应从 2007 年 7 月 1 日 24 时起向物业公司交纳当年第 3 ~4 季度的物业管理费 3611.6 元。故判决:李某于本判决发生法律效力后 10 日内一次性给付物业管理有限公司 2007 年第 3 ~4 季度的物业管理费 3611.6 元。

【案例分析】

业主拖欠物业费是当前物业管理中一个十分突出的问题,直接影响到物业公司的正常运转,造成物业公司的服务质量下降,间接损害更多业主的利益。而业主拖欠物业费的理由之一就是没有签订物业合同可以不交费。国务院颁布的《物业管理条例》第 7 条、第 12 条之规定,在业主委员会依法成立后,业主委员会与物业公司之间签订的物业管理合同,对全体业主具有约束力。因此,业主委员会与物业公司签订了物业管理合同的,业主应受其约束,负有交纳物业费的义务。

如果业主委员会也未与物业公司签订书面的物业服务合同,但业主事实上接受了物业服务的,业主则应按照实际发生的服务价格向物业公司交纳相应的费用，作为对其已提供服务的补偿。在是否实际发生了物业服务以及服务的价格为多少的问题上，应由物业公司承担举证责任。

物业管理关系是一种民事法律关系，物业服务合同是平等主体依自愿原则签订的合同，按照《合同法》的有关规定，只要该合同未违反法律禁止性规定，应视其为有效合同。

【相关法条链接】

《物业管理条例》第7条、第12条

《合同法》第36条、第107条

02 开发商无权要求业主在办理入住时先交纳物业管理费

根据《物业管理条例》和商品房买卖合同司法解释的有关规定，物业管理费是指具备管理资质条件的物业服务企业提供与业主签订物业服务合同约定的服务过程中产生的费用。在商品房买卖中，物业管理活动还没有进行，房地产公司以交纳物业管理费作为交付房屋的前提条件无法律依据。

案 情[①]

2003年8月3日，龙岩市市民吴先生与一家房地产开发商签订了一份商品房买卖合同，双方合同约定房屋总价款为21.5万元，吴先生按合同约定付清了购房的首付款，其余按商业贷款进行按揭。2003年10月1日是原定的房屋交付时间，但过了2年多，吴先生却仍未能拿到房屋的钥匙。吴先生多次与房地产公司交涉，房地产公

① 沈汝发、陈立烽："'先交物业费再交房'无法律依据，福建一开发商自定霸王条款被判违约"，载《人民法院报》2006年5月28日。

司却称房产证已办好，要想拿房屋的钥匙和房产证，吴先生须先交物业管理费。2006年3月9日，吴先生向龙岩市新罗区人民法院递交了起诉状，以房地产公司无正当理由延迟交房违反合同约定为由，要求判令被告交付房屋和有关权属证书，并按合同约定按日支付已交房价款万分之二的违约金。

法院对该案进行了开庭审理，并主持原、被告双方达成了调解协议，双方约定合同继续履行，房地产公司给付逾期交房补偿费2.2万元。

【案例分析】

交付房屋是买房房地产开发商的法定义务，而交纳物业管理费是业主与物业服务公司签订物业管理合同并享受物业管理服务之后，由业主依法向物业服务公司履行的义务。本案中，开发商在业主办理入住时强行要求交纳物业管理费构成违约。在无不可抗力的情形下，房地产公司延迟交房属违约行为，应承担相应的违约责任。

处理锦囊

开发商应遵守相关的房产管理法律法规和商品房买卖合同的约定，不应将事先交纳物业管理费作为业主办理入住的前提条件，而拒绝按约交付房屋，否则就构成违约。当前，相关房产管理法律法规没有明确规定物业管理费交纳时间是在入住前还是入住后，不过《物业管理条例》规定开发商有义务事先委托前期物业服务公司进行物业管理，实践中开发商为了便于管理，防范少数业主拖欠物业费而影响整个小区的物业管理，防止前期物业服务公司的利益受损，也一般将物业管理费的交纳作为办理入住的必要条件，应该说有其一定的合理性。在办理入住时，开发商可以建议业主事先交纳物业管理费，业主对于不交纳物业费开发商拒绝交房的可以事先向有关房产管理部门反映，寻求合理解决途径，若一味消极抵抗对于损失的扩大可能会丧失赔偿请求权。

【相关法条链接】

《合同法》第 107 条

03 物业服务公司不能以“二次供水”为由提高水价

我国《物业管理条例》第 44 条规定:“物业管理区域内,供水、供电、供气、供热、通讯、有线电视等单位应当向最终用户收取有关费用。物业服务企业接受委托代收前款费用的,不得向业主收取手续费等额外费用。”可见,业主与物业服务公司之间为委托代理关系,因委托人物业服务公司的过错行为而造成的损失不应该由业主承担。

案情 1①

2004 年 1 月 7 日,胡雪与宜昌华银世纪欧洲城有限公司签订一份《世纪欧洲城商品房买卖合同》,约定买受人同意在小区业主委员会成立之前,将所购商品房委托宜昌华银物业服务公司进行前期物业管理。2004 年 1 月 16 日,华银世纪欧洲城公司与华银物业签订《前期物业管理服务合同》,约定:华银物业接受委托,对世纪欧洲城小区进行前期物业管理,并负责向小区业主和物业使用人代收代缴水电费,暂定水费 1.40 元/吨。华银物业受托后,向小区业主公示了先交款后用水的管理规则。胡雪自 2004 年 1 月至 2005 年 6 月先后三次从华银物业“购水”700 吨,按 1.40 元/吨价格交费 980 元。

另查明,2003 年 11 月 28 日,华银世纪欧洲城公司与宜昌市自来水公司签订了供水协议及同城委托收款合同,并于 2003 年 12 月

---

① 何云:“对本案物业水费价格纠纷的处理思考”,载中国民商法网,2006 年 7 月 8 日访问。

20日委托华银物业办理与自来水公司的每月交纳水费手续。宜昌市物价局《关于世纪欧洲城物业服务费指导价的批复》中规定:“供水二次加压费用据实计算分摊”,“允许指导价上浮幅度不超过20%。”但胡雪所住4楼在事实上采用的是由自来水公司正常加压的直接供水方式。

胡雪诉称,其购买的是商品房,作为住宅小区商品房的配套设施,水表应当是一户一表,其属于用水终端户;且其所住4楼属一次供水的范围,应执行宜昌市物价局规定1.19元/吨的水费标准。水费属于政府定价,华银物业无权提价。其自拟1.40元/吨的水费标准,三次计多收取水费147元。遂诉请一审法院判令华银物业停止侵权并返还多收的水费147元。

华银物业辩称,华银物业收取水费的标准是基于与华银世纪欧洲城公司委托合同的约定,并得到了胡雪的认可。自来水公司一次供水的终端用户是整个小区,华银物业才是小区用水的终端用户,而胡雪并不是一次供水的终端用户,其属于二次供水,其中的水耗应由胡雪等众多小区业主分摊。

一审法院审理认为:胡雪认为其属于用水的终端用户,但未就此主张提供证据,故不予确认。华银物业提交的供水合同、报装档案号以及向自来水公司交纳水费和污水处理的发票,其属于自来水公司的终端用户的证据充分,予以确认。胡雪在与华银物业的物业管理费收缴协议中虽未约定水费价格,但其以1.40元/吨价购买用水,应视为其与华银物业达成了意思表示真实的口头买卖协议,该协议效力应予确认。故对胡雪的诉讼请求不应支持。一审法院依照《合同法》第60条、第130条之规定,判决驳回胡雪的诉讼请求并由其负担200元的诉讼费。

胡雪不服一审判决上诉称:城市供水价格属于政府定价,宜昌市物价局规定居民水价 1.19 元/吨,二次加压对象不超过 1.33 元/吨;且本人所住 4 楼也非实际二次加压供水的范围。再则,供水企业在未接管小区物业管理等单位的供水职责之前,对小区物业管理等临时供水单位实行趸售价格。趸售价格可在居民用水价格上扣减4% ~10%,扣减部分应能弥补总表到分表间的合理损耗,因此华能物业只能按 1.19 元/吨价收取水费。

二审法院审理认为:从胡雪与华银世纪欧洲城公司所签《商品房买卖合同》看,华银世纪欧洲城公司是接受华银物业委托进行前期物业管理的。尽管华银物业与华银世纪欧洲城公司签订的《前期物业管理服务合同》,将生活用水价格暂定 1.40 元/吨的约定对第三人不具有约束力,但华银物业以该约定价格卖水给胡雪,其自愿购买的意思表示真实,买卖合同有效。因此华银物业服务公司并未侵权。宜昌市自来水公司只对终端用户华银物业供水,胡雪则是华银物业的供水对象,而二次供水中的管网维修、水电损耗,并未另外要求胡雪承担。虽然上诉人胡雪住在 4 楼,不需要二次加压,但其并不是自来水公司的终端用户,也没有剥离于二次供水对象之外,因此,华银物业以 1.40 元/吨价卖水给胡雪,并未违反宜昌市物价局《关于世纪欧洲城物业服务费指导价的批复》中"允许指导价上浮幅度不超过 20%"的规定。故胡雪要求华银物业退还 147 元并停止侵权之理由不能成立。据此,二审法院判决驳回胡雪的上诉请求并由胡雪负担二审案件诉讼费 200 元。

案情2[①]

2015 年 6 月,广东省河源市紫金县 9 家物业公司因多收水费被

① "紫金 9 家物业公司假借二次供水超收水费",载 http://hy.southcn.com/content/2015-06/24/content_126938351.htm,有删改,2016 年 9 月 16 日访问。

紫金工商部门查处,并被责令向众业主退回超收的水费。

近期,紫金工商部门开展了关于物业行业不正当竞争行为及合同格式条款专项整治行动,对较为突出的滥收费用及合同违法行为进行重拳打击,以进一步打击侵害消费者合法权益违法行为,维护自由、公平的交易环境。执法人员对全县小区住户和各物业管理处展开调查时,发现至少有11家大型物业公司在管理小区物业中,强制为小区业主代收代缴水费,并在代收代缴水费过程中,违规超收水费。紫金县自来水有限责任公司定价普通用户用水为2.57元/方,而小区物业收取业主水费金额2.69元/方至3.00元/方不等,用于二次加压供水、设备维护或人工成本。而在其与业主签订的《物业管理协议》中,物业管理费已将上述服务包含在内,显然已经重复收费,对业主滥收费用。此外,物业公司还在格式合同里设置不平等的"霸王条款"。在调查中,多家小区物业负责人也承认了上述事实。

根据调查了解到的事实和证据,紫金县工商局依法责令涉及上述违法违规行为的物业公司立即改正违法违规行为,修改物业管理服务协议中存在的该条"霸王条款",并马上退回向业主违规超收的费用。

据统计,此次专项行动,紫金县工商局共检查物业管理处16处,检查各类合同48份,纠正涉嫌违法合同条款9份,发出责令改正通知书7份。目前,该局正加紧督促物业公司逐一向业主们退还超收费用。截至记者发稿时,已为小区业主挽回损失9万多元。

【案例分析】

业主属于"终端用户",物业服务公司以"二次供水"为由在政府定价之上擅自提高水价不合理。从技术层面来讲,"终端用户"是指安装和使用产品的最终用户,是经销商直接开发并进行售后服务的对象,终端用户概念使用范围极广,如电信、供电、供水、供气行业等。“二次供水”是指供水系统的传输管道,在输送压力不能直接将水输送到终端用户,而在传输管道中采用泵压等技术手段以保证水源满足终端用户用水需要的供水方式。简言之,“二次供水”是一种技术概念,一种特殊的供水措施。开发商可能因为偷工减料致使工程达不到供水标准,必须采用技术手段进行二次供水,此为不合理的二次供水,其水费高出政府定价部分应由开发商承担。对于达标建筑工程的合理性二次供水,其费用在实际操作中也各有所异:有供水企业承担的,也有物业服务公司承担的,还有小区二次供水用户分摊,甚或由小区全体用户分摊。从现有法律法规的规定来看,为了保持低楼层用户和高楼层用户的公平性,政府定价的城市居民用水终端价原则上应是同城同价,同网同价,无论是合理性二次供水,还是不合理的二次供水,业主作为终端用户,都不应该承担高出政府定价的水费。

从法律层面而言,实际上,自来水公司、物业服务公司和小区业主是一种受托人与委托人间的水费收缴代理关系,其中物业服务公司居于受托代理的地位,一方面代自来水公司履行供水义务、行使收费权利;另一方面代理小区业主履行交费义务。根据《物业管理条例》第44条的规定,具备向终端用户收取水费是自来水公司,物业服务公司只在委托代收的资格,而不具备经营的资格。我国城市供水是特许经营,物业服务公司不得超越经营范围进行“零售性”的供水经营。所以说,在案情1中物业服务公司超出政府定价擅自提高水价的行为不合理。从此意义上讲,一审、二审法院的判决有失妥当;而案情2中紫金县工商局的查处更是有力地说明了“二次供水”额外收费,没有法律依据,属于侵害业主合法权益的违法行为。

【相关法条链接】

《物业管理条例》第44条

《合同法》第60条、第130条

04 业主拖欠费用，物业服务公司无权强制停水

法律关系的成立与否应该以事实关系为基础。物业服务公司虽然未与业主委员会签订物业管理合同，但是其实际履行了物业管理职责的，应视为合同的履行，该物业公司具有物业管理职权，有权对小区的公共事项进行管理。但物业服务公司作为私法主体，其在管理过程中不具有公法上的职权，特别是对业主进行行政处罚的权力，在业主未履行相关义务时，物业服务公司可以向有权机关报告，但不能进行罚款、强制停水、停电等处罚措施，否则将构成侵权。

案　情①

家住英协大厦的黄某在向福田区法院递交的民事诉状中说，他从2002年4月开始与其他业主联系，准备成立业主委员会，被告英协房地产（深圳）有限公司百般阻挠。原告与其他业主先后到住宅、建设、工商等部门询问，得知被告没物业管理资格，属于非法经营。按照有关规定两个月不向业主公布账目，业主可停交管理费。因此，业主自发地在6月15日开会商议，暂停交纳管理费。由于水费是和管理费捆在一起的，自然影响了水费的交纳。原告的本意是借此促使被告改进服务质量，然而被告却于8月5日停了原告的水。请求法院判决被告的停水行为属于侵权，立即向原告恢复供

① 参见http://www.lawyee.net，2005年6月14日访问。

水，赔偿原告精神损失和经济损失共计每天 500 元，计至供水之日止。

被告英协房地产（深圳）有限公司答辩说，该公司自从 1994 年业主入住以来，因各种因素而使销售情况一直不好，大厦有 50% 的空置，因而无法找到愿意接管的物业服务公司，发展商长期以来补贴经营。即使如此，部分业主以成立业主委员会为名拒交物业管理费，使本来就亏损经营的管理处更加雪上加霜。更严重的是，大厦会因为未交管理费而陷入全面瘫痪状态。管理处是不得已才对欠费业主作出停水决定。福田区法院公开开庭审理了此案，并于近日审理终结作出一审判决。经审理查明，因该大厦一直没有成立业主委员会，由被告代行大厦的物业管理工作。2002 年 6 月起，原告等业主认为被告服务质量不好，拖欠物业管理费包括水费，双方产生矛盾。8 月 5 日，被告关闭了原告家的水闸。9 月 1 日，原告自行打开水闸。在庭审中，原告明确其诉讼请求每天 500 元包括精神损失 499 元和经济损失 1 元。

法院经审理认为，被告虽然不具有物业管理资格，但被告事实上对英协大厦进行了物业管理，应认定双方存在事实上的物业管理合同关系。原告购买了房屋，即享有正常使用房屋及其设施的权利。被告并非供水部门，其与业主之间是一种事实上的委托管理物业合同关系，双方的法律地位是平等的。被告如果认为原告等拖欠水费、管理费用，可通过平等协商、要求行政主管部门调解或通过诉讼程序等方式解决，无权以任何理由强行对原告采取停水措施，否则即构成侵权。被告在本案中强制对原告停水的行为侵害了原告正常使用财产的权利，应立即停止侵权行为。法院判决：被告应立即停止对原告居住房屋的侵权行为；被告赔偿原告经济损失 26 元。驳回原告的其他诉讼请求。案件受理费 100 元由被告负担。

【案例分析】

(1)物业服务企业虽然不具有物业管理资格,但事实上已对小区进行了物业管理,应认定存在事实上的物业管理合同关系。在本案中,开发商理应选聘具有物业管理资质的公司作为前期物业服务公司,但其委托了没有物业管理资格的英协房地产公司。从维护业主的利益考虑,物业服务公司虽然没有物业管理资格,但事实上已对小区进行了物业管理,应认定存在事实上的物业管理合同关系,负有正确履行其物业管理职责的义务。其如果因为疏忽大意未履行物业管理职责或履行不到位致使业主受损的,应承担责任。

(2)物业服务公司对于业主拖欠水费、管理费用擅自采取停水措施构成侵权。结合本案,业主因对物业管理服务不满意,拖欠水费、管理费用的,物业服务公司理应及时向有关行政管理部门报告,寻求妥善解决。但其擅自采取强制对业主停水的行为侵害了业主正常使用财产的权利,已构成了侵权,应立即停止。

处理锦囊

开发商应委托具有相应资质条件的物业服务公司进行物业管理。物业服务公司对于业主的不当行为,可通过平等协商、要求行政主管部门调解或通过诉讼程序等方式解决,无权以任何理由强行对业主采取停水停电措施进行处罚,否则即构成侵权。业主如果不满意物业管理服务,可以通过召开业主大会,重新选聘物业服务公司,而不能擅自采取过激措施,以免造成侵权,承担责任。

【相关法条链接】

《物业管理条例》第 35 条

《民法通则》第 106 条、第 117 条

05 物业服务公司无权强行收取装修配合费

在实践中,经常出现开发商和物业服务公司联合收取装修装饰保证金或配合费的情形。装修装饰保证金或配合费属于合同法的范畴,其是否收取、收取方式与额度,均应由业主和物业服务公司双方协商确定。目前没有相关法律法规明确规定物业服务公司对于业主的装修装饰行为收取装修管理费,物业服务公司为了便于管理,使业主在经济压力下减少违规装修装饰的发生,避免给物业服务公司及其他业主造成损害,可以和业主签订相关装修装饰管理合同,自行约定装修装饰配合费,但无权强行要求业主交纳,特别是应在业主遵守装饰约定之后原数退还,否则应承担相应的违约责任。

案　情①

韩蓓于2000年5月27日购买位于北京市朝阳区富成花园G区4座别墅一套,并承诺遵守《北京市富成花园别墅业主管理公约》,公约约定北京富成花园物业管理有限公司对富成花园进行物业管理,韩蓓应按每月每建筑平方米7.5元标准支付物业管理费。此外,富成花园物业公司按公约约定代收代缴水电气费用。

后富成花园物业公司因与韩蓓产生物业费用纠纷,诉至法院称韩蓓拖欠2001年11月至2002年6月11日的物业管理费及天然气费、水费、矿泉水费未付,经富成花园物业公司多次催讨仍拒绝支付,要求韩蓓支付2001年11月至2002年6月11日的物业管理费23,854.7元并支付滞纳金61,309.9元,支付天然气费3408.5元、水费150.3元、矿泉水费100元,并承担全部诉讼费。

---

① 李蔚林等:“物业公司收取装修配合费无法律依据”,载《人民法院报》2005年11月1日。

韩蓓辩称：欠物业管理费的事实存在，天然气费、水费及矿泉水费，我已经交给小区现任物业管理单位。我在入住后装修过程中，我所居住的房屋南侧 G5 号别墅因富成花园物业公司管理不善塌方，造成我家围墙及花园施工耽误将近 4 个月之久。我家房屋室内装修完成后，富成花园物业公司工程部人员对装修进行了验收，发现原房间内消防报警器在施工时被遗漏，由于装修工程已经做完无法连接至室内，我只得让装修队将消防报警器直接连接在车库消防控制箱上。在我入住后发现屋内中央空调风量很小，找富成花园物业公司维修，该公司经检查后答复为室内回风口小且顶内帆布风管连接处造成回风不畅所致，后经富成花园物业公司再次检查发现空调室外进风在装修建设时存在问题，且二次施工修整后回顶子风带有尘土，影响空调主机的寿命。后富成花园物业公司认定是工程部工作失误并由工程部进行了维修，维修后噪声和回风问题仍未解决。因此，我告知富成花园物业公司只有在上述问题解决后才能交纳物业管理费等费用，但至今问题仍未解决。此外，富成花园物业公司在管理小区期间，管理混乱，不负责任，小区内私搭乱建严重，信件时有丢失，车辆管理松懈，现已被达文物业公司取代。基于上述理由，我不同意物业公司的诉讼请求并提起反诉，要求富成花园物业公司返还管理费按金 9714.60 元，装修配合费 4002.74 元、维修费 233 元，诉讼费由富成花园物业公司负担。

富成物业公司对韩蓓的反诉辩称：韩蓓交纳的管理费按金相当于保证金性质，即在韩蓓没有按期交纳管理费时以管理费按金补足。对于收取的装修配合费系根据管理规约施工管理规定部分第 5 条向装修单位收取的，交费方式是由韩蓓家负责装修的施工单位保信公司二大队在施工前以支票形式支付 20,000 元，施工完毕扣除装修配合费 4002.74 元后已将剩余款项退还施工单位，并非是向韩蓓收取的，此外，韩蓓所述中央空调发生的问题与本公司无关，请求驳回韩蓓的反诉请求。

法院经审理认为：韩蓓交纳装修配合费的行为应视为韩蓓自愿代替装修单位履行，现韩蓓要求退还装修配合费不予支持。韩蓓已给付富成花园物业公司的物业管理费按9714.60元冲抵部分管理费，不应退还。韩蓓要求富成花园物业公司返还维修费依据不足，亦不予支持。朝阳区法院于2004年9月判决：(1)韩蓓于判决生效后7日内给付北京富成花园物业管理有限公司2001年11月至2002年6月物业管理费23,854.7元、天然气费3408.5元、水费150.3元、矿泉水费100元。(2)韩蓓给付北京富成花园物业管理有限公司拖欠物业管理费23,854.7元的滞纳金(滞纳金按每日万分之二点一计算，自2002年6月12日起至实际付清之日止)。(3)驳回韩蓓的反诉请求。

判决后，韩蓓不服，提起上诉，认为不存在拖欠费用问题，同时，认为富成花园物业公司应退还其装修配合费4002.74元。

二审中，原、被告双方同意用韩蓓已交付的物业费、电费、水费、天然气费押金冲抵韩蓓部分物业欠费。

二审法院认为：富成花园物业公司与韩蓓之间曾存在物业管理合同关系，富成花园物业公司为韩蓓提供了物业管理服务，韩蓓应支付相应的费用。富成花园物业公司与韩蓓均同意以韩蓓已交纳的费用押金冲抵韩蓓所欠的部分物业费，应予准许，原审判决确认的物业管理费欠费数额中没有核减韩蓓已付按金，判决不当，予以变更。韩蓓按照该小区物业管理委员会的通知，在富成花园物业公司审计完毕前，将水费、天然气费、矿泉水费交给物业管理委员会统一管理的行为，不属故意拖欠。因上述能源费的交付涉及小区前后两个物业公司财务交接问题，现由小区物业管理委员会统一保管的欠费，富成花园物业公司应与物业管理委员会及续任物业公司协调解决，本案不宜处理。综合本案欠费发生的背景及欠费的数额，韩蓓未按时交纳物业费系有一定的客观原因，不属恶意拖欠性质，因此，对于富成花园物业公司要求给付欠费滞纳金的请求，不予支持。此外，富成花园物业公司收取韩蓓装修配合费没有法律依据，韩蓓装修完毕后，富成花园应将该款退还。

遂判决：韩蓓于判决生效后7日内给付北京富成花园物业管理有限公司2001年11月至2002年6月物业管理费13,630.10元；北京富成花园物业管理有限公司于判决生效后7日内退还韩蓓装修配合费4002.74元；驳回北京富成花园物业管理有限公司的其他诉讼请求；驳回韩蓓的其他反诉请求。

【案例分析】

目前没有相关法律法规明确规定物业服务公司对于业主的装修装饰行为收取装修管理费，物业服务公司没有法定权利收取装修装潢保证金。但物业服务公司可以在与业主协商一致的基础上，以合同的方式收取装修装潢保证金。本案中，物业服务公司未经业主同意，强行收取保证金的行为，应当承担相应的法律责任，将业主交纳的保证金原数退还。

处理锦囊

物业服务公司应遵守相关的房屋管理法律法规的规定和物业管理公约的约定，无权强行要求（特别是无权和开发商联合起来强行要求）业主交纳装修装饰保证金或配合费或管理费，可以基于物业管理的目的，和业主签订相应的装修装饰管理合同，自行约定相关装修装饰保证金或配合费或管理费事宜，特别是在业主没有违反装修装饰管理约定之后，应原数退还，而不得以各种理由扣留或未经业主同意冲抵物业管理费，否则应承担违约责任。

【相关法条链接】

《物业管理条例》第35条

06 业主对于物业服务公司的事实管理行为应当依法交纳物业费

合同作为规范当事人双方权利义务关系的载体，属于法律行为的一种，其成立的形式包括口头、书面、电子等。对于一些重要的合同，法律明文规定必须或应该采用书面形式。但实践中很多时候，双方已经履行了权利义务，但是没有签订书面的合同。对于这样的情况，不能一概认为双方不存在合同关系。我国《合同法》第36条规定："法律、行政法规规定或者当事人约定采用书面形式订立合同，当事人未采用书面形式但一方已经履行主要义务，对方接受的，该合同成立。"

案　情①

秦某于1996年11月入住某小区1号楼8门203号。该住宅原由某房地产开发公司物业管理部负责管理，1998年4月该物业管理部更名并成立现物业管理中心，即本案原告。该房地产开发公司将包括被告住宅在内的小区物业移交给原告。移交后原、被告未签订物业管理协议书。被告自1999年1月起未交纳物业管理费。原告诉至法院。被告辩称，双方未签订物业管理协议书，不应交纳物业管理费。

法院经审理认为：原告对被告住宅小区内房屋建筑及附属配套

① 参见http://www.lawyee.net，2005年6月14日访问。

设施、场地、周围环境、清洁卫生、安全保卫、公共绿化、道路等进行统一的维修和服务活动，双方虽没有签订书面的委托管理合同，但被告事实上接受了原告的服务，双方已经形成了事实上的合同关系，被告应履行交纳服务费的义务。遂判决，被告给付原告1999年1月至2000年9月物业综合服务费337.44元。

【案例分析】

对于物业服务公司的事实物业管理行为，业主应当依法交纳物业管理费。本案中，被告履行了服务的义务，原告并未明确表示反对，应当视为原告接受了被告履行的义务，双方之间成立委托管理合同。开发商物业管理部负责管理小区物业，后更名并成立现物业管理中心，并获得开发商移交的物业管理权，虽然没有签订新的物业管理服务合同，但物业服务公司一直提供合格的物业管理服务，业主也接受其物业服务，其已形成事实上的物业管理关系，符合法律的相关规定，业主应依法向物业服务公司交纳相关的物业管理费。

处理锦囊

在实践中，只要物业服务公司提供了合格的物业管理服务，接受物业管理服务的业主就应该承担交纳物业管理费的义务。单个或部分业主不能以其未与物业服务公司签订物业管理服务合同为由，拒绝物业服务公司的服务，并拒绝交纳物业管理费。

【相关法条链接】

《合同法》第36条

07 物业管理服务合同没有明确收费标准，物业服务公司无权自行提高收费

确定物业服务收费标准的依据主要是政府部门的有关管理法规或文件以及双方签订的《物业管理服务合同》，在双方没有明确约定的情况下，其物业管理服务达到一定优秀标准并经有关机关予以认定后才可提高物业管理费水平，否则物业服务公司单方提高收费的行为将构成违约。

案　情[①]

欧陆经典万兴苑这 201 户最早的是在 2000 年 7 月搬进来的，因为是滚动开发，当时小区里还有好几处施工工地，花园也没有建好。直到现在，他们的门禁系统都没有安装，可是物业公司却从一开始就收取了包括绿化费、智能化系统维护费等 15 项费用。这 15 项费用大部分都超出了北京市物价局相关文件规定的标准，比如电梯费、保安费等。

从 2002 年年初开始业主们对物业公司收取的每平方米 3.15 元/月的物业费表示怀疑。物业收费超出了相关规定而怀疑的初始，在于物业公司当时提供的一份有关物业费用具体明细表。比如电梯费，国家规定的是每栋楼按照自有电梯数量单独核算，楼的层数不一样费用也不一样。可是中海物业却将全小区包括 26 层、22 层和 14 层的楼的面积全部摊开平均计算，这样一来很多业主尤其是房间面积大的业主会多交很多费用。再比如公共电视天线费，196 号文件规定的是按户收取，可物业公司却用一种计算公式将其按每平方米进行收费，使原本应该每户每月 1.66 元的费用变成每

① 参见 http://www.lawyee.net，2005 年 6 月 14 日访问。

平方米每月0.33元。那么如果一户人家房间面积为100平方米，他就要每个月交1.8元，而参加诉讼的业主买的房子大多是大户型。业主与小区物业分歧的另一个焦点，在于中海物业将整个万兴苑小区楼盘的物业费全部按北京市优秀管理小区收取，这样物业管理费可以上涨10%至25%。实际上欧陆经典只有被称为南苑的1号楼和2号楼才获得优秀小区的资质。

法院认为：被告将不在该范围内居住的原告的物业费标准一并提高25%，实为搭车涨价，于是判决被告将超标准多收的物业费260元至5000元不等分别退还给原告。

【案例分析】

物业服务公司无权擅自提高没有达到优秀管理居住小区的物业管理费。确定物业服务收费标准的依据主要是政府部门的有关管理法规或文件以及双方签订的《物业管理服务合同》，本案的业主与物业服务公司因为物业管理费发生的纠纷，根源在于双方在《物业管理服务合同》中没有就物业服务收费标准作出明确的约定。根据北京市物价局的有关批复，如果被评为市级优秀管理居住小区，在两年内管理费可在规定标准基础上上浮10%～25%。但物业服务公司擅自将非获评市级优秀管理居住小区的小区物业管理费按上浮幅度进行涨价，是违反了相关文件的规定的，业主有权拒交，或要求退还多交纳的物业管理费。

【相关法条链接】

《物业管理条例》第40条

《合同法》第77条

08 原物业管理服务合同期满没有续签，业主接受服务应当交费

根据我国《合同法》第36条的规定，当合同的一方或双方以自己的实际行为履行了合同的主要义务，对方又予以接受的，即使双方还未在合同上签字盖章，也应视为合同已成立。因此，在物业管理合同期限届满之后，即使业主与物业服务公司没有续签，但只要业主实际接受了物业管理服务，就应该按照合同的约定交纳相应的物业管理费。

案　情[①]

2001年9月，这个小区的业主委员会与房产公司签订《委托物业管理服务合同》，委托该房产公司对小区的物业进行管理。双方在服务合同中约定：委托管理期限自2000年12月起至2002年11月止；物业管理费按季向业主收取，业主逾期交纳物业管理费的，可从逾期之日起按应缴费用的千分之三按日加收滞纳金。此外合同还对管理事项、违约责任、物业管理服务要求标准等内容均作了约定。

合同生效后，房产公司开始按约履行管理义务。毛先生在入住小区后，自2003年6月起至2005年6月未按约支付物业管理费，房产公司向毛先生发出催付通知后，毛先生仍未付款。房产公司遂向法院提起诉讼，要求毛先生偿付拖欠的物业管理费并偿付滞纳金。房产公司还向法院提供了向毛先生催讨物业管理费的挂号信凭证，证明曾向毛先生催讨过物业管理费。

毛先生则认为，房产公司与业委会签订的服务合同已经到期，

---

① 参见 http://www.lawyee.net，2005年6月14日访问。

合同已没有效力，不愿偿付房产公司要求的物业管理费。毛先生向法院提供了一张邮政汇款单，证明自己已支付2005年1月到10月的物业管理费用。法院查明，2001年9月，业主委员会与房产公司签订的《委托物业管理服务合同》到期后，业主委员会拟通过招投标形式重新选任新的物业服务公司，但一直未能顺利进行，目前房产公司仍是小区的物业管理部门，仍然在按照原《委托物业管理服务合同》的约定进行管理。

法院认为：合同的期限虽然已经届满，但业主委员会没有选出新的物业管理部门，也没有订立新的物业服务合同，房产公司作为小区的物业管理部门以原合同的标准对小区物业进行管理，应视作双方对原合同的顺延。毛先生作为该小区的业主，在享受房产公司提供的服务后，理应按约支付物业管理费，逾期付款的应按合同约定的标准偿付滞纳金。毛先生在审理过程中通过邮政汇款方式支付了2005年1月到10月的物业管理费2888元，扣除这部分费用后，法院依法判决毛先生于判决生效之日起10日内，支付拖欠的2003年6月到2004年12月的物业管理费5000余元及滞纳金6000余元。

【案例分析】

本案的原物业管理服务合同虽已到期，但业主委员会没有聘用新的物业服务公司，并继续接受原物业服务公司提供的服务，因此，原已到期的物业管理服务合同可以认为是已拟定、待签署的合同，物业服务公司继续依法依约提供物业管理服务，业主也接受了其服务的，应该认定原物业服务公司与小区之间的物业管理服务关系成立，业主应及时履行交纳物业管理费的义务。

处理锦囊

在实践中，原物业管理服务合同已到期，只要业主委员会没有聘用新的物业服务公司，并继续接受原物业服务公司提供的合格服务时，接受服务的业主就应该承担交纳物业管理费的义务。单个或部分业主不能以其未与物业服务公司签订物业管理服务合同为由，拒绝物业服务公司的服务，并拒绝交纳物业管理费。

【相关法条链接】

《合同法》第 35 条

09 业主拖欠物业服务费时，物业服务公司可以不为其提供物业服务

《合同法》第 66 条规定，当事人互负债务，没有先后履行顺序的，应当同时履行。一方在对方履行之前有权拒绝其履行要求。一方在对方履行债务不符合约定时，有权拒绝其相应的履行要求。物业服务合同是双务合同，物业服务公司有提供物业服务的义务，业主有缴纳物业费的义务。任何一方不履行合同的主要义务都构成违约，相对方当然有权不再履行合同义务。因此，业主拖欠物业费时，物业公司不但可以不再为其提供物业服务，也可以解除双方的物业服务合同。实践中需注意的是物业公司停止物业服务的界限，因为物业服务内容中有很大一部分涉及业主公共利益，比如垃圾清运、照明、电梯运营等服务，物业公司在对违约业主暂停物业服务时，可以暂停对该业主个人部分的服务内容，但不能影响其他守约业主的利益，尤其是公共设施的服务必须照常进行。同样地，对于

与业委会签订物业合同的物业公司，也不得以某一部分业主违约为由要求与业委会整体解除物业服务合同。

【相关法条链接】

《合同法》第66条

Chapter.6

第六章　车辆管理纠纷

一、车位纠纷

01 业主车位常被占，物业服务公司应当承担责任

物业服务公司作为小区内物业服务主体，应该按照法律法规的规定和物业管理合同的约定履行相关的维护和管理义务。其中，物业服务公司对业主车位负有统一、有序管理的职责，因怠于履行管理职责致使业主车位常被占应承担相应的责任。

案　情[①]

2002 年 7 月，上海一小区的业主杜先生与其居住的小区房地产开发经营公司签订了一份车位协议，约定小区内一个车位的使用权以人民币 5 万元转让给杜先生，使用期自杜先生付清转让金之日起，使用期限 68 年，物业管理费暂定每月人民币 50 元。

2003 年，杜先生发现该车位常常被他人车辆占用。杜先生多次要求物业公司加强管理，但物业公司未予理睬。杜先生只得向业主委员会反映车位被占情况，请业主委员会证明车位被占的事实，但是事情仍然得不到解决。无奈的杜先生只好向法院起诉物业公司，要求物业公司承担责任。

物业公司在法庭上辩称，物业公司本身没有占用杜先生的私人车位。车位买卖合同是杜先生和开发商签订的，不属于物业公司的管理范围。因此，不同意承担责任。

法院审理后认为：车位使用权虽属杜先生享有，但车位是在小

① 杨金志、黄懿清："业主买下的车位却经常被占用，卢湾法院：物业公司应赔偿"，载《人民法院报》2006 年 1 月 5 日。

区内，属小区公共配套设施，根据物业管理条例规定，一个物业管理区域只能由一个物业服务企业进行物业管理，停车车位必须与小区其他物业统一、有序地进行管理。因此，物业公司关于杜先生的车位不属于物业公司管理范围之辩称理由不能成立，物业公司有权利也有义务对杜先生的车位进行管理，并收取费用。判决物业公司承担责任。

【案例分析】

本案中，车位买卖合同虽是业主和开发商签订的，但约定了车位使用权转让及物业管理费，因此，车位属小区公共配套设施，物业服务公司有权利也有义务对业主拥有的车位进行管理，并收取费用。对于业主的车位，物业服务公司应承担相应的管理、服务职能，有义务排除妨碍。物业服务公司因怠于履行管理服务职能，致使业主车位经常被占用，应承担相应的责任。

处理锦囊

物业服务公司应遵守相关房屋管理法律法规的规定和物业管理公约的约定，对小区公共配套设施负有统一、有序管理的职责，对于业主享有使用权的车位，负有相应的管理、服务职能，有义务排除妨碍。物业服务公司因怠于履行管理服务职责，致使业主车位常被他人占用的，应承担相应的责任。

【相关法条链接】

《物业管理条例》第35条

《合同法》第107条

02 业主擅自改变车位造成损失，物业服务公司不需负责

物业服务公司作为物业服务主体,有义务按照物业管理合同的约定对小区内车辆进行统一、妥善的管理。同时,业主作为物业服务合同的另一方当事人,也有义务按照合同约定的地点、时间停放车辆,否则造成的损失物业服务公司不负责任。

案　情[①]

2002 年 1 月,王先生向回龙观云趣园小区交纳 150 元停车费后,将车停进该小区。3 月 12 日晚 9 时,王先生开车回家,没将车停在指定车位,而是将车停放在该小区 20 号楼东侧附近的小区道路边。第二天早晨,他发现自己的车没了。物业公司认为,王先生每月交纳的 150 元是车位租用费,而不是保管费。双方充其量形成了租赁关系,而非保管关系,物业公司不负有对该车的保管义务。同时该车主并未按要求使用车位,而是违反双方约定及物业管理规定,随意停放车辆,该车丢失与物业公司的管理职责无关。

法院经审理认为:王先生应在物业公司指定的车位上停放车辆,物业公司应对停放在固定车位上的车辆负有保管义务。王先生在丢车当晚未将车辆停放在指定的车位,而是停放在他处,致使该车脱离了物业公司的保管范围,物业公司对停放在他处的车辆,不应负有管理义务。北京市第一中级人民法院判决王先生对其擅自改变车位而造成的损失,应自行负担。

【案例分析】

物业服务公司对于业主擅自改变指定车位,停放他处造成的车辆丢失,不承担责任。物业服务公司与业主签订了物业管理服务合

---

① 参见 http://www. lawyee. net,2005 年 6 月 14 日访问。

同，业主交纳了物业管理费和停车费，二者之间形成了保管合同法律关系，物业服务公司应对指定范围的车辆负有保管义务。但是，本案中，业主未将车辆停放在指定的车位，而是停放在他处，致使该车脱离了物业服务公司的保管范围，物业服务公司对停放在他处的车辆，不应承担管理义务，所以业主丢失车辆责任自负。

处理锦囊

业主在与物业服务公司签订相应的物业管理服务合同或停车服务协议的时候，应明确双方的权利义务范围。业主应遵守相关房产管理法律法规的规定和物业管理服务合同或停车服务协议的约定，按照协议的要求合理放置财产或车辆，不应随意改变保管场所或者方法，否则，对于超出物业服务公司的保管范围的财产或车辆丢失或毁损的，物业服务公司不承担相应的法律责任。不过，物业服务公司从提高物业管理水平，减少此类纠纷的角度，可在醒目的地方张贴告示或标牌，提醒业主将车辆停放于指定场所，以防车辆丢失。

【相关法条链接】

《合同法》第 107 条

03 业主交纳了停车场地使用费，并非直接与物业服务公司构成保管合同关系

根据《合同法》的相关规定，保管合同成立必须具备两大条件：一是当事人双方需要对保管事宜达成一致的意思表示。业主与物业服务公司之间就车辆保管达成一致的形式主要有，业主和物业服务公司单独书面签订了车辆保管合同，或在物业管理服务合同中订

立了详细的关于车辆保管的约定，或物业服务公司在所提供的场地上设置有包含对车辆进行保管意思的标识。二是需要交付保管物。业主或使用人应将车辆停放于物业服务公司指定的场所内，未经物业服务公司允许不得随意将车辆开出停放场地。只有以上两个条件同时具备，业主与物业服务公司之间才成立车辆的保管合同关系。

案　情[①]

2002 年 1 月 10 日上午，邹某驾驶轿车回家并将其停放在所居住的小区内其固定的停车位上。待处理完事务意欲出行时，邹某不禁大惊失色，车子不翼而飞了。车子好端端地停在小区，大白天竟然遭窃，邹某认为小区物业公司负有不可推卸的责任。物业公司既已收取其所交纳的本月停车费 100 元，却未尽到管理之责，于是一纸诉状将物业公司告上法庭，要求其赔偿除去保险公司理赔部分以外的各类损失共 52,873 元。而物业公司则认为事不关己，其虽然向邹某发放了停车证，但双方间并未形成保管关系。停车证背面赫然明确停车费性质是场地使用费，与车辆管理无关。

法院经审理认为：双方通过“停车证”体现出一致的意思表示为驾驶员负有按指定位置停车，和按时交纳停车费的义务，物业公司收费后有义务为驾驶员提供固定车位，但这种停车管理与保管车辆无关。物业公司主观上无替邹某保管车辆的意思表示，客观上邹某也未将车辆交付物业公司管理，车子进入小区后移动与否并不受物业公司的控制，而车辆何时由何人驾驶出小区物业公司更无法控制，因此双方之间不存在保管合同关系，物业公司对被窃车辆并不负有保管义务。诉讼中，邹某亦未提供充分有效的证据以证明物业

---

① 参见 http://www.lawyee.net，2005 年 6 月 14 日访问。

公司存在过错,故其要求物业公司承担赔偿责任缺乏依据。上海市闵行区人民法院判决驳回了邹某的诉讼请求。

【案例分析】

在本案中,业主与物业服务公司之间是否构成车辆保管合同关系是争议的焦点。因为如果成立了车辆保管合同关系,物业服务公司存在保管不善的情况,业主就可以主张物业服务公司承担赔偿责任。结合本案,双方通过"停车证"体现出一致的意思表示为驾驶员负有按指定位置停车和按时交纳停车费的义务,物业服务公司收费后有义务为驾驶员提供固定车位,但这种停车管理与保管车辆无关。物业服务公司主观上无替业主保管车辆的意思表示,客观上业主也未将车辆交付物业公司管理。因此,双方未形成车辆保管合同关系,物业服务公司对于业主的车辆丢失不承担法律责任。

处理锦囊

物业服务公司和业主都应充分重视并谨慎遵守物业管理服务合同中有关停车管理服务的合同条款的约定,明确双方的具体权利义务范围,杜绝模糊用语。物业服务公司应根据自己的管理能力,结合小区的具体情况与业主签订物业管理服务合同,并依法依约履行自己的职责,而不能擅自夸大能力而达不到要求。业主应加强自身财产安全防范措施,购买各类保险,并在物业管理服务合同或停车服务协议中,明确财产或车辆的保管关系,交纳相关费用,以免财产受损得不到赔偿。

【相关法条链接】

《合同法》第365条

04 业主车位被人占，停放他处受损失，物业服务公司承担部分责任

业主与物业服务公司双方应签订明确双方权利义务范围的物业管理服务合同或停车服务协议,并应严格遵守相关房产管理法律法规的规定和物业管理服务合同或停车服务协议的约定,按照协议的要求合理放置财产或车辆,不应随意改变保管场所或者方法,否则对于超出物业服务公司的保管范围的财产或车辆丢失或毁损的,物业服务公司不承担相应的法律责任。业主应谨慎管理自己的车位,及时上锁,如果发现他人占领自己车位的,应及时向物业服务公司反映,并让其排除妨碍,而不能随意将车停放他处。物业服务公司应根据业主的反映,及时让他人将车开出所占车位,为其排除妨碍,以免业主车辆停放他处受损承担管理疏漏的赔偿责任。

案　情[①]

张女士是北京市朝阳区华威北里25楼的业主。2004年6月,张女士驾车外出,当时忘了锁其固定车位,当她返回时,发现其固定车位已被他人车辆占用,张女士要求小区保安寻找该车司机,把车挪走。但保安未能找到。

无奈之下的张女士只好将其奔驰车停放在该小区25楼楼旁南侧,次日早晨,张女士发现车顶部落有一玩具车模,车顶被砸两坑。张女士找到其所在的北京通润物业管理有限公司,要求修车,但被拒绝。后双方对簿公堂。

庭审中,被告物业公司辩称,张女士停车处为消防通道,禁止停车,且保安曾劝阻张女士不要在此处停车,但未能举证证明。后经

① 参见 http://www.lawyee.net,2005年6月14日访问。

法院现场勘验，该处并无禁停标志。

法院认为：在物业管理区域内，他人侵权造成业主人身或财产损害，受害人起诉要求物业服务企业赔偿损失的，应根据物业服务企业是否履行了保安职责或履行保安职责是否存在过错，确定物业服务企业应否承担相应责任。本案中，张女士未给自己的固定车位上锁，给他人占用其车位创造了便利条件，致使其自有车辆无法停放于固定车位，该行为与损害后果的发生有一定因果关系；被告物业公司履行物业管理职责时，存在疏漏，其失职行为与车辆损坏后果的发生亦有一定因果关系。因此，原、被告应均担民事责任。法院判决物业公司赔偿其汽车修理费2250元。

【案例分析】

物业服务公司有义务对小区内的公共场所和设施进行维护和管理，如果其未尽到管理义务而给业主造成损失的，物业服务公司应该承担损害赔偿责任。在本案中，张女士未给自己的固定车位上锁，给他人占用其车位创造了便利条件，致使其自有车辆无法停放于固定车位；物业公司管理存在疏漏，对张女士的车辆损害也应承担部分责任。

【相关法条链接】

《物业管理条例》第35条

《合同法》第107条

《民法通则》第131条

05 签订租用停车位合同，物业服务公司对业主车辆负有安全保障义务

我国《物业管理条例》第35条规定："物业服务企业应当按照

物业服务合同的约定,提供相应的服务。物业服务企业未能履行物业服务合同的约定,导致业主人身、财产安全受到损害的,应当依法承担相应的法律责任。"因此,物业服务公司对小区内的车辆、车位具有统一管理、妥善保管的职责,因其怠于履行安全保障义务而使业主的车辆发生损失的,物业服务公司应该承担损害赔偿责任。

案　情①

2003 年 7 月 17 日,苏州的郭先生购买了一辆二手桑塔纳汽车。第二天当他出小区大门时,门卫告诉如果车子要停在小区内,必须向物业公司租停车位并交停车费。门卫还拿出了一张打印好的填充式《租用停车位合同》,内容大致为"由其租用 21 号车位并每月交纳 40 元租金,车主应主动配合小区物业管理工作,而物业公司有责任协助乙方停车位不被他人占用或破坏,但仅提供停车位场地,不承担停车车辆的任何保管和保险义务。"郭先生觉得把车子放在停车场会比较安全,于是在合同上签下了名字,同时按约定交纳了半年的费用共 240 元,物业公司出具了机动车停车发票。两个月后的 2003 年 9 月 24 日下午,他像往常一样去停车,发现车位被一辆白色面包车占用了。郭先生因找不到面包车的车主,也找不到小区保安前来处理,无奈只得把自己的车子停在旁边。第二天早晨他准备驾车上班时,发现自己的汽车不翼而飞!郭先生当即向公安机关报了案,民警赶来勘查现场并作了一些调查,发现小区门卫没有对进出车辆进行登记记录,小区电动门也坏了。眼看通过公安机关查找失窃车辆的希望渺茫,郭先生就向物业公司提出赔偿要求。物业公司说自己只是提供停车场地,对停放的车辆没有看管义务。不甘心的郭先生遂将物业公司告上了法院。郭先生坚持认为,自己与被

① 参见 http://www.lawyee.net,2005 年 6 月 14 日访问。

告形成了物业管理合同和车辆保管合同关系。依据是被告在停车场的公示牌上明确告示“一车一票，凭票取车，凭票赔偿”并向其收取停车费。至于《租用停车位合同》中的赔偿条款——物业公司“仅提供停车位场地，不承担停车车辆的任何保管和保险义务”的内容是格式条款，签订时未明示，且与公示牌内容冲突，格式条款出现争议，要作出不利于提供方的解释。

物业公司则认为，双方建立的不是保管合同关系，只是一个租用停车位的合同。理由之一是从合同的形式要件看，业主委员会与其签订的物业管理委托合同中约定，对车辆的管理为交通与车辆停放的管理，使车辆停放有序，而没有其保管车辆并承担车辆丢失赔偿责任的内容。其次双方签订的《租用停车位合同》也明确被告不承担所停放车辆的任何保管和保险责任。理由之二是从合同的实质要件看，保管合同是保管人保管寄存人交付的保管物，并返回该物的合同，保管合同自保管物交付时成立。而事实是郭先生自租用车位后任何时间都可以自由停放，不需要向被告履行交付和提取手续，包括丢车当晚的停、取车也同样没有与被告办理交付手续。其与郭先生之间是车位租赁关系，其应承担的义务是保障停车秩序，保证郭先生的车位不被他人破坏和占用。既然没有保管义务，那么对汽车的失窃不该承担赔偿责任。

针对物业公司对小区停车管理这一问题，市物价局、公安局、房管局曾联合发出文件。小区公共场地的产权是业主共有的，物业公司无权出租。他们只是划出一定的场地进行停车看管服务，规范小区的秩序。市物价局批给的是停车服务收费，不是租用车位的费用。

物业公司则认为，上述文件明确允许长期租用停车车位，是存在租用场地的，是由业主将公共部位交给物业公司，物业公司有出租权。只是收取的费用应该归业主。为此物业公司提供了当时其要求对小区车辆实行停车管理并收取车位场地使用费以及获得业主委员会同意的报告。同时物业公司也承认收取的费用没有交付业主而是贴补了公司亏损,但这也是业主委员会同意的。

郭先生认为,物业公司在小区停车场设立的告示牌是对公众的一种明确告示,是对自己义务的一种承诺,自己也是看了公示牌的内容去停车交费的,被告理应按公示牌承诺对丢失车辆赔偿。

物业公司则表示,该公示牌是工商部门统一制作,统一规格的,是被告购买的,凡设停车场的单位必须设置,具有普遍性,并非被告所作告示。并且"一票一车,凭票取车,凭票赔偿"是针对临时停车而言,不针对长期租用车位的情况。公示牌只是收费标准,而收费是根据双方签订的租用车位协议而非公示牌。

2003 年 12 月 9 日,法院对该案公开审理。

法院认为:双方的物业管理服务合同关系中,被告就负有对小区公共秩序和小区业主财产的安全防范义务,双方建立的停车服务合同关系,更使被告对原告的车辆负有一定的安全保障义务。2003 年 9 月 24 日至 25 日,被告并未按管理规定对小区的进出车辆和停车场停车进行登记,对进出小区的车辆没有尽到安全检查义务,对原告的 21 号车位被他人车辆占用也未进行管理,被告的上述行为系违反双方停车服务合同义务的行为。由于被告未切实履行其对原告车辆的停车服务职责尤其是安全保障义务,是造成原告车辆在小区内失窃的原因之一,被告应对原告失窃车辆造成的损失承担赔偿责任。考虑被告的过错程度以及原告交纳物业管理费和停车服务费的金额等因素,以车辆损失价值的 30% 为计算依据。2004 年 1 月 12 日,一审法院据此判决:被告应赔偿原告损失人民币 29,335 元。

【案例分析】

本案中,业主与物业服务公司签订物业管理服务合同,被告物业服务公司负有对小区公共秩序和小区业主财产的安全防范义务。在物业管理合同基础上,双方签订车辆保管合同,使被告对原告的车辆负有一定的安全保障义务。但是,本案被告未履行相应安全保障义务,使原告的车辆在小区内受损,物业服务公司应该承担相应的损害赔偿责任。

处理锦囊

物业服务公司和业主都应充分重视并谨慎遵守物业管理服务合同中有关停车管理服务的合同条款的约定,明确双方的具体权利义务范围,杜绝模糊用语。小区公共场地的产权是业主共有的,物业服务公司无权出租,即使其划出一定的场地进行停车看管服务,收取的费用也应该归业主。物业服务公司应该对小区的进出车辆和停车场停车进行登记,以尽到安全检查义务。业主也应加强自身的财产安全防范措施,及时购买各种保险,以防患于未然。

【相关法条链接】

《物业管理条例》第 35 条

《合同法》第 107 条

06 物业服务公司无权在小区楼间空地划出车位出租

业主作为建筑物区分所有权人,其权利具体由三部分组成:业主对自有房屋的专有权,对公共地区、公共设施的共有权,以及对小区进行管理的成员权。根据《物权法》第 74 条第 3 款的规定:“占用业主共有的道路或者其他场地用于停放汽车的车位,属于业主共有。”非经业主同意,物业服务公司无权将小区楼间空地划出车位出租。

案　情①

原告胡先生系顺义区某小区业主。被告某物业服务公司系该小区的物业管理单位。2005 年,在未经过小区业主委员会及业主大会同意的情况下,被告单方决定在小区内道路和楼间空地上划分车位,出租给区内业主,收取泊位租金,每车位年租金 960 元。3 月 18 日,被告在小区内张贴通知,要求办理 2005 年停车泊位租用协议,对于不办理此项协议的车辆,保安人员拒绝放行。4 月 1 日,原告迫于无奈与被告签订了停车泊位租用协议,并交纳了停车费 960 元。

原告认为,被告在没有任何有关此项收费的法律依据及有关主管部门对园区停车泊位协议收费批准手续的情况下,采取强制胁迫手段迫使原告签署的协议严重侵犯了原告的权益。故向法院提起诉讼,要求依法确认原、被告所签租用协议无效;被告返还原告非法收取的停车费 960 元,赔偿误工费 300 元。

法院认为:被告在未经小区业主委员会或业主大会同意的情况下,擅自在园区内划分车位,并将车位出租给区内业主收取泊位租金,该行为没有法律依据。被告以限制业主车辆通行的方法强迫业主与其签订《停车泊位租用协议》,侵犯了业主的权利。原告与被告签订协议系无效合同,被告应将收取原告的泊位租金返还给原告。据此,北京市顺义区人民法院判决原告胡先生与被告某物业服务公司所签《停车泊位租用协议》无效;被告将收取的停车费 960 元

---

① 参见 http://www. lawyee. net,2005 年 6 月 14 日访问。

返还给原告胡先生。

【案例分析】

根据我国《物权法》第74条第3款的规定:“占用业主共有的道路或者其他场地用于停放汽车的车位,属于业主共有。”本案中,被告物业服务公司在未经小区业主委员会或业主大会同意的情况下,擅自在园区内划分车位,并将车位出租给区内业主收取泊位租金,该行为侵害了全体业主的共有所有权,其出租行为无效。因出租而取得的租金,应该返还全体业主。

处理锦囊

物业服务公司应遵守相关房产管理法律法规的规定和物业管理服务合同的约定,未经小区业主委员会或业主大会同意,不得擅自改变小区公共建筑和共用设施的用途。物业服务公司利用物业共用部位、共用设施设备进行经营的,也应征得相关业主或业主大会或业主委员会的同意,办理相关手续。物业服务公司不得采取不合理手段强迫业主签订各种不平等的协议,侵害业主权益,这些都有可能在法律上被判决无效而承担责任。

【相关法条链接】

《物权法》第74条第3款

《物业管理条例》第49条、第54条

二、车辆丢失、毁损纠纷

01 高空坠物砸车，物业公司巧妙取证免责

物业服务公司作为小区内物业服务主体,其有义务按照法律法规的规定和物业管理合同的约定,对小区内的公共场所、公共设备进行维护和管理,因其疏于管理而发生的损害,物业服务公司应该承担损害赔偿责任。同时,如果物业服务公司尽到了管理职责,则其对损害的发生不存在过错,不需要承担侵权责任。

案　情

2007 年 8 月 7 日,车主李某将其小轿车停放于 A 大厦停车场,后发现车被高空坠物砸坏车头盖板。李某找到该大厦管理处的保安,保安称其为邻近正在施工的 B 大厦坠落的瓷片所砸,并带李某查看现场。现场为 B 大厦外墙正在拆卸脚手架和防护网,不时有坠物降落,车身上下布满灰尘,车旁有瓷片等建筑垃圾,车头盖板上有明显的锐物砸痕。随后赶来的管理处工作人员对现场进行了多角度拍照,并将瓷片包装好交给李某。李某修车后就修理费用与 B 大厦施工单位交涉未果,遂将 B 大厦的建筑单位某房地产公司和 A 大厦停车场的管理单位某物业管理公司告上法庭。

原告李某起诉的主要理由是:A 大厦物业管理公司未对其所停车辆妥善看护,也应承担连带赔偿责任。某物业管理公司向法庭提交了现场照片,辩称损害结果的发生与自己无关,在停车场管理方面没有过错。

法院审理后认为:建筑物以及建筑物上的搁置物、悬挂物发生

脱落、坠落造成他人损害的，它的所有人或者管理人应当承担民事责任。原告停车——发现被砸——交涉，综合事实，参考现场照片，可认定原告车辆的损害是B大厦施工造成的，应对损害负民事责任。A大厦物业管理公司不是建筑物的所有人或管理人，不须承担责任。法院判决被告某房地产公司赔偿原告李某修车费1000元，驳回原告对被告某物业管理公司的起诉。

【案例分析】

本案中的某物业管理公司，如果与车主间建立的是车辆保管关系，则很难证明自己在保管行为中没有过错，而需承担连带责任，然后再代位求偿，向某房地产公司追偿。根据有关规定，物业管理公司与车主之间是“车位有偿使用”的租赁关系，则免除了上述之虞。

值得一提的是，物业管理公司对事件的处理方式是非常恰当的。巡逻停车场的保安发现汽车被砸后，注意保护现场，并通知清洁工暂不将坠落的建筑物垃圾扫除，等待车主自己验看。与车主取得联系后，物业管理公司对现场及车损状况进行了拍照，把损害物和损害后果的证据固定了下来。在法庭上，原告李某和被告某房地产公司均无法否认这些照片证据，从而顺利地免除了自己承担停车合同之外的侵权损害赔偿责任。将砸坏汽车的碎瓷片交给车主去索赔，既有利于车主辨明事实真相，又体现了物业管理对当事人的尊重，物业管理公司的这种处理方式，表明其证据意识非常强烈。

处理锦囊

物业管理活动中发生意外，可能导致纠纷时，物业管理公司可从本案中借鉴以下三点：

1. 应协助事主查明事件的真实过程。仅证明自己没有责任是不够的，也无法完全打消事主的疑虑。查清真相，帮助事主找到应承担责任的人，才能彻底解决事件，避免纠纷。

2. 全面加强证据意识。通过拍照、现场记录、无利害关系目击证人等方式固定证据，既有利于协助事主解决纠纷，又能分清自己应不应承担责任、应承担多大的责任等问题。

3. 根据目前最高人民法院举证规则的规定，设施设备造成的损害赔偿，设施设备的管理人和所有人依法负有举证责任，因此，证据的保全及举证责任履行成为物业管理活动中的主要环节。

02 业主汽车被盗，保险公司理赔后可以向物业服务公司索赔

物业管理服务关系基于业主与物业服务公司签订的物业管理服务合同而产生管理和维护义务，因物业服务公司怠于履行安全保障义务而使业主发生损害的，物业公司应该承担损害赔偿责任。但在业主购买车辆保险的情况下，业主可以直接向保险公司索赔。保险公司依法赔偿后，可以根据《保险法》的规定，向直接责任人追偿。

案　情①

2005年3月31日夜，马鞍山市某科技公司经理刘先生像往常一样，将本公司的“本田雅阁”轿车停放在自己居住的小区楼下。第二天上午，刘先生发现轿车不见了。随后，刘先生即向公安机关报警，并向某保险公司马鞍山支公司报案。

此前，刘先生所在的公司已在保险公司马鞍山支公司为被盗车辆购买了车辆损失险和全车盗抢险，约定保险期限为2004年4月6日至2005年4月6日。另外，2005年3月2日，刘先生还与所在居民小区的马鞍山市某物业公司签订了一份“过夜车辆管理协议书”，约定刘先生按月向物业公司支付90元泊位占用费，物业公司负责从晚上6时至次日8时对车辆进行看护，确保夜间不被撬锁、不丢车牌、不丢车。

某保险公司马鞍山支公司接案后认定，车辆被盗属实，并于2005年9月向刘先生公司赔付19万余元，之后，刘先生公司将债权转让给该保险公司。保险公司认为，因物业公司保管不善致使该车被盗，应承担因此而产生的损失，遂将物业公司诉至法院，要求物业公司赔偿19万余元。马鞍山市某物业公司则认为，刘先生每月交纳的90元是泊位占用费，刘先生与物业公司签订的协议不是保管合同，物业公司不应承担责任。另外，保险公司与物业公司之间无合同关系，保险公司无权向物业公司索赔。

法院经审理认为：刘先生与马鞍山市某物业公司签订的“过夜车辆管理协议书”，从内容上看应属于保管合同，物业公司按月收取的90元泊位占用费即为管理费，物业公司应当依约妥善保管车辆，现因物业公司保管不善，造成车辆在保管期间内被盗，物业公司应

---

① 丁金分：“马鞍山一小区汽车被盗，保险公司向物业索赔一审胜诉”，载《人民法院报》2006年2月15日。

承担赔偿责任。某保险公司马鞍山支公司向被保险人支付了19万余元赔偿款后，即依法取得在赔偿金额范围内代位行使被保险人对第三者请求赔偿的权利，所以，保险公司向物业公司索赔19万余元的诉讼请求符合法律规定，法院遂判决马鞍山市某物业公司向某保险公司马鞍山支公司赔偿经济损失19万余元。

【案例分析】

物业服务公司因管理不善，致使业主车辆在保管期间内被盗的，应承担赔偿责任。物业管理服务关系是基于业主与物业服务公司签订的物业管理服务合同而产生的权利义务关系。如果在物业管理服务合同中，双方就停车服务进行了约定，日后又签订其他协议对停车服务进行详细约定但没有改变物业管理服务合同实质内容的，该协议只能作为物业管理关系的一个具体内容。如果业主与物业服务公司在物业管理服务合同没有约定停车服务的，而是单独签订了停车管理服务合同，则停车服务为独立于物业管理服务的新的法律关系。在本案中，业主与物业服务公司签订了一份"过夜车辆管理协议书"，约定业主按月交纳90元泊位占用费，物业服务公司负责从晚上6时至次日8时对车辆进行看护，确保夜间不被撬锁、不丢车牌、不丢车。业主车辆被盗，物业服务公司应承担法律责任。

业主为被盗车辆购买了车辆损失险和全车盗抢险，保险公司在向业主支付赔偿款后，有权向物业服务公司索赔。

处理锦囊

物业服务公司应遵守相关房屋管理法律法规的规定和物业管理公约的约定，应当履行维护小区公共配套设施的义务，有权利也有义务对小区车辆进行管理，并收取费用。车辆在保管期间内被盗，物业公司应承担赔偿责任。业主对于车辆等重大财产，应及时购买各种保险，以免出现意外事故造成毁损。

【相关法条链接】

《物业管理条例》第35条

《合同法》第107条

03 住户车辆被盗，物业服务公司应当承担责任

物业服务公司作为小区内物业服务主体，应该按照法律法规的规定和物业管理合同的约定履行相关的维护和管理义务。其中，物业服务公司对业主车位负有统一、有序管理的职责，因怠于履行管理职责致使业主车位常被占应承担相应的责任。同时，物业服务公司与业主之间存在车辆保管合同的，物业服务公司应该遵守我国《合同法》第374条的规定，保管期间，因保管人保管不善造成保管物毁损、灭失的，保管人应当承担损害赔偿责任，但保管是无偿的，保管人证明自己没有重大过失的，不承担损害赔偿责任。物业服务公司未履行保管人的注意义务的，应该承担损害赔偿责任。

案 情①

2001年12月7日晚上，鲁先生开车进入小区大门时，小区物业服务公司的工作人员发给他一张车辆临时出入证，鲁先生将车停在了A区10号楼前的24号车位并锁好。第二天一早，鲁先生准备出门时，却发现汽车不见了。他立即找到小区保安，并向公安机关报了案。鲁先生认为，轿车的丢失是小区物业服务公司的工作人员严重失职造成的，于是他把物业服务公司告上法庭，要求赔偿各种损

① 参见http://www.lawyee.net，2005年6月14日访问。

失共计 19 万余元。

原告鲁先生称：他进入小区时，保安发给的白色出入证上明确印有规定，即外来车辆凭此证出入小区，驶离时须将此证交还发证处，无证车辆警卫一律不许放行。但是，次日一早，一男子驾驶他的车开到门口时，保安先将大门打开，开车的男子将一张红色的出入证扔给了保安。保安虽然认出所交的证有误，却未在意，致使该男子将车偷走。被告管理的小区大门处安装有录像监控设备，但由于被告管理措施不力，案发时监控设备未处于工作状态，致使案发的状况未能被摄录下来，这也给案件的侦破带来了难度。被告物业公司辩称，原告所诉丢车的证据不足，双方也不存在保管车辆的事实，因为鲁先生并未交车位费。原告鲁先生自行将车停放在非指定停车区域的 24 号车位，应自己承担保管责任。同时，原告也不应将各种证件放在车内，致使盗窃分子蒙混过关。另外，原告出示的出门证小区物业服务公司已经停止使用。

一审法院审理后认为：原告鲁先生将车驶入被告管理的小区时，被告的保安向其发了出入证，这说明双方的保管合同关系已经成立（出入证背面所印的规定也说明出入证是一张保管凭证）。自此，被告对原告的车辆就负有保管的责任。物业公司的工作人员未尽到管理人的注意义务。因为，原告将车停在小区内之后，就表示已经将车置于被告的保管范围之内。被告应尽到管理人的注意义务，但被告单位的保安却在盗车者未出示出入证前打开了大门，发现其出示的出入证有问题后仍将其放走。可以看出，被告单位的保安的失职行为导致了原告车辆的丢失。被告管理有疏漏和保安人员履行职责时犯有重大过失，故应对原告车辆的丢失负全部责任。原告要求被告赔偿丢车的损失理由正当，予以支持，判决物业服务公司赔偿鲁先生损失 14 万余元。

【案例分析】

本案中,原告鲁先生将车驶入被告管理的小区时,被告的保安为其发了出入证,这说明双方的保管合同关系已经成立,物业服务公司应该按照合同的约定对鲁先生的车辆履行管理职责。因物业公司工作人员未尽到管理人的注意义务而使被管理车辆受损的,物业服务公司应该承担损害赔偿责任。

处理锦囊

物业服务公司应明确其车辆保管责任,对于他人车辆驶入管理的小区的,只要保安为其发放了出入证,无论是有偿还是无偿,均负有保管义务。物业服务公司应加强车辆安全管理,否则因其管理疏漏和工作人员的重大过失导致车辆丢失的,应承担赔偿责任。

【相关法条链接】

《合同法》第107条、第374条

04 突发暴雨车库被淹,物业服务公司不可以免责

物业服务公司作为专业的物业管理部门,对于突发性、灾害性的天气应提前做好应急准备,采取有力措施及时排除安全隐患,并通知业主作出相应的防范。在灾害或事故发生时,应尽最大努力加以防止,而不能以其为不可预测的不可抗力免责。业主也应加强自身的防范能力,对于意外事故的发生应采取有力措施尽力防范,以防损害后果的扩大。

案　情①

李刚是哈尔滨某花园小区的业主,2003年7月2日,李刚在买房的同时同该小区的物业公司签订了《车位租赁合同》。合同约定:租期1年,自2003年8月21日起至2004年8月20日止。合同又规定该小区的《车库管理制度》作为本合同组成部分,与本合同具有同等法律效力。合同签订后,李刚依约定向物业公司交纳了租金8000元,取得了住宅楼地下停车场的车位使用权。2004年7月10日中午哈尔滨市降起了大暴雨,小区车库被淹。李刚当即要求物业公司修车并赔偿损失。但物业认为,天降暴雨致使车库被淹,是不可抗力,物业公司不应承担损失。协商不成。2004年9月,李刚将物业公司和该小区的开发公司诉至哈尔滨市中级人民法院。

李刚认为,因被告哈尔滨某开发公司提供的地下车库不符合车库用途,且物业公司管理不当,致使车库进水将原告停放在车库的奔驰轿车淹没,受损严重,经济损失巨大。且当天,自己本人在家,物业绝对有时间在车辆被淹没之前通知自己到车库取车,然而没有人通知他。根据自己同被告物业公司签订的《车位租赁合同》及相关文件和法律规定,物业公司有保证租赁物符合法律规定的车库用途的义务,同时对车库内存放的车辆有保管义务。由于物业公司未履行相关义务,给自己造成重大经济损失,故请求:(1)判令物业公司因违约行为,赔偿给原告造成的车辆本身损失98万元(以最终鉴定结论确定的损失为准);(2)判令物业公司因违约行为,给原告造成车辆无法使用的实际支出损失(自2004年7月12日起至车辆能够修复可使用止,每日按500元计算),承担违约责任;(3)判令开

① 郭毅:“车库进雨水奔驰车被泡,物业公司被判恢复原状”,载《法制日报》2005年。

发公司对物业公司给原告造成的损失承担连带责任。

案件受理后，经李刚申请，法院委托鉴定机关对受损车辆进行了鉴定，鉴定结论为：李刚的奔驰轿车受损严重，基本恢复车的原貌所需要更换正厂零部件的市场总价格约为85.5万元，修理工时费约为12,336.00元。

被告物业公司辩称：车辆损失系因不可抗力造成的，2004年7月10日当天出版的报纸的气象信息为阵雨，雨量不大，因此当天的大暴雨是突发性的、灾害性的，被告方无法预测，且公司组织50余人全力抢险，已尽到积极的管理义务。此事件属不可抗力，物业公司应免责。

被告哈尔滨某开发公司辩称：不同意原告诉讼请求，车库设计及施工符合要求。根据案件审理的需要，法院依法调取了黑龙江省寒地建筑科学研究院对该小区地下停车场所做的鉴定书。鉴定结论为：小区门口周围地势相对低洼，导致大面积汇水，以及雨水量超过该处市政排水系统排水能力和井篦排水不畅，是当时地下车库出现雨水倒灌的主要原因。小区住宅楼地下停车场排水设计符合规范要求，未发现设计不当之处，排水系统施工基本符合设计要求，并具备使用功能。

法院审理后认为：物业公司作为车库出租方及物业管理部门，应当按照约定保持租赁物符合约定的用途，承担地下车库物业管理养护与维修义务。案发当日的暴雨，虽然具有不可预见性，但物业公司未尽合理注意义务及充分的防御职责。按照双方当事人的陈述，在雨水倒灌的过程中，物业公司有充分的时间通知原告到地下停车场取车（事发当天是法定假日），如将车开出地下停车场，将不会造成原告的奔驰轿车被水淹没的损害结果的发生。由于被告东方物业公司主观上的疏忽，仅仅是通知其工作人员到车库入口筑坝拦水，当本案原告通过邻居得知车库进水时，此时水深将近1米，原告无法进车库取车。在雨水倒灌的过程中,被告东方物业公司采取措施不力,汽车被水淹没将近48小时后,才将汽车从车库中拖出。原告的财产损害结果的发生,被告东方物业公司具有过错,应负赔偿修复责任。

在基于外来因素发生的事件中,事件的发生虽是客观的,但当事人能够预见而由于疏忽没有预见,或者未尽最大努力加以防止的,不可抗力不能成立。被告物业公司作为专业的物业管理部门,对雨季可能危及其利益是可以预见的,虽然物业公司采取了一定的抗灾措施,但未尽到最大的谨慎和最大的努力。故物业公司不可抗力的主张没有事实及法律依据,法院不予认可。

关于原告主张被告开发公司建设的地下停车场不具备车库使用功能,不是合法建筑,应承担连带赔偿责任的诉求,经法院调取的证据证实,该车库排水设计及施工符合设计要求,具备车库使用功能。对原告的该项请求,法院不予支持。综上,2005年10月,哈尔滨中级人民法院一审判决:被告哈尔滨某物业管理有限责任公司将原告李刚所有的奔驰轿车修复成被水浸泡前的原状,所需要修复及更换的零部件均应是修复奔驰汽车的指定机构及奔驰汽车的正厂零部件,所更换下来的旧部件归物业公司所有;驳回原告其他的诉讼请求。

判后,李刚和物业公司均不服,向黑龙江省高级人民法院提出上诉。黑龙江省高级人民法院终审判决,维持一审民事判决主文及案件受理费和鉴定费部分,如物业公司未按一审判决主文规定的期限履行义务,赔偿李刚因修复车辆发生的实际损失金额85.5万元及修理工时费12,336元,合计金额867,336元。废弃的车辆零部件归物业公司所有。

【案例分析】

根据我国《合同法》第117条的规定:“本法所称不可抗力,是指不能预见、不能避免并不能克服的客观情况。”可见,本案中造成业主李刚损失的暴雨属于不可抗力的情况。但是,虽然本案中损失的发生具有不可预见性,但物业公司未尽合理注意义务及充分的防御职责。因为物业服务公司怠于履行职责而给业主造成的损害,物业服务公司应该在可以避免的范围内承担损害赔偿责任。

【相关法条链接】

《物业管理条例》第35条

《合同法》第107条、第117条

05 物业服务合同没有明确车辆保卫服务，业主丢车，物业服务公司不承担责任

民事权利和义务是对应的,小区内业主支付物业管理费,物业服务公司承担相应的物业管理职责。并非小区所有的财产损失物业服务公司都应承担责任,物业管理的范围应根据相关房产管理法律法规的规定特别是物业管理服务合同的明确约定。如果在物业管理服务合同中,双方就停车服务进行了详细的约定,那么物业服务公司就享有收取车辆管理费的权利,承担车辆管理的义务。如果物业管理合同没有明确的约定,业主也未对车辆管理支付相应费用,物业服务公司不承担车辆管理职责。

案　情①

赤峰市敖汉旗居民张某于2002年1月4日搬入某物业服务公司管理的小区居住,同年5月2日,向物业公司交纳清洁费200元。

① 参见 http://www.lawyee.net,2005年6月14日访问。

2002年7月3日下午4时许，张某将自己的本田90型两轮摩托车停放在楼下花池南侧。次日早晨，张某向物业公司工作人员声明此车丢失，同时向公安部门报了案，此案一直未侦破。张某因赔偿问题与物业公司未达成一致意见，遂以已向物业公司交纳物业管理费、物业公司未尽到看护职责为由，到法院起诉，要求物业公司赔偿丢失摩托车损失6000元。被告物业公司辩称，向原告收取的200元是清洁费，不包括保安费或保险费，原告将摩托车停放在公司指定的地点，并没有告知公司管理人员，没有履行有关交接手续，所以不应对原告的损失进行赔偿。法院认为：被告物业服务公司于2002年1月4日成立，并依法进行了登记，取得了企业法人营业执照，其经营范围是对房屋的共有部位、公用设施、绿化、卫生、交通和环境进行综合维护、修缮和整理。原告张某搬入被告管理的小区居住，并交纳了清洁费200元的事实证明原告与被告之间形成了物业管理关系，但由于原告与被告之间未签订书面物业服务合同，对被告是否有责任保管原告的财产没有约定，被告向原告提供服务只能限于其经营范围，原告要求被告赔偿丢失摩托车的损失没有依据。根据原《物业管理条例》第35条、第36条，判决驳回原告的诉讼请求。

【案例分析】

结合本案，物业服务公司依法登记，取得了企业法人营业执照，其经营范围是对房屋的共有部位、公用设施、绿化、卫生、交通和环境进行综合维护、修缮和整理。业主入住并交纳了清洁费200元，但由于没有签订书面物业服务合同，没有明确约定物业服务公司的财产保管责任，物业服务公司向业主提供服务只能限于其经营范围，业主丢失摩托车的，物业服务公司不承担责任。

【相关法条链接】

《物业管理条例》第34条、第35条

06 物业服务公司只收取规定的车辆管理费的一半，也应对车辆损坏负全责

物业服务公司与小区内业主签订物业管理合同，双方当事人需要各自履行相应的义务。物业服务公司有义务按照法律法规的规定和物业管理合同的约定，承担小区内车辆的统一管理、妥善保管的义务。物业服务公司不能因为没有收取规定的全部管理费，而不完全履行己方的合同义务。

案　情①

2001年2月，李先生与物业服务公司签订了机动车管理委托协议书，协议书中规定：物业负责为车辆提供固定车位；为车辆进出小区开关大门；车主需每半年向物业支付有偿服务费450元；如果车主有特殊要求、特殊服务双方另行协商。某天，李先生停放在小区内的车玻璃被砸坏，李先生向法院起诉物业服务公司，要求其承担赔偿责任。物业服务公司解释说，他们开设停车泊位的目的是使小区内部道路畅通，由于小区地方小但车辆较多，只能通过有偿收费的方式进行管理。他们依照北京市物业管理手册，参照北京市普通居住小区物业管理服务收费暂行规定，制定了每月75元的收费标准。物业公司强调，如果按参照文件规定的每月150元的收费标准是包括看管车辆的，因为人手有限，也负不起车辆安全的责任，所以只收了半价，故不应对李先生车辆的损坏负责。

法院认为：双方签订了协议书就形成了委托合同关系。北京市《居住小区物业管理服务基本要求》明确规定：小区收取车辆管理费，应有专人负责看管。被告未派专人看管车辆，未尽到物业管理

---

① 参见http://www.lawyee.net,2005年6月14日访问。

的责任,理应赔偿原告修车费用。法院当庭判令小区物业服务公司赔偿李先生4500元的修车费用。

【案例分析】

物业服务公司只收取文件规定的车辆管理费的一半,但仍应对业主车辆损坏负全责。结合本案,物业服务公司与业主签订了机动车管理委托协议书,规定了双方的权利义务,形成了委托合同关系。小区收取车辆管理费,应有专人负责看管。物业服务公司开设停车泊位,因人手有限而小区车辆较多,没有派专人看管车辆,致使业主车辆玻璃被砸坏。物业服务公司虽只收取了《北京市普通居住小区物业管理服务收费暂行规定》文件规定收费标准的一半,但仍应依法承担怠于履行物业管理责任造成业主车辆受损的赔偿责任。

处理锦囊

物业服务公司应严格遵守相关房产、车辆管理等法律法规的规定和物业管理服务合同的约定,全面履行自己的义务,并享受权利。作为专业的物业服务企业,物业服务公司应有相应的人员和财力保障能履行物业管理职责,配备专业的人员,必需的物业设备设施。物业服务公司不能因人员或财力的限制,而采取只收较低的物业管理费用的方式,提供低水平的物业管理服务。否则对于业主造成的损失,物业服务公司怠于履行管理职责的,仍应承担全责,不会因为收取减半的费用而只承担半责。

【相关法条链接】

《物业管理条例》第35条

《合同法》第107条

07 住客在酒店丢失车辆，酒店尽到安全保障义务的不承担责任

我国《侵权责任法》第37条规定："宾馆、商场、银行、车站、娱乐场所等公共场所的管理人或者群众性活动的组织者，未尽到安全保障义务，造成他人损害的，应当承担侵权责任。因第三人的行为造成他人损害的，由第三人承担侵权责任；管理人或者组织者未尽到安全保障义务的，承担相应的补充责任。"可见，酒店对住客的人身、财产的保护责任，是在未尽到安全保障义务的过错范围内的补充责任。如果酒店尽到了安全保障义务，则其对住客的财产损失不承担损害赔偿责任。

案　情[①]

2001年1月，某企业员工入住某酒店，在酒店保安的指挥下，将车停在酒店门口的泊车位上。3小时后，该车丢失。经过公安机构现场勘察，泊车位上没有查到撬、轧痕迹，酒店的监控器记录显示：该车在停车后不久，即被一人开走，但具体开车人无法看清。

某企业在车辆丢失后，多方查找未果，于2001年7月以其车辆在某酒店丢失，酒店没有履行保管义务，应承担保管责任为由起诉，要求酒店赔偿财产损失。

一审法院经审理认为：原被告双方存在保管协议，酒店在停车场内没有采取保障车辆停放安全的防范措施并配备必要的管理人员，对原告车辆丢失应承担违约责任。判决被告一次性赔偿原告购车款及车辆购置附加费。

---

① 何欣荣、申黎主编：《物业之争：物业纠纷典型案例评析》，法律出版社2005年版，第81页。

酒店不服一审判决，提起上诉。二审法院经审理认为：保管合同自保管物交付时成立。上诉人的保安告知被上诉人的司机将车停放在泊车位上的行为，不是接受保管物的法律行为。被上诉人在入住时，明知该停车场是开放式的、免费的，任何人均可在此停放车辆，因此，上诉人与被上诉人之间并没有形成保管关系，且没有充分证据表明车辆是在酒店丢失的，双方之间的纠纷不具备赔偿责任成立的要件，上诉人不应负赔偿责任，判决撤销一审民事判决；驳回被上诉人的诉讼请求。

【案例分析】

酒店作为经营性单位，很多场所都是对外开放的，如停车场对外开放，停车位不固定，酒店物业公司保安在车辆管理方面主要作用是维护秩序，对进出车辆进行指挥、疏导，在没有特别约定的前提下，对车辆不负有保管义务。况且，经过勘察，泊车位上没有查到撬、轧痕迹，酒店的监控器记录显示：该车在停车后不久，即被一人开走，但具体开车人无法看清。因此，不排除车辆是由车主或车主同意的人开走。酒店物业公司与住户之间不构成车辆保管服务合同关系，对于车辆在酒店丢失的由车主自己承担。

处理锦囊

车主在酒店停放车辆的时候，应明确车辆停放场所的环境、物业服务企业对车辆的义务。并非是将车存放在物业服务公司指定的地点，交纳了停车费，物业服务公司就必然对车辆丢失承担责任，只有在物业服务公司存在过错的情况下才承担责任。因此，业主本人也应当对车辆安全承担一定的注意义务。

【相关法条链接】

《侵权责任法》第37条

08 住户擅自停车占用通道，物业服务公司为疏通道路而损坏车辆不应赔偿

物业服务公司作为物业服务主体，有权对小区内的公共场所、公共设备进行管理和维护，小区业主应该配合物业服务公司的管理工作。对于违章乱停车辆的，物业服务公司有权将其移开。对于物业服务公司采取谨慎合理的措施移开违章车辆造成损失的，其不承担侵权责任。

案　情[①]

2004年10月，被告刘先生前往原告北京集祥物业公司办事时，将其驾驶的宝马轿车横放在原告公司门口的小区道路上。20分钟后，原告公司以该车辆堵塞道路通行为由，在未告知车主的情况下，派人将宝马搬至路边停放。搬车过程中一名员工将腰扭伤，该公司为此支付医药费等共计1000元。该公司将刘先生起诉到北京市朝阳区人民法院，要求他承担搬车费用1000元、员工医药费1000元，并要求他向该公司及小区全体业主书面道歉。刘先生随即提出反诉，称物业公司在未告知车主的情况下擅自移车，致使其宝马车自动锁死无法正常开动，要求该公司赔偿车辆损坏修理费、检测费2450元。

法院认为：刘先生在小区道路横放车辆的行为堵塞了小区道路

① 参见http://www.lawyee.net，2005年6月14日访问。

的通行，损害了小区其他业主的共同利益。物业公司在紧急情况下为维护小区的正常管理秩序将车辆搬抬至路边的行为无可厚非。对于物业公司要求刘先生支付拖车费用及雇员医药费等费用的诉讼请求，因其未能提交相应证据证明其损失的存在，不予支持；对于其要求刘先生书面道歉的诉讼请求，因缺乏法律依据，亦不予支持。同时对于刘先生反诉物业公司赔偿修理费用的请求，因该事件的发生系刘先生乱停车堵塞道路所致，物业公司不存在侵权行为，故不予支持。

【案例分析】

物业服务公司有权在法律规定和物业管理合同约定的情况下，对小区内的公共事务进行管理，对小区内的违章行为进行纠正。本案中，刘先生在小区道路横放车辆的行为堵塞了小区道路的通行，损害了小区其他业主的共同利益，物业服务公司有权对其行为进行纠正。物业公司在紧急情况下为维护小区的正常管理秩序将车辆搬抬至路边的行为不存在过错，对于物业服务公司采取谨慎合理的措施移开违章车辆造成损失的，其不承担侵权责任。

处理锦囊

对于物业服务公司而言，应该本着方便车主、服务车主的精神，签订明确的停车管理服务协议，制定出一套详细、规范的停车管理制度，明确车主必须遵守的规则，业主应按照物业服务公司依法依约指定的地点停放车辆。对于违章乱停车辆的，物业服务公司有权将其移开。对于物业服务公司采取谨慎合理的措施移开违章车辆造成损失的，其不承担侵权责任。

【相关法条链接】

《物业管理条例》第35条

Chapter.7

第七章　安全保卫纠纷

01 保安半夜进民宅，物业服务公司应当承担责任

业主对房屋享有建筑物区分所有权，任何人非经法定程序不能擅自进入业主住宅。物业服务公司作为小区内物业管理主体，有义务对小区的安全承担维护义务。物业服务公司的保安为了履行安全保障义务，可以进入业主住宅，但须经特定程序，其擅自进入行为给业主造成损害的，需要承担损害赔偿责任。

案　情[①]

某住宅区张先生夫妇在凌晨被室内的响动惊醒，立即起床并打开卧室的门，发现有人已走到客厅和卧室过道处，这个人自称是物业公司的保安员。于是张先生夫妇把物业公司告上了法庭，并要求赔偿每人精神损失费各5万元。此案件在居民和物业管理界引起了强烈震动和激烈争论。

经调查，某日凌晨3点，物业公司聘请的一位李姓保安员进入了张先生夫妇的房屋。当天，张先生夫妇向物业管理处投诉。物业方即日以"工作中有违章操作行为"为由将李姓保安辞退，并于次日派物业管理经理、保安经理两次登门致歉，并免费更换门锁。

法院认为，张先生夫妇身为业主，与物业管理公司间形成了委托管理关系。保护业主的安全，维护业主的利益是物业管理公司的职责。但在履行职责时应注意采取适当合理的方式，如果措施不当侵害了业主的权利，应承担相应的法律责任。根据《民法通则》第5条："公民、法人的合法的民事权益受法律保护，任何组织和个人不得侵犯。"物业公司保安员在值班时进入张先生夫妇房间，其自称因为房门虚掩，为张先生夫妇的安全和利益而入室检查。而按照《住

① "保安半夜进民宅物业公司被判赔"，来源：湖南物业网，有删改。

户手册》规定,遇此紧急情况其既不与业主家电话联系,又未请公安人员见证,该行为是不符合有关规定的,侵害了公民住宅不受侵犯的权利。而且其是在张先生夫妇深夜熟睡之机闯入,给张先生夫妇带来了一定的精神刺激,影响了其生活,应该就此不当行为承担责任。因该保安员是在履行职务中侵害了张先生夫妇的权利,故由物业公司承担责任。

关于赔礼道歉的方式,因该事实仅发生在原、被告之间,口头方式已经足够消除影响,因此法院对张先生夫妇要求书面致歉的请求不予支持。对物业公司做的口头致歉行为予以认可。关于赔偿损失问题,因为被告工作人员深夜入室给熟睡中的张先生夫妇带来一定的精神恐惧,因此应给予适当的精神抚慰。最后法院判决,物业管理公司除向张先生夫妇口头道歉外,还应一次性向张先生夫妇赔偿精神抚慰金各1500元。

【案例分析】

按惯例和法律法规规定,任何个人和单位是不能私自进入民宅的,否则被视为侵权。但是也有例外,因为物业公司的保安员有着极为特殊的义务,须保护服务范围内的财产安全,维护服务范围的正常秩序,做好服务区域内的防火、防盗、防爆炸、防破坏、防治安灾害事故等安全防范工作。据调查,物业公司保安员由于是在深夜值班时发现张先生家的家门虚开,在经按铃房内无反应的可疑情况下,他才进入房内进行检查,完全是在履行职责,是对张先生夫妇的安全负责。根据物业公司了解的情况及相关物业管理制度,保安当时不可能掌握张先生家的钥匙,而张先生没有任何物品丢失,也无门锁及其他损坏后果。物业管理公司认为在此种情况下保安入室没有违法,只属于违纪行为,因为公司的《住户手册》规定,保安员在社区内作24小时巡逻,如遇紧急情况,应按登记的电话号码联系有关住户并立即通知公安部门或消防等部门，如无法联系有关住户时，即邀请公安人员或消防人员开启正门，进入单元审查事故情况，并做适当处理。

处理锦囊

遇到物业保安进入居民住宅的类似问题，物业管理公司可以对保安员采取批评教育的方式，也可以根据有关规定，对其做出相应的处理，并向住户说明情况，赔礼道歉。

【相关法条链接】

《民法通则》第5条、第121条

02 业主小区内被杀，物业服务公司尽到管理职责，则不需要承担责任

物业管理中的保安责任不包括确保物业管理区域内业主、物业使用者的人身不受第三人的不法侵害。物业服务公司对于业主、物业使用者人身和财产安全的保护义务主要来源于合同的约定或者法律、法规的直接规定。其中合同的约定也需符合法律、法规的规定，不能超越职权，不能将属于国家行政、司法机关的职能作为保安的职能。因此，对于小区内出现的业主人身损害，如果物业服务公司尽到了维护和管理职责，则不需要承担损害赔偿责任。

案　情①

2003年1月5日晚，在福建省长汀县商业城租店开设金正通信

① “业主被杀，物业管理者是否担责”，载《人民法院报》2005年2月24日。

店的郑某在店内被人杀害。8 月 27 日,郑某父母将某市场发展总公司告上法院,要求判令被告给付郑某死亡的赔偿费 6 万余元。这个市场发展总公司对商业城市场行使管理职能,并对商业城业主、经营者进行有偿服务,向郑某等业主、经营者每月收取一定的物业费,其服务内容包括安全保卫等工作。

一审法院审理认为:物业管理的保安应理解为,为物业使用创造方便安全的条件,维护物业管辖范围内公共秩序良好与稳定,它不是广义上的社会安全,保安不能等同于保镖,不能要求被告确保商业城内所有财产和人身的安全。被告已履行了保安义务,原告不能证明被告存在管理上的过错,因此被告不承担业主、经营者的人身损害赔偿责任。

原告不服一审判决,提出上诉。二审法院审理认为,由于被上诉人与商业城业主及物业使用者对安全保卫的内容未作特别约定,故依照现行物业管理的相关法规,可以认定被上诉人所负的保安义务仅是为维护物业管理区域内的公共秩序和物业使用的安全而实施的必要的正常防范性安全保卫活动;上诉人认为被上诉人的保安服务应包括对业主及物业使用者人身安全不受第三人不法侵害提供保障,于法无据;且郑某被害的地点位于商业城外的沿街商店内,案发后店门无异状,此时被上诉人即使履行了正常的防范性安全保卫义务,也无法避免店内犯罪行为的发生,因此被上诉人的行为与郑某之死无法律上的因果关系。故判决驳回上诉人的上诉,维持原判。

【案例分析】

在本案中,物业服务公司为履行物业管理的安全防范服务,制定了《商业城专业市场文明公约》、《商业城夜间保安员值班职责》和《保安夜班巡值情况登记表》,这些规定可以推定为受害人与物业服务公司之间在保安方面的约定。物业服务公司如果未按这些规定履行其职责或履行职责中存在明显的过错,可视为其在物业管理方面存在过错和违约行为,就应承担违约责任。如果物业服务公司履行了上述制度规定,或者说受害人无法提供物业服务公司在物业管理中存在过错的证据,那么,物业服务公司就不存在违约及承担违约责任的问题。在物业管理中安全服务的性质只能是一种群防群治的安全防范服务。它不是广义上的社会安全,不能要求物业服务公司确保商业城内所有财产和人身的安全。

处理锦囊

物业服务公司应遵守相关房屋管理法律法规的规定和物业管理服务合同的约定,全面履行其相关规定和约定的对于业主、物业使用者人身和财产安全的保护义务。但是,在物业管理中安全服务的性质只能是一种群防群治的安全防范服务,而非广义上的社会安全,不能要求物业服务公司确保商业城内所有财产和人身的安全。因此,业主或物业使用者应强化自身的安全防范意识,加强相关的预防措施,以免遭受不必要的侵害。

【相关法条链接】

《物业管理条例》第 46 条

03 住户家中被害,值勤保安已作访客登记,物业服务公司不承担责任

物业服务公司根据法律法规的规定和物业管理合同的约定,对小区内业主的人身财产安全负有安全保障义务。如果物业服务公司为尽到安全保障义务而使业主遭受人身财产损失的,应该承担损

害赔偿责任。但如果物业服务公司对业主的损失没有过错，则不需要承担责任。

案　情①

1999 年 5 月 7 日，罪犯孟建根化名“高建忠”在宝城大厦门卫处进行登记后进入大厦，趁原告邵兴华之妻陈彩娟正在打扫 1104 室，房门未关且未予防备之时将陈刺死，并劫得人民币 3000 元后逃逸。孟建根系陈彩娟的远亲，案发前曾两次到陈彩娟家中做客，均以假名登记。案发后，原告邵兴华认为管理宝城大厦的上海宝城物业管理有限公司（以下简称宝城公司）安排无上岗证的保安值勤，在管理上严重失职，原告因而提起诉讼，要求宝城公司赔偿其财产损失和精神损失。

经查，宝城大厦的业主每月交纳的保安费是 0. 12 元/平方米。大厦楼下装有电子对讲门铃，楼内还设管理室，负责对来访人员进行登记，且一般有两名保安人员 24 小时共同值勤。被告宝城公司与业主签订的物业管理合同中约定的保安职责是，“对区内进行日常巡视，制止和处理危害公共安全和人身健康的行为”。根据被告宝城公司的《门卫值班制度》、《安保员服务规范》等规定来看，宝城大厦的大门白天是打开的，来访者需经登记方可进入，而夜间则关闭大门，来访者需通过电子对讲门铃与被访者联系后方可进入。被告方的《安保员服务规范》中规定了来访登记“尽可能登记身份证”。案发前，孟建根曾两次到邵兴华家中做客，均以假名登记，被告方的保安刘林璋等人曾看到被害人与孟建根在大厦门前讲话。案发后，值勤保安刘林璋接到邻居通知后，迅速赶到 1104 室，并立

① 徐剑虹、陆淳：“住户在室内被害身亡，物业公司应否承担责任”，载《人民法院报》2002 年 1 月 7 日。

即拨打了报警电话和急救电话，同时保护好现场等待公安人员到来。公安人员到达现场后，将门卫登记本交给了公安人员。另查明，案发当日的值勤保安未参加过公安机关和房地产管理部门统一组织的培训，无《物业保安人员岗位证书》。原告认为被告未尽到管理职责而要求被告承担民事责任。

一审法院认为：被告已经按双方约定履行了保安义务，判决不支持原告的诉讼请求。原告不服而上诉，二审判决驳回上诉，维持原判。

【案例分析】

根据物业公司所从事的维护小区内一般公共秩序的保安工作的性质来看，保安对来访人员进行登记的要求主要为了掌握大厦内外来人员的进出时间、人数，而非是查清来访人员的真实身份，不能因保安未核对孟建根的身份证致其得以以假名登记而认为保安未尽到注意义务。因为孟建根在门卫处进行登记后进入大厦，说明保安已尽到了应尽的注意义务。又由于业主及其家人从未对保安提出对来访客人要用对讲机与业主联系、拒绝此人来访等要求，保安也就没有在来访人进行登记后再与业主联系的义务，对于一般人而言不可能预见到曾两次登门拜访陈彩娟的自称高建忠的人会杀害陈彩娟而实施必要的防范，而且案发后保安人员又立即采取了报警、拨打急救电话、保护现场等措施。因此，纵观整个案发经过，可以认为保安已尽到了普通人的注意义务。

从本案来看，双方没有关于物业公司对业主人身安全予以特殊保障的约定，物业服务公司承担的只是维护小区内一般公共秩序的义务，通过一定的管理措施制约违法犯罪分子，而不是杜绝一切犯罪活动，其所收取的保安费也未超出这一标准。因此，物业公司所选派的保安人员在保安工作中只需尽到普通人的注意义务（按照一般人在通常情况下能够注意到作为标准)即可免责。保安应经培训并持有《物业保安人员岗位证书》方能从事保安工作是基于《上海市居住物业保安管理办法》的规定,而非本案双方当事人的约定,物业服务公司并不因违反此规定而构成违约,其应当接受相应的行政处罚而非合同责任。从上文的分析中可以看出案发当日的保安已经根据合同要求充分履行了应尽的注意义务,而惨案的发生超出了保安的预见,即使是经过培训有上岗证的保安值勤也不可能避免惨案的发生,值勤保安未经培训无上岗证与损失之间无因果关系。

处理锦囊

物业服务企业应当协助做好物业管理区域内的安全防范工作。发生安全事故时,物业服务企业在采取应急措施的同时,应当及时向有关行政管理部门报告,协助做好救助工作。物业服务企业应当遵守国家有关规定,雇请保安人员,并进行相应的入职培训。保安应从保卫小区安全秩序考虑,对来访人员进行登记,尽到注意义务。但小区住户应提高自身安全意识,采取相应的安全防范措施,特别要谨防熟人作案,如发现异常情况,及时向物业服务公司报告或直接报警。

【相关法条链接】

《物业管理条例》第 35 条、第 46 条

04 住户家中被害,开发商和物业服务公司不因建筑和管理瑕疵而承担责任

物业服务公司根据法律法规的规定和物业管理合同的约定,对小区内业主的人身财产安全负有安全保障义务。如果物业服务公

司为尽到安全保障义务而使业主遭受人身财产损失的，应该承担损害赔偿责任。但如果物业服务公司对业主的损失没有过错，则不需要承担责任。同时，开发商应该按照购房合同向业主提供质量无瑕疵的房屋，如果开发商交付的房屋存在一定的质量瑕疵，则开发商应该承担违约责任。但开发商的违约责任并不直接导致开发商对业主发生的损害承担侵权责任，具体是否承担侵权责任，要视开发商对其损害有无过错而定。

案　情[①]

2001 年 5 月，业主吴欢购买了新中大置业公司开发的宁月花园商品房一套，入住后又与嘉越物业公司签订了入住合同和前期物业管理服务协议，并交纳了物业管理费。2002 年 1 月 20 日，他的妻子和女儿在住室内被凶手杀害。凶手抢走现金后，逃之夭夭，至今未被抓获。吴欢认为：第一，开发商曾承诺给住户安装防盗门对讲话机，但直到凶案发后才通知安装；第二，直到案发后，宁月花园的防护墙仍有缺口，小区入口无大门，小区不具备防攀援、防跨越、防爬入等安全防范功能，违反了国家对城市居民住宅安全防范设施建设的强制性规定，造成凶手自由进入小区并在行凶后顺利离开；第三，宁月花园小区安全防范设施未经验收（或验收不合格）而交付使用，违反了有关规定。综上，开发商在交付商品房使用时不符合保障人身安全的要求，自己妻女被害与开发商以不作为的方式不履行其义务有因果关系，应承担民事责任。同时，第二被告物业公司没有对宁月花园实行全封闭管理，保安人员没有昼夜巡逻，甚至没有首先发现犯罪现场，对进入小区的外来人员未进行检查证件及登

---

① 张晓敏："妻女家中遇害，丈夫状告开发商物业"，载《人民法院报》2003 年 2 月 22 日。

记，使凶手有机可乘，对凶杀案的发生没有起到应有的预防作用。尽管本案的主要侵权人是开发商而不是物业服务公司，但他们对损害结果应承担连带责任。因此，吴欢要求二被告承担责任，并索要各种赔偿共计 36 万元。

新中大置业公司在答辩中提出，开发商售房签订的是商品房买卖合同，公司如有违约也应承担合同违约责任，何谈人身侵权责任？如果住房内死了人都要开发商赔，谁还敢盖房？原告妻女被害与开发商没有任何因果关系。原告应找凶手索要民事赔偿。答辩中，新中大还提出了几个问题：要保证小区内居民的人身安全，开发商到底要提供怎样的安全服务？是否要把居民小区管理得如同监狱一般呢？

嘉越物业公司的答辩态度也十分明确，认为自己在提供物业管理服务上不存在任何过错，因为物业公司对小区提供管理和服务的内容主要是维护和管理房屋的共用部分、共用设施设备、公共场所的环境卫生和小区内的公共秩序，而不是对某一特定业主的财产和人身安全承担安全保障责任。他们是要通过一定的措施预防犯罪行为发生，但并不能保证杜绝一切犯罪活动。同时，嘉越物业认为原告妻女被害事件的发生纯属罪犯自己的主观意愿，即使自己存在“不作为”，事件的发生也与自己无任何关联。

法院在审理此案后认为：开发商和物业公司确实存在违约行为，但如果认为宁月小区的治安管理“必须保证原告妻女不遭杀害”，显然过于苛刻。况且二被告的行为属违约，而原告向二被告索要的人身损害赔偿属于侵权赔偿范畴，原告的要求没有法律依据。所以法院驳回了原告的诉讼请求。

吴欢不服一审判决，随即上诉。二审开庭时，吴欢的代理人提出了一个新的看法：认为商品房也是商品，应该适用《消费者权益保护法》。《消费者权益保护法》第 18 条规定:“经营者应当保证其提供的商品或者服务符合保障人身、财产安全的要求。”而开发商新中大提供的房屋也即商品,明显存在缺陷,如小区有门无框、围墙有缺口等。并且,嘉越物业的保安对小区外来人员疏于登记检查等行为,也未尽到保障消费者人身安全的义务。存在的这些情况不仅违约而且违法侵权,所以,提出侵权赔偿的要求。

由于两被上诉人都表示同意一审判决,并不愿与上诉方调解解决纠纷。因此这起引人关注的案件有待二审法院作出终审判决。

在二审法官入情入理的思想工作和耐心细致的法律解释下,2003 年 1 月初,上诉人吴欢来到二审法院,向法官提出了撤诉的申请,并履行了撤诉手续。

【案例分析】

开发商和物业公司确实存在违约行为,但不承担住户家中被害的侵权责任。结合本案,小区开发商违反承诺,没有给住户安装防盗门对讲话机。小区入口无大门,不具备防攀援、防跨越、防爬入等安全防范功能。物业保安人员没有昼夜巡逻,未首先发现犯罪现场,对进入小区的外来人员未进行检查证件及登记。因此,开发商和物业服务公司违反了商品房买卖合同和物业管理服务合同的约定,应承担相应的违约责任。但是,住户家中被害的侵权主体是罪犯,要求开发商和物业治安管理“必须保证业主妻女不遭杀害”有失偏颇,如果抓获罪犯并提起刑事诉讼的话,可以提出刑事附带民事诉讼要求赔偿,然而这起杀人案目前尚未侦破,若要求赔偿目前只能提起民事诉讼。业主既可以提起侵权之诉,也可以提起违约之诉。不过,本案的侵权之诉主体应以罪犯为被告,而非开发商和物业服务公司。

处理锦囊

开发商和物业服务公司应遵守相关房产管理法律法规的规定和物业管理服务合同的约定，提供必要的安全保障基础设施，配备专门的保安人员，尽职尽责地履行保安义务。否则，应承担相应的违约责任。因此，本案中业主可以选择对开发商和物业公司提起违约之诉，要求承担违约责任，而非提起侵权之诉。同时，小区住户应加强自身安全意识，安装相应的房屋防护设施，以保障自身人身和财产安全。

【相关法条链接】

《合同法》第 107 条

《民法通则》第 106 条

05 业主小区遭殴打，在场保安未救助，物业服务公司应该承担责任

《侵权责任法》第 37 条规定："宾馆、商场、银行、车站、娱乐场所等公共场所的管理人或者群众性活动的组织者，未尽到安全保障义务，造成他人损害的，应当承担侵权责任。因第三人的行为造成他人损害的，由第三人承担侵权责任；管理人或者组织者未尽到安全保障义务的，承担相应的补充责任。"物业服务公司对小区内业主负有安全保障义务，当业主被殴打时，小区内保安应该及时予以救助，其未救助而造成的损害，物业服务公司需要在过错范围内承担补充责任。

案　情①

2002年12月23日，杨女士在小区内一条市政道路上行走时，突然遭人殴打，经法医鉴定为轻微伤（偏重）。杨女士认为，当时在场的小区物业保安员未进行阻拦和救助，违反物业合同的保安义务，未尽到维护小区公共秩序的管理责任，请求法院判令该物业承担相应责任。物业公司认为，杨女士被殴地点处于市政规划道路，不在物业管理区域范围内，物业公司对此道路没有管理职责。

法院认为：根据杨女士交费以及公司提供服务的事实，可以确定两者间存在物业管理服务合同关系。杨女士遭殴打的区域在性质上属于社会道路，虽由开发商或物业公司代为管理，但不在物业合同范围内，物业公司在该道路上并无合同约定的保安服务义务。因此，杨女士无权要求物业公司承担违约赔偿责任。保安不仅负有保障约定范围内业主人身、财产安全的义务，还负有维护小区秩序和治安环境的职责。物业公司在保安范围之外的其能够发现并控制侵害的合理区域内，仍负有一定的对业主的安全保障义务。保安在发现杨女士遭受不法侵害时，未尽力防止或控制侵害，亦未积极救助，违反了相应的安全保障义务，依据最高人民法院《关于审理人身损害赔偿案件适用法律若干问题的解释》第6条规定，物业公司应对杨女士所受损失承担一定的补充赔偿责任，此项补充赔偿责任应以物业能够防止或制止损害的范围为限。

【案例分析】

在本案中，业主与物业服务公司之间存在物业管理服务合同关系，物业服务公司依法负有保障约定范围内业主人身、财产安全的

---

① 郭京霞："业主在小区内市政道路上遭殴打，物业公司未尽保障义务被判赔偿"，载《人民法院报》2005年12月29日。

义务,还负有维护小区秩序和治安环境的职责。虽然业主遭殴打的区域在性质上属于社会道路,由开发商或物业公司代为管理,不在物业合同范围内,但是,物业服务公司在保安范围之外的其能够发现并控制侵害的合理区域内,仍负有一定的对业主的安全保障义务。在场保安在发现业主遭受不法侵害时,未尽力防止或控制侵害,亦未积极救助,违反了安全保障义务,物业服务公司应承担相应的赔偿责任。

处理锦囊

物业服务公司应当严格按照相关房产管理法律法规的规定和物业管理服务合同的约定,切实保障业主人身、财产安全,维护小区秩序和治安环境。除了对于约定范围内的区域,应尽到安全保卫义务,在保安范围之外的其能够发现并控制侵害的合理区域内,仍负有一定的对业主的安全保障义务。

【相关法条链接】

《物业管理条例》第 35 条、第 46 条

《合同法》第 107 条

《侵权责任法》第 37 条

06 住户家中物品被盗,物业服务公司不承担责任

物业服务公司根据法律法规的规定和物业管理合同的约定,对小区内业主的人身财产安全负有安全保障义务。如果物业服务公司为尽到安全保障义务而使业主遭受人身财产损失的,应该承担损害赔偿责任。但如果物业服务公司对业主的损失没有过错,则不需要承担责任。

案 情①

2003年7月,家住广元市南河金龙小区二区B幢4楼的业主刘广林家中步阳防盗门被撬,财产被盗,业主发现后立即向公安机关报案。此后因该案迟迟未被侦破,业主刘广林便向负责该小区的安盛物业有限公司提出了赔偿要求。业主认为,自己与物业服务公司签订了物业管理服务公约并已交纳了物管费,现失窃了就是物业服务公司失职,为此造成的损失应该由物业公司向自己赔偿。在遭到拒绝后,刘广林一纸诉状把安盛物业服务公司告上了法庭。

法院经审理后认为:《物业管理条例》中明确规定,安全责任是业主与物业公司共同的事,该条例对业主和物业企业的安全责任都作了相关规定。物业管理中的保安服务只能起到群防群治的社会综合治理作用,是一种社会治安防范服务,而不是治安保障服务。该条例排除了物管对业主的人身和私有财产保镖、保管和保险的职责。法院认为,为了业主的安全,防止突发事件给业主造成伤害,被告在其管理区域内应增加保安人员以及保安巡逻次数,加强安全防范的力度和措施,有效地防止违法犯罪行为的发生。但物业公司对业主因罪犯的犯罪行为所造成的人身、财产损失并无法定赔偿义务,且原告刘广林家中被盗一案公安机关至今未侦破,其损失又无其他相关证据予以充分证明,故广元市市中区法院对原告刘广林的主张依法作出一审判决:驳回其诉讼请求。

【案例分析】

物业服务公司对于业主因不可归因于物业公司的刑事犯罪遭受的人身和财产损失不承担赔偿责任。在物业管理案件纠纷中,判断物业服务公司是否履行了相应的安全保卫职责的主要依据是物

---

① 参见 http://www.lawyee.net,2005年6月14日访问。

业服务公司与业主签订的物业管理服务合同,物业服务公司应当履行的维护小区公共秩序的职责不同于公安机关的治安管理职责,并非业主在小区内遭受了人身和财产损失的,物业服务公司都应承担责任。安全责任是业主与物业服务公司共同的事,对于物业服务公司已经按照物业管理服务合同的约定,履行了管理职责的,就不承担相应的责任。在本案中,虽然业主与物业服务公司签订了物业管理服务公约并已交纳了物管费,但是业主家中被盗一案公安机关至今未侦破,其损失又无其他相关证据予以充分证明,物业服务公司对业主的人身和财产没有保镖、保管和保险的职责,因此不应承担责任。

处理锦囊

物业服务公司应当严格按照相关房产管理法律法规的规定和物业管理服务合同的约定,切实保障业主人身、财产安全,维护小区秩序和治安环境,但安全责任是业主与物业服务公司共同的事,不能苛求物业服务公司对业主的人身和财产承担保镖、保管和保险的职责。不过,就提高物业管理水平和增强企业竞争力而言,物业服务公司在其管理区域内应增加保安人员以及保安巡逻次数,加强安全防范的力度和措施,以有效地防止违法犯罪行为的发生。同时更为重要的是,业主自身也应加强安全防范意识,注意自身保护,购买必要的人身或财产保险,而不能完全依赖于物业服务公司。

【相关法条链接】

《物业管理条例》第35条

07 物业服务公司禁止封闭阳台，窃贼入室行窃，物业服务公司负责

物业服务公司根据法律法规的规定和物业管理合同的约定,对小区内业主的人身财产安全负有安全保障义务。如果物业服务公司为尽到安全保障义务而使业主遭受人身财产损失的,应该承担损害赔偿责任。同时,我国法律规定,精神损害赔偿金只能在侵权责任诉讼中提出,而不能在违约责任诉讼中提出。

案　情①

2003 年 2 月,李进购买了某市阳光花园小区二手房一套,并与小区物业公司签订物业管理合同。为美化小区环境,保持整体协调性,合同规定所有业主不得封闭阳台,由物业公司实行封闭式管理,确保业主的人身和财产安全。李进与已入住的业主一样按合同履行了约定的义务,在装修时没有封闭阳台。2003 年 9 月 15 日晚,两名盗贼进入小区伺机作案,在小区入口处,保安既未对他们进行询问,也未进行相关登记。两人持刀从阳台翻入李进家中准备实施盗窃,当晚只有李进的父母在家,李父发现后及时报警并大声叫喊,歹徒慌忙之中拿起李进放在茶几上的手机一部匆忙逃走。李母张珍患有高血压和心脏病,被突如其来的盗贼惊吓,导致心脏病发作,经抢救后脱险。事发后,每到夜晚,张珍就心神不定,生怕盗贼再次窜入室内,以致长时间精神欠佳,严重影响了生活和日常工作,后经鉴定为轻度精神分裂症。2003 年 12 月 15 日,李进和张珍以物业违反管理合同约定义务为由提起诉讼,要求物业公司赔偿财产损失,并主张 5 万元的精神赔偿。

① 参见 http://www. lawyee. net,2005 年 6 月 14 日访问。

法院以物业违约为由，判决赔偿李进的手机损失，但驳回了精神损害赔偿的诉讼请求。

【案例分析】

1. 物业服务公司禁止业主封闭阳台，留下安全隐患，未尽保护义务的，应承担违约责任。且在罪犯进入小区作案时，保安怠于管理，致使业主遭受损失的，物业服务公司应承担相应的违约责任。

2. 业主因物业服务公司违约遭受的损失，无权索要精神损害赔偿

业主亲属因受罪犯的犯罪行为的惊吓，最终患上轻度精神分裂症，业主应要求罪犯承担精神损害赔偿责任。

处理锦囊

物业服务公司应遵守相关房屋管理法律法规的规定和物业管理服务合同的约定，不得为了便于管理禁止业主建筑合理自卫设备设施，而留下安全隐患。同时，也应依法依约尽职履行安全保卫义务，对进出小区的人员和车辆进行询问和登记，加强巡防，采用得力的安全防卫措施，保障小区的公共秩序和业主的人身财产安全。

【相关法条链接】

《物业管理条例》第 35 条

《合同法》第 107 条

08 物业服务公司纵容小区黑恶势力，业主受损，物业服务公司负责

根据物业管理相关法律法规的规定和物业管理服务合同的约

定，物业服务公司有责任维护小区的公共秩序和住户人身财产安全。如果物业服务公司未尽到安全保障义务而使业主人身财产权利受损的，物业服务公司应该承担损害赔偿责任。

案　情[①]

一伙在北京市昌平区天通苑居住区内索要高额搬运费强行搬运装修材料，欺行霸市的“扛楼帮”恶势力团伙已于 2006 年 5 月在北京市昌平区人民法院接受了审判，这伙恶势力团伙的 30 余名社会闲散人员，每天在天通苑北三区自由出入，长期聚集在 52 号楼下，强行为业主、装修工人搬运装修材料，并经常与业主发生纠纷。可这些问题却始终无人管理，甚至有的物业管理人员到场协调后，反而支持“扛楼帮”成员继续进行搬运。

法院依法判处 19 名被告人 2 年 6 个月至 4 年 6 个月不等的有期徒刑。

法院认为：物业公司在物业管理过程中存在严重漏洞，一些物业管理人员责任心不强，在一定程度上助长了恶势力的滋生。为此，法院向负责该区物业管理的北京方佳物业管理有限公司发出了司法建议，建议该公司加强社区内的安保工作，对其管理区域内刑事案件较高发的地带实行重点管理，并建议其建立起警情、险情等紧急情况及时报告制度，必要时可以与公安派出所协商，形成警情联动机制。此外，法院还建议该公司对物业从业人员健全业务管理及考核机制，明确职责，并加强素质教育，提高从业人员的法律意识和职业道德意识。

【案例分析】

在本案中，一伙“扛楼帮”恶势力团伙长期盘踞在小区内索要

---

① 李松、黄洁：“审‘扛楼帮’案审出物业漏洞”，载《法制日报》2006 年 7 月 9 日。

高额搬运费强行为业主、装修工人搬运装修材料，欺行霸市，并经常与业主发生纠纷，可见，物业服务公司存在严重的安全管理漏洞，没有尽到应有的安全保卫职责，应该承担相应的违约责任。相关住户如果因此遭受黑恶势力侵害的，可以要求物业服务公司承担相应的违约责任。物业管理工作人员纵容黑恶势力行凶致人损害的，视情况可构成共同侵权人，承担连带民事赔偿责任。如果侵害行为达到犯罪的，可以构成共同犯罪，承担相应的刑事责任。

【相关法条链接】

《物业管理条例》第35条、第46条

《合同法》第107条

《民法通则》第130条

09 他人跳楼自杀砸死住户，物业服务公司不承担赔偿责任

根据物业管理相关法律法规的规定和物业管理服务合同的约定，物业服务公司有责任维护小区的公共秩序和住户人身财产安全，但其承担的责任范围在物业服务公司能够避免的范围之内。如果发生不可抗力的情况，物业服务公司已经采取了必要的安全保障措施仍不能避免损害发生的，物业服务公司不承担损害赔偿责任。

案　情①

2004年4月28日12时30分许，魏某从北京市朝阳区呼家楼向军南里3号楼21层跳楼，将正好走到楼下的李老太砸死。经北

① 程婕："老妪不幸被坠楼人砸死，家属告物业索赔被驳回"，载《北京青年报》2004年10月19日。

京市公安局法医检验鉴定中心检验,魏某符合高坠死亡,李老太在魏某坠楼过程中被砸压躯干部,致创伤失血性休克死亡。李老太的两个子女将房屋产权及管理单位北京市朝阳区物业服务公司、北京市朝阳区国土资源和房屋管理局左家庄房管所及北京市朝阳区国土资源和房屋管理局一并告到朝阳法院,索赔 14 万余元。

法院认为:李老太死亡结果的发生是魏某跳楼自杀行为所致,与三被告的行为并无法律上的因果关系。三被告作为房屋所有人或管理人显然无法预见并控制任何不特定人的跳楼自杀行为。房屋的所有人或者管理人即使投入任何合理的预防成本,也不能绝对避免自杀伤人事件的发生。因此,三被告对李老太的死亡并不存在过错,二原告要求三被告承担赔偿责任不符合法律关于过错责任的规定。

判决还指出,二原告索赔所依据的两条法律规定,涉及的是建筑物等物件致人损害情形的赔偿责任。魏某显然并非任何一种物件,且其自杀行为是故意行为,与物件致人损害而推定管理人或所有人具有过失的情形根本不同。因此,此案不在这两条规定涵盖范围之内。

【案例分析】

物业服务公司对于他人跳楼自杀砸死住户的不可抗力行为,不承担赔偿责任。结合本案,虽然李老太死亡结果的发生是魏某跳楼自杀行为所致,但是物业服务公司显然无法预见并控制任何不特定人的跳楼自杀行为,即使投入任何合理的预防成本,也不能绝对避免自杀伤人事件的发生。李老太死亡结果与物业服务公司的行为并无法律上的因果关系,物业服务公司对于李老太的死亡并不存在过错,因此,物业服务公司不应当承担过错责任。

处理锦囊

物业服务公司应遵守相关房屋管理法律法规的规定和物业管理合同的约定,全面履行其对小区公共秩序和住户人身财产安全的保卫义务。对小区公共设备设施或建筑物的搁置物、悬挂物进行定期检查,消除安全隐患。但对于他人跳楼自杀的突发行为,不承担相应的责任。

【相关法条链接】

《物业管理条例》第35条

《合同法》第117条

10 业主与看房人发生纠纷被打伤,物业服务公司不需承担责任

物业公司是否应该承担赔偿责任,关键在于物业管理维修公约的具体约定。一般而言,物业管理服务合同中的保安服务,是指物业服务公司为维护物业管理区域内的公共秩序和物业使用的安全而实施的必要的正常防范性安全保卫活动,即物业服务公司应承担的保安注意义务。除了物业管理服务合同有明确的约定外,只要物业服务公司已经尽到了保安注意义务,也就是按物业管理服务合同的约定,履行了日常的保安工作,物业服务公司不应承担确保物业管理区域内业主、使用人的人身、财产不遭受不法侵害的义务。

案　情①

某住宅小区内,前来看房的人员和业主张先生因故发生口角。随后,看房人打电话招来了几个人,分乘两辆汽车进入小区,将业主张先生打伤。案发时,物业服务公司的保安对进入小区的车辆进行了记录,虽未能阻止殴打事件,但在殴打过程中,小区的保安劝阻殴打业主张先生的看房人。事后,物业服务公司尽力协助公安机关侦破案件。被打成轻微伤的业主张先生,依据物业使用管理维修公约的规定,以物业服务公司理应对业主的人身安全负有责任为由向法院起诉,要求物业服务公司承担赔偿责任。

一审法院认为:业主和物业服务公司之间系物业管理合同关系。管理维修公约对物业服务公司之保安职责没有作特别约定,物业服务公司只承担一般意义上的保安责任。在本案中,物业服务公司已尽到了保安注意义务,因此,对于业主遭受的损害不承担赔偿责任。判决后业主张先生不服,向上级法院上诉,二审法院维持了原判。

【案例分析】

在本案中,物业管理服务合同对保安服务没有作出特别约定,而且保安人员已履行了保安义务,记录了车辆进出情况,案发时也尽力保护业主的人身和财产安全,事后又配合公安机关破案,应该说,物业服务公司已经尽到了保安注意义务,因此,无须对业主遭受的伤害承担赔偿责任。

---

①　刘新雷:“北京一业主被打伤物业免赔偿,保安保什么?”,载《北京青年报》2004年8月12日。

处理锦囊

物业服务公司并非业主或住户的保镖，不同于社会公共治安机关，只要其已经尽到了保安注意义务，也即按物业管理服务合同的约定，履行了日常的保安工作，就不承担责任。

【相关法条链接】

《物业管理条例》第35条、第46条

11 物管公司不承担紧急避险行为的民事责任

《物业管理条例》第47条第1款规定：物业服务企业应当协助做好物业管理区域内的安全防范工作。发生安全事故时，物业服务企业在采取应急措施的同时，应当及时向有关行政管理部门报告，协助做好救助工作。从该法律规定可知，小区发生安全事故时，采取应急措施是物业公司的法定义务。该法条规定的应急措施即属于紧急避险措施。所谓紧急避险，是指为了本人或第三人的人身或财产或者公共利益免遭正在发生的，实际存在的危险而不得已采取的一种加害于他人人身或财产的损害行为。紧急避险行为因其保护的利益大于所造成的损害，具有正义合理性，所以被我国法律所认可。《民法通则》明确规定正当防卫和合法性的侵权行为不承担民事责任。紧急避险有如下几个特征：(1)紧急避险的目的是保护公共利益、本人或他人的合法民事权益；(2)紧急避险是对正在发生的侵害采取相应措施；(3)紧急避险施加于第三人，造成第三人人身或财产的损失；(4)紧急避险不得超过必要的限度；(5)即使在必要的限度内的紧急避险，受害的第三人原则上也应从受益的一方获得补偿。

案 情

原告刘某系××小区6号楼13楼业主。国庆期间,刘某全家外出旅游,无人在家。在此期间,家中自来水管意外爆裂,导致房间内完全积水并渗漏至12楼。12楼业主王某发现险情时,自己家中天花板、家具、衣服、电器、木地板等已经被淋湿、浸泡,造成严重损失,而且楼上还在源源不断地向12楼渗水。12楼业主立即向物业管理公司反映情况,要求紧急处理。但物业管理公司称:13楼业主刘某无人在家,不能够进入检修。但情况越来越严重,12楼业主王某不得已,再次找到物业管理公司,强烈要求马上解决。物业管理公司只好打电话求助于警方。在警方到场的情况下,物业管理公司派人破门而入,进行了检修。修好水管后,物业管理公司人员对原告受损的室内和家具等进行了必要处理。原告回来即发现家中受损。得知原委后,原告要求物业管理公司赔礼道歉并赔偿自己的经济损失。物业管理公司坚决予以拒绝。于是,原告即一纸诉状将物业管理公司告上了法庭。

原告称:被告物业管理公司未经自己同意,擅自破门而入,造成自己财物受损,侵犯了自己的住宅隐私权和合法财产,已经构成侵权,要求判决被告物业管理公司赔礼道歉并赔偿经济损失。

被告物业管理公司辩称:破门而入实属不得已而为之,是应楼下12楼业主的强烈要求,并在警方到场的情况下,为抢修水管,避免对原告及12楼业主造成更大损害所采取的紧急避险行为,没有过错,也没有侵犯原告的合法权益,不同意承担赔礼道歉并赔偿经济损失的民事责任。

法院经审理后认为:本案乃因紧急避险行为引起,12楼业主王某系受益人之一,于是追加12楼业主为本案第三人。判决被告物业管理公司的行为属紧急避险行为,对原告所受到的损失依法不承担法律责任;原告由于自己原因引起危险的发生,因此,所遭受的损失应当由自己承担一部分;12 楼业主王某作为受益人,应当对刘某遭受的损失进行适当的经济补偿。

【案例分析】

物业管理活动中常常会发生类似纠纷,本案中法院的判决是合法公正的。其理由如下:

一、物业管理公司的行为属于紧急避险行为

紧急避险行为指为了使国家、公共利益、本人或者他人的人身、财产和其他权利免受正在发生的危险,不得已采取的加害于他人人身、财产或其他权利的损害行为。

构成紧急避险行为必须同时具备下列条件:(1)必须是合法权益受到正在发生的危险的威胁,这种危险是真实存在而非主观猜测想象的,而且它对法律所保护的权益已经直接构成威胁;(2)必须是在没有其他方法可以避免危险时才能采取这种措施,是不得已情况下采取的必要措施;(3)避险行为是适当的,没有超过必要限度造成不必要的损害,即其造成的损害应当小于所要避免的损害。

本案中,原告刘某家中漏水,损害了搂下 12 楼业主王某的合法财产,且如不及时修好原告家中水管,12 楼业主将一直面临这种危险,损害将更大。在原告家中无人、必须采取紧急措施以减少损害发生的情况下,被告物业管理公司破门而入纯属不得已而为之,该措施为唯一可行方法。该行为虽给原告造成一定损害,但该损害却明显小于不及时抢修坏损水管可能造成的更大损害。其行为是合理的,措施是适当的。因此,被告物业管理公司的行为构成紧急避险行为。

二、物业管理公司的紧急避险行为不应当承担民事责任

《民法通则》第 129 条规定:因紧急避险造成损害的,由引起险

情发生的人承担民事责任;如果危险是由自然原因引起的,紧急避险人不承担民事责任或者承担适当的民事责任;因紧急避险采取措施不当或者超过必要的限度,造成不应有的损害的,紧急避险人应当承担适当的民事责任。

最高人民法院《关于贯彻执行〈中华人民共和国民法通则〉若干问题的意见(试行)》第156条规定:因紧急避险造成他人损失的,如果险情是由自然原因引起的,行为人采取的措施又无不当,则行为人不承担民事责任;受害人要求补偿的,可以责令受益人适当补偿;如果行为人也是受益人,可责令其承担补偿义务。

《物业管理条例》第35条第2款规定:物业管理企业未能够履行《物业服务合同》的约定,导致业主人身、财产安全受到损害的,应当依法承担相应的法律责任;第56条规定:物业存在安全隐患,危及公共利益及他人合法权益的,责任人应当及时维修养护,有关业主应当予以配合。

因此,本案中,在13楼业主无人,水管爆裂,严重漏水,危及业主财产安全情况下,物业管理公司为防止危险发生采取紧急避险行为,并没有违反法律、法规规定和《物业服务合同》的约定,不应当承担民事责任。对于由此给原告造成的损失,可以由第三人,即受益人12楼业主给予适当的经济补偿。另外,原告也是受益人(该紧急避险行为同时减少了原告的损失),自己也应当承担部分损失。被告物业管理公司不是受益人,它可以不向原告进行补偿。当然,由于13楼漏水给12楼业主造成的损害,13楼业主刘某应当对此承担赔偿责任,但这是另外一个法律关系,受害人12楼业主王某可以另行起诉要求刘某赔偿。

由此可以看出,由于《物业管理条例》规定物业管理企业应当按照《物业服务合同》的约定提供相应的服务(第35条第1款),为了依法维护自己的合法权益，物业管理企业应当在符合国家法律法规的前提下明确约定物业服务内容（物业管理事项），并将其中相关的免责条款尽量写入《物业服务合同》之中，以避免不必要的纠纷。

【相关法条链接】

《物业管理条例》第 35 条

《民法通则》第 129 条

附　录

中华人民共和国物权法(节录)

(2007 年 3 月 16 日由第十届全国人民代表大会第五次会议通过
自 2007 年 10 月 1 日起施行)

第六章 业主的建筑物区分所有权

第七十条 【建筑物区分所有权的含义与构成】业主对建筑物内的住宅、经营性用房等专有部分享有所有权,对专有部分以外的共有部分享有共有和共同管理的权利。

第七十一条 【业主对专有部分所有权的行使】业主对其建筑物专有部分享有占有、使用、收益和处分的权利。业主行使权利不得危及建筑物的安全,不得损害其他业主的合法权益。

第七十二条 【业主对共有部分的权利、义务】业主对建筑物专有部分以外的共有部分,享有权利,承担义务;不得以放弃权利不履行义务。

业主转让建筑物内的住宅、经营性用房,其对共有部分享有的共有和共同管理的权利一并转让。

第七十三条 【建筑区划内共有的范围】建筑区划内的道路,属于业主共有,但属于城镇公共道路的除外。建筑区划内的绿地,属于业主共有,但属于城镇公共绿地或者明示属于个人的除外。建筑区划内的其他公共场所、公用设施和物业服务用房,属于业主共有。

第七十四条 【车位、车库的归属与利用】建筑区划内,规划用于停放汽车的车位、车库应当首先满足业主的需要。

建筑区划内,规划用于停放汽车的车位、车库的归属,由当事人通过出售、附赠或者出租等方式约定。

占用业主共有的道路或者其他场地用于停放汽车的车位,属于业主共有。

第七十五条 【业主大会、业主委员会的设立】业主可以设立业主大会,选举业主委员会。

地方人民政府有关部门应当对设立业主大会和选举业主委员会给予指导和协助。

第七十六条　【业主共同决定的事项】下列事项由业主共同决定：

（一）制定和修改业主大会议事规则；

（二）制定和修改建筑物及其附属设施的管理规约；

（三）选举业主委员会或者更换业主委员会成员；

（四）选聘和解聘物业服务企业或者其他管理人；

（五）筹集和使用建筑物及其附属设施的维修资金；

（六）改建、重建建筑物及其附属设施；

（七）有关共有和共同管理权利的其他重大事项。

决定前款第五项和第六项规定的事项，应当经专有部分占建筑物总面积三分之二以上的业主且占总人数三分之二以上的业主同意。决定前款其他事项，应当经专有部分占建筑物总面积过半数的业主且占总人数过半数的业主同意。

第七十七条　【住宅变为经营性用房的限制与条件】业主不得违反法律、法规以及管理规约，将住宅改变为经营性用房。业主将住宅改变为经营性用房的，除遵守法律、法规以及管理规约外，应当经有利害关系的业主同意。

第七十八条　【业主大会、业主委员会决定的效力】业主大会或者业主委员会的决定，对业主具有约束力。

业主大会或者业主委员会作出的决定侵害业主合法权益的，受侵害的业主可以请求人民法院予以撤销。

第七十九条　【建筑物及其附属设施的维修基金的归属与使用】建筑物及其附属设施的维修资金，属于业主共有。经业主共同决定，可以用于电梯、水箱等共有部分的维修。维修资金的筹集、使用情况应当公布。

第八十条　【建筑物及其附属设施费用分摊与收益分配】建筑物及其附属设施的费用分摊、收益分配等事项，有约定的，按照约定；没有约定或者约定不明确的，按照业主专有部分占建筑物总面积的比例确定。

第八十一条　【建筑物及其附属设施的管理】业主可以自行管理建筑物及其附属设施，也可以委托物业服务企业或者其他管理人管理。

对建设单位聘请的物业服务企业或者其他管理人，业主有权依法更换。

第八十二条　【物业管理人与业主的关系】物业服务企业或者其他管理人根据业主的委托管理建筑区划内的建筑物及其附属设施，并接受业主的监督。

第八十三条　【业主的义务和诉权】业主应当遵守法律、法规以及管理规约。

业主大会和业主委员会,对任意弃置垃圾、排放污染物或者噪声、违反规定饲养动物、违章搭建、侵占通道、拒付物业费等损害他人合法权益的行为,有权依照法律、法规以及管理规约,要求行为人停止侵害、消除危险、排除妨害、赔偿损失。业主对侵害自己合法权益的行为,可以依法向人民法院提起诉讼。

中华人民共和国侵权责任法(节录)

(2009年12月26日第十一届全国人民代表大会常务委员会第十二次会议通过 自2010年7月1日起施行)

第三条 【被侵权人的请求权】被侵权人有权请求侵权人承担侵权责任。

第四条 【侵权责任优先】侵权人因同一行为应当承担行政责任或者刑事责任的,不影响依法承担侵权责任。

因同一行为应当承担侵权责任和行政责任、刑事责任,侵权人的财产不足以支付的,先承担侵权责任。

第五条 【侵权责任法和其他法律的关系】其他法律对侵权责任另有特别规定的,依照其规定。

第六条 【过错责任原则和过错推定】行为人因过错侵害他人民事权益,应当承担侵权责任。

根据法律规定推定行为人有过错,行为人不能证明自己没有过错的,应当承担侵权责任。

第七条 【无过错责任原则】行为人损害他人民事权益,不论行为人有无过错,法律规定应当承担侵权责任的,依照其规定。

第八条 【共同侵权行为】二人以上共同实施侵权行为,造成他人损害的,应当承担连带责任。

第十三条 【连带责任】法律规定承担连带责任的,被侵权人有权请求部分或者全部连带责任人承担责任。

第十四条 【连带责任人内部的责任分担】连带责任人根据各自责任大小确定相应的赔偿数额;难以确定责任大小的,平均承担赔偿责任。

支付超出自己赔偿数额的连带责任人,有权向其他连带责任人追偿。

第十五条 【承担侵权责任的方式】承担侵权责任的方式主要有:

(一)停止侵害;

(二)排除妨碍;

(三)消除危险;

(四)返还财产;

(五)恢复原状;

(六)赔偿损失;

(七)赔礼道歉;

(八)消除影响、恢复名誉。

以上承担侵权责任的方式,可以单独适用,也可以合并适用。

第十六条 【人身损害赔偿】侵害他人造成人身损害的,应当赔偿医疗费、护理费、交通费等为治疗和康复支出的合理费用,以及因误工减少的收入。造成残疾的,还应当赔偿残疾生活辅助具费和残疾赔偿金。造成死亡的,还应当赔偿丧葬费和死亡赔偿金。

第十七条 【以相同数额确定死亡赔偿金】因同一侵权行为造成多人死亡的,可以以相同数额确定死亡赔偿金。

第十八条 【被侵权人死亡或者合并、分立时请求权人的确定】被侵权人死亡的,其近亲属有权请求侵权人承担侵权责任。被侵权人为单位,该单位分立、合并的,承继权利的单位有权请求侵权人承担侵权责任。

被侵权人死亡的,支付被侵权人医疗费、丧葬费等合理费用的人有权请求侵权人赔偿费用,但侵权人已支付该费用的除外。

第十九条 【财产损失的计算】侵害他人财产的,财产损失按照损失发生时的市场价格或者其他方式计算。

第二十条 【侵害人身权益造成财产损失的赔偿】侵害他人人身权益造成财产损失的,按照被侵权人因此受到的损失赔偿;被侵权人的损失难以确定,侵权人因此获得利益的,按照其获得的利益赔偿;侵权人因此获得的利益难以确定,被侵权人和侵权人就赔偿数额协商不一致,向人民法院提起诉讼的,由人民法院根据实际情况确定赔偿数额。

第二十八条 【第三人的原因】损害是因第三人造成的,第三人应当承担侵权责任。

第二十九条　【不可抗力】因不可抗力造成他人损害的，不承担责任。法律另有规定的，依照其规定。

第三十一条　【紧急避险】因紧急避险造成损害的，由引起险情发生的人承担责任。如果危险是由自然原因引起的，紧急避险人不承担责任或者给予适当补偿。紧急避险采取措施不当或者超过必要的限度，造成不应有的损害的，紧急避险人应当承担适当的责任。

第七十八条　【动物饲养人或者管理人的责任】饲养的动物造成他人损害的，动物饲养人或者管理人应当承担侵权责任，但能够证明损害是因被侵权人故意或者重大过失造成的，可以不承担或者减轻责任。

第七十九条　【未采取安全措施的损害责任】违反管理规定，未对动物采取安全措施造成他人损害的，动物饲养人或者管理人应当承担侵权责任。

第八十条　【禁止饲养的危险动物损害责任】禁止饲养的烈性犬等危险动物造成他人损害的，动物饲养人或者管理人应当承担侵权责任。

第八十一条　【动物园的动物损害责任】动物园的动物造成他人损害的，动物园应当承担侵权责任，但能够证明尽到管理职责的，不承担责任。

第八十二条　【遗弃、逃逸的动物损害责任】遗弃、逃逸的动物在遗弃、逃逸期间造成他人损害的，由原动物饲养人或者管理人承担侵权责任。

第八十三条　【第三人过错时的责任承担】因第三人的过错致使动物造成他人损害的，被侵权人可以向动物饲养人或者管理人请求赔偿，也可以向第三人请求赔偿。动物饲养人或者管理人赔偿后，有权向第三人追偿。

第八十四条　【饲养动物不得妨害他人生活】饲养动物应当遵守法律，尊重社会公德，不得妨害他人生活。

第八十五条　【建筑物等设施及其搁置物、悬挂物脱落、坠落损害责任】建筑物、构筑物或者其他设施及其搁置物、悬挂物发生脱落、坠落造成他人损害，所有人、管理人或者使用人不能证明自己没有过错的，应当承担侵权责任。所有人、管理人或者使用人赔偿后，有其他责任人的，有权向其他责任人追偿。

第八十六条　【建筑物等设施倒塌损害责任】建筑物、构筑物或者其他设施倒塌造成他人损害的，由建设单位与施工单位承担连带责任。建设单位、施工单位赔偿后，有其他责任人的，有权向其他责任人追偿。

因其他责任人的原因，建筑物、构筑物或者其他设施倒塌造成他人损害的，由其他责任人承担侵权责任。

第八十七条 【不明抛掷物、坠落物损害责任】从建筑物中抛掷物品或者从建筑物上坠落的物品造成他人损害,难以确定具体侵权人的,除能够证明自己不是侵权人的外,由可能加害的建筑物使用人给予补偿。

第八十八条 【堆放物倒塌损害责任】堆放物倒塌造成他人损害,堆放人不能证明自己没有过错的,应当承担侵权责任。

第八十九条 【妨碍通行物损害责任】在公共道路上堆放、倾倒、遗撒妨碍通行的物品造成他人损害的,有关单位或者个人应当承担侵权责任。

第九十条 【林木折断损害责任】因林木折断造成他人损害,林木的所有人或者管理人不能证明自己没有过错的,应当承担侵权责任。

第九十一条 【公共场所、道路施工和窨井等地下设施损害责任】在公共场所或者道路上挖坑、修缮安装地下设施等,没有设置明显标志和采取安全措施造成他人损害的,施工人应当承担侵权责任。

窨井等地下设施造成他人损害,管理人不能证明尽到管理职责的,应当承担侵权责任。

中华人民共和国合同法(节录)

(由第九届全国人民代表大会第二次会议1999年3月15日通过
自1999年10月1日起施行)

第七条 【遵纪守法原则】当事人订立、履行合同,应当遵守法律、行政法规,尊重社会公德,不得扰乱社会经济秩序,损害社会公共利益。

第八条 【依合同履行义务原则】依法成立的合同,对当事人具有法律约束力。当事人应当按照约定履行自己的义务,不得擅自变更或者解除合同。

依法成立的合同,受法律保护。

第三十六条 【书面合同与合同成立】法律、行政法规规定或者当事人约定采用书面形式订立合同,当事人未采用书面形式但一方已经履行主要义务,对方接受的,该合同成立。

第四十一条 【格式合同的解释】对格式条款的理解发生争议的,应当按照通常理解予以解释。对格式条款有两种以上解释的,应当作出不利于提供格式条款一方的解释。格式条款和非格式条款不一致的,应当采用非格式条款。

第六十条 【严格履行与诚实信用】当事人应当按照约定全面履行自己的义务。

当事人应当遵循诚实信用原则,根据合同的性质、目的和交易习惯履行通知、协助、保密等义务。

第七十七条 【合同变更条件】当事人协商一致,可以变更合同。

法律、行政法规规定变更合同应当办理批准、登记等手续的,依照其规定。

第九十九条 【债务的抵销及行使】当事人互负到期债务,该债务的标的物种类、品质相同的,任何一方可以将自己的债务与对方的债务抵销,但依照法律规定或者按照合同性质不得抵销的除外。

当事人主张抵销的,应当通知对方。通知自到达对方时生效。抵销不得附条件或者附期限。

第一百零七条 【违约责任】当事人一方不履行合同义务或者履行合同义务不符合约定的,应当承担继续履行、采取补救措施或者赔偿损失等违约责任。

第一百一十七条 【不可抗力】因不可抗力不能履行合同的,根据不可抗力的影响,部分或者全部免除责任,但法律另有规定的除外。当事人迟延履行后发生不可抗力的,不能免除责任。

本法所称不可抗力,是指不能预见、不能避免并不能克服的客观情况。

第一百二十二条 【责任竞合】因当事人一方的违约行为,侵害对方人身、财产权益的,受损害方有权选择依照本法要求其承担违约责任或者依照其他法律要求其承担侵权责任。

第一百三十条 【定义】买卖合同是出卖人转移标的物的所有权于买受人,买受人支付价款的合同。

第一百五十三条 【标的物的瑕疵担保】出卖人应当按照约定的质量要求交付标的物。出卖人提供有关标的物质量说明的,交付的标的物应当符合该说明的质量要求。

第三百六十五条 【定义】保管合同是保管人保管寄存人交付的保管物,并返还该物的合同。

第三百七十四条 【保管物的毁损灭失与保管人责任】保管期间,因保管人保管不善造成保管物毁损、灭失的，保管人应当承担损害赔偿责任，但保管是无偿的，保管人证明自己没有重大过失的，不承担损害赔偿责任。

最高人民法院关于审理建筑物区分所有权纠纷案件具体应用法律若干问题的解释

（2009 年 3 月 23 日最高人民法院审判委员会第 1464 次会议通过
自 2009 年 10 月 1 日起施行）

为正确审理建筑物区分所有权纠纷案件，依法保护当事人的合法权益，根据《中华人民共和国物权法》等法律的规定，结合民事审判实践，制定本解释。

第一条 依法登记取得或者根据物权法第二章第三节规定取得建筑物专有部分所有权的人，应当认定为物权法第六章所称的业主。

基于与建设单位之间的商品房买卖民事法律行为，已经合法占有建筑物专有部分，但尚未依法办理所有权登记的人，可以认定为物权法第六章所称的业主。

第二条 建筑区划内符合下列条件的房屋，以及车位、摊位等特定空间，应当认定为物权法第六章所称的专有部分：

（一）具有构造上的独立性，能够明确区分；

（二）具有利用上的独立性，可以排他使用；

（三）能够登记成为特定业主所有权的客体。

规划上专属于特定房屋，且建设单位销售时已经根据规划列入该特定房屋买卖合同中的露台等，应当认定为物权法第六章所称专有部分的组成部分。

本条第一款所称房屋，包括整栋建筑物。

第三条 除法律、行政法规规定的共有部分外，建筑区划内的以下部分，也应当认定为物权法第六章所称的共有部分：

（一）建筑物的基础、承重结构、外墙、屋顶等基本结构部分，通道、楼梯、大堂等公共通行部分，消防、公共照明等附属设施、设备，避难层、设备层或者设备间等结构部分；

（二）其他不属于业主专有部分，也不属于市政公用部分或者其他权利人所有的场所及设施等。

建筑区划内的土地，依法由业主共同享有建设用地使用权，但属于业主专有的整栋建筑物的规划占地或者城镇公共道路、绿地占地除外。

第四条　业主基于对住宅、经营性用房等专有部分特定使用功能的合理需要，无偿利用屋顶以及与其专有部分相对应的外墙面等共有部分的，不应认定为侵权。但违反法律、法规、管理规约，损害他人合法权益的除外。

第五条　建设单位按照配置比例将车位、车库，以出售、附赠或者出租等方式处分给业主的，应当认定其行为符合物权法第七十四条第一款有关“应当首先满足业主的需要”的规定。

前款所称配置比例是指规划确定的建筑区划内规划用于停放汽车的车位、车库与房屋套数的比例。

第六条　建筑区划内在规划用于停放汽车的车位之外，占用业主共有道路或者其他场地增设的车位，应当认定为物权法第七十四条第三款所称的车位。

第七条　改变共有部分的用途、利用共有部分从事经营性活动、处分共有部分，以及业主大会依法决定或者管理规约依法确定应由业主共同决定的事项，应当认定为物权法第七十六条第一款第（七）项规定的有关共有和共同管理权利的“其他重大事项”。

第八条　物权法第七十六条第二款和第八十条规定的专有部分面积和建筑物总面积，可以按照下列方法认定：

（一）专有部分面积，按照不动产登记簿记载的面积计算；尚未进行物权登记的，暂按测绘机构的实测面积计算；尚未进行实测的，暂按房屋买卖合同记载的面积计算；

（二）建筑物总面积，按照前项的统计总和计算。

第九条　物权法第七十六条第二款规定的业主人数和总人数，可以按照下列方法认定：

（一）业主人数，按照专有部分的数量计算，一个专有部分按一人计算。但建设单位尚未出售和虽已出售但尚未交付的部分，以及同一买受人拥有一个以上专有部分的，按一人计算；

（二）总人数，按照前项的统计总和计算。

第十条　业主将住宅改变为经营性用房，未按照物权法第七十七条的规定经有利害关系的业主同意，有利害关系的业主请求排除妨害、消除危险、恢复原状或者赔偿损失的，人民法院应予支持。

将住宅改变为经营性用房的业主以多数有利害关系的业主同意其行为进行抗辩的，人民法院不予支持。

第十一条 业主将住宅改变为经营性用房，本栋建筑物内的其他业主，应当认定为物权法第七十七条所称“有利害关系的业主”。建筑区划内，本栋建筑物之外的业主，主张与自己有利害关系的，应证明其房屋价值、生活质量受到或者可能受到不利影响。

第十二条 业主以业主大会或者业主委员会作出的决定侵害其合法权益或者违反了法律规定的程序为由，依据物权法第七十八条第二款的规定请求人民法院撤销该决定的，应当在知道或者应当知道业主大会或者业主委员会作出决定之日起一年内行使。

第十三条 业主请求公布、查阅下列应当向业主公开的情况和资料的，人民法院应予支持：

（一）建筑物及其附属设施的维修资金的筹集、使用情况；

（二）管理规约、业主大会议事规则，以及业主大会或者业主委员会的决定及会议记录；

（三）物业服务合同、共有部分的使用和收益情况；

（四）建筑区划内规划用于停放汽车的车位、车库的处分情况；

（五）其他应当向业主公开的情况和资料。

第十四条 建设单位或者其他行为人擅自占用、处分业主共有部分、改变其使用功能或者进行经营性活动，权利人请求排除妨害、恢复原状、确认处分行为无效或者赔偿损失的，人民法院应予支持。

属于前款所称擅自进行经营性活动的情形，权利人请求行为人将扣除合理成本之后的收益用于补充专项维修资金或者业主共同决定的其他用途的，人民法院应予支持。行为人对成本的支出及其合理性承担举证责任。

第十五条 业主或者其他行为人违反法律、法规、国家相关强制性标准、管理规约，或者违反业主大会、业主委员会依法作出的决定，实施下列行为的，可以认定为物权法第八十三条第二款所称的其他“损害他人合法权益的行为”：

（一）损害房屋承重结构，损害或者违章使用电力、燃气、消防设施，在建筑物内放置危险、放射性物品等危及建筑物安全或者妨碍建筑物正常使用；

（二）违反规定破坏、改变建筑物外墙面的形状、颜色等损害建筑物外观；

（三）违反规定进行房屋装饰装修；

（四）违章加建、改建，侵占、挖掘公共通道、道路、场地或者其他共有部分。

第十六条 建筑物区分所有权纠纷涉及专有部分的承租人、借用人等物业使用人的，参照本解释处理。

专有部分的承租人、借用人等物业使用人，根据法律、法规、管理规约、业主大会或者业主委员会依法作出的决定，以及其与业主的约定，享有相应权利，承担相应义务。

第十七条 本解释所称建设单位，包括包销期满，按照包销合同约定的包销价格购买尚未销售的物业后，以自己名义对外销售的包销人。

第十八条 人民法院审理建筑物区分所有权案件中，涉及有关物权归属争议的，应当以法律、行政法规为依据。

第十九条 本解释自 2009 年 10 月 1 日起施行。

因物权法施行后实施的行为引起的建筑物区分所有权纠纷案件，适用本解释。

本解释施行前已经终审，本解释施行后当事人申请再审或者按照审判监督程序决定再审的案件，不适用本解释。

最高人民法院关于审理物业服务纠纷案件具体应用法律若干问题的解释

（2009 年 4 月 20 日由最高人民法院审判委员会第 1466 次会议通过
自 2009 年 10 月 1 日起施行）

为正确审理物业服务纠纷案件，依法保护当事人的合法权益，根据《中华人民共和国民法通则》、《中华人民共和国物权法》、《中华人民共和国合同法》等法律规定，结合民事审判实践，制定本解释。

第一条 建设单位依法与物业服务企业签订的前期物业服务合同，以及业主委员会与业主大会依法选聘的物业服务企业签订的物业服务合同，对业主具有约束力。业主以其并非合同当事人为由提出抗辩的，人民法院不予支持。

第二条 符合下列情形之一，业主委员会或者业主请求确认合同或者合同相关条款无效的，人民法院应予支持：

（一）物业服务企业将物业服务区域内的全部物业服务业务一并委托他人而签订的委托合同；

（二）物业服务合同中免除物业服务企业责任、加重业主委员会或者业主责任、排除业主委员会或者业主主要权利的条款。

前款所称物业服务合同包括前期物业服务合同。

第三条 物业服务企业不履行或者不完全履行物业服务合同约定的或者法律、法规规定以及相关行业规范确定的维修、养护、管理和维护义务，业主请求物业服务企业承担继续履行、采取补救措施或者赔偿损失等违约责任的，人民法院应予支持。

物业服务企业公开作出的服务承诺及制定的服务细则，应当认定为物业服务合同的组成部分。

第四条 业主违反物业服务合同或者法律、法规、管理规约，实施妨害物业服务与管理的行为，物业服务企业请求业主承担恢复原状、停止侵害、排除妨害等相应民事责任的，人民法院应予支持。

第五条 物业服务企业违反物业服务合同约定或者法律、法规、部门规章规定，擅自扩大收费范围、提高收费标准或者重复收费，业主以违规收费为由提出抗辩的，人民法院应予支持。

业主请求物业服务企业退还其已收取的违规费用的，人民法院应予支持。

第六条 经书面催交，业主无正当理由拒绝交纳或者在催告的合理期限内仍未交纳物业费，物业服务企业请求业主支付物业费的，人民法院应予支持。物业服务企业已经按照合同约定以及相关规定提供服务，业主仅以未享受或者无需接受相关物业服务为抗辩理由的，人民法院不予支持。

第七条 业主与物业的承租人、借用人或者其他物业使用人约定由物业使用人交纳物业费，物业服务企业请求业主承担连带责任的，人民法院应予支持。

第八条 业主大会按照物权法第七十六条规定的程序作出解聘物业服务企业的决定后，业主委员会请求解除物业服务合同的，人民法院应予支持。

物业服务企业向业主委员会提出物业费主张的，人民法院应当告知其向拖欠物业费的业主另行主张权利。

第九条 物业服务合同的权利义务终止后,业主请求物业服务企业退还已经预收,但尚未提供物业服务期间的物业费的,人民法院应予支持。

物业服务企业请求业主支付拖欠的物业费的,按照本解释第六条规定处理。

第十条 物业服务合同的权利义务终止后,业主委员会请求物业服务企业退出物业服务区域、移交物业服务用房和相关设施,以及物业服务所必需的相关资料和由其代管的专项维修资金的,人民法院应予支持。

物业服务企业拒绝退出、移交,并以存在事实上的物业服务关系为由,请求业主支付物业服务合同权利义务终止后的物业费的,人民法院不予支持。

第十一条 本解释涉及物业服务企业的规定,适用于物权法第七十六条、第八十一条、第八十二条所称其他管理人。

第十二条 因物业的承租人、借用人或者其他物业使用人实施违反物业服务合同,以及法律、法规或者管理规约的行为引起的物业服务纠纷,人民法院应当参照本解释关于业主的规定处理。

第十三条 本解释自2009年10月1日起施行。

本解释施行前已经终审,本解释施行后当事人申请再审或者按照审判监督程序决定再审的案件,不适用本解释。

物业管理条例

(2003年6月8日国务院令第379号公布
根据2007年8月26日《国务院关于修改〈物业管理条例〉的决定》
第一次修订 根据2016年2月6日《国务院关于修改部分
行政法规的决定》第二次修订 根据2018年4月4日
《国务院关于修改和废止部分行政法规的决定》第三次修订)

第一章 总 则

第一条 【立法目的】为了规范物业管理活动,维护业主和物业服务企业的合法权益,改善人民群众的生活和工作环境,制定本条例。

第二条　【物业管理定义】本条例所称物业管理，是指业主通过选聘物业服务企业，由业主和物业服务企业按照物业服务合同约定，对房屋及配套的设施设备和相关场地进行维修、养护、管理，维护物业管理区域内的环境卫生和相关秩序的活动。

第三条　【选择物业服务企业的方式】国家提倡业主通过公开、公平、公正的市场竞争机制选择物业服务企业。

第四条　【物业管理与创新、科技进步的关系】国家鼓励采用新技术、新方法，依靠科技进步提高物业管理和服务水平。

第五条　【物业管理监督管理体制】国务院建设行政主管部门负责全国物业管理活动的监督管理工作。

县级以上地方人民政府房地产行政主管部门负责本行政区域内物业管理活动的监督管理工作。

第二章　业主及业主大会

第六条　【业主及业主权利】房屋的所有权人为业主。

业主在物业管理活动中，享有下列权利：

（一）按照物业服务合同的约定，接受物业服务企业提供的服务；

（二）提议召开业主大会会议，并就物业管理的有关事项提出建议；

（三）提出制定和修改管理规约、业主大会议事规则的建议；

（四）参加业主大会会议，行使投票权；

（五）选举业主委员会成员，并享有被选举权；

（六）监督业主委员会的工作；

（七）监督物业服务企业履行物业服务合同；

（八）对物业共用部位、共用设施设备和相关场地使用情况享有知情权和监督权；

（九）监督物业共用部位、共用设施设备专项维修资金（以下简称专项维修资金）的管理和使用；

（十）法律、法规规定的其他权利。

第七条　【业主义务】业主在物业管理活动中，履行下列义务：

（一）遵守管理规约、业主大会议事规则；

（二）遵守物业管理区域内物业共用部位和共用设施设备的使用、公共秩序和环境卫生的维护等方面的规章制度；

（三）执行业主大会的决定和业主大会授权业主委员会作出的决定；

（四）按照国家有关规定交纳专项维修资金；

（五）按时交纳物业服务费用；

（六）法律、法规规定的其他义务。

第八条 【业主大会的组成与宗旨】物业管理区域内全体业主组成业主大会。

业主大会应当代表和维护物业管理区域内全体业主在物业管理活动中的合法权益。

第九条 【物业管理区域划分】一个物业管理区域成立一个业主大会。

物业管理区域的划分应当考虑物业的共用设施设备、建筑物规模、社区建设等因素。具体办法由省、自治区、直辖市制定。

第十条 【业主大会的成立】同一个物业管理区域内的业主，应当在物业所在地的区、县人民政府房地产行政主管部门或者街道办事处、乡镇人民政府的指导下成立业主大会，并选举产生业主委员会。但是，只有一个业主的，或者业主人数较少且经全体业主一致同意，决定不成立业主大会的，由业主共同履行业主大会、业主委员会职责。

第十一条 【业主决定事项】下列事项由业主共同决定：

（一）制定和修改业主大会议事规则；

（二）制定和修改管理规约；

（三）选举业主委员会或者更换业主委员会成员；

（四）选聘和解聘物业服务企业；

（五）筹集和使用专项维修资金；

（六）改建、重建建筑物及其附属设施；

（七）有关共有和共同管理权利的其他重大事项。

第十二条 【业主大会会议】业主大会会议可以采用集体讨论的形式，也可以采用书面征求意见的形式；但是，应当有物业管理区域内专有部分占建筑物总面积过半数的业主且占总人数过半数的业主参加。

业主可以委托代理人参加业主大会会议。

业主大会决定本条例第十一条第（五）项和第（六）项规定的事项，应当经专有部分占建筑物总面积 2/3 以上的业主且占总人数 2/3 以上的业主同意；

决定本条例第十一条规定的其他事项，应当经专有部分占建筑物总面积过半数的业主且占总人数过半数的业主同意。

业主大会或者业主委员会的决定，对业主具有约束力。

业主大会或者业主委员会作出的决定侵害业主合法权益的，受侵害的业主可以请求人民法院予以撤销。

第十三条 【业主大会会议制度】业主大会会议分为定期会议和临时会议。

业主大会定期会议应当按照业主大会议事规则的规定召开。经20%以上的业主提议，业主委员会应当组织召开业主大会临时会议。

第十四条 【召开业主大会会议的会前通知、告知和会议记录】

召开业主大会会议，应当于会议召开15日以前通知全体业主。

住宅小区的业主大会会议，应当同时告知相关的居民委员会。

业主委员会应当做好业主大会会议记录。

第十五条 【业主委员会性质与职责】业主委员会执行业主大会的决定事项，履行下列职责：

（一）召集业主大会会议，报告物业管理的实施情况；

（二）代表业主与业主大会选聘的物业服务企业签订物业服务合同；

（三）及时了解业主、物业使用人的意见和建议，监督和协助物业服务企业履行物业服务合同；

（四）监督管理规约的实施；

（五）业主大会赋予的其他职责。

第十六条 【业主委员会备案制度】业主委员会应当自选举产生之日起30日内，向物业所在地的区、县人民政府房地产行政主管部门和街道办事处、乡镇人民政府备案。

业主委员会委员应当由热心公益事业、责任心强、具有一定组织能力的业主担任。

业主委员会主任、副主任在业主委员会成员中推选产生。

第十七条 【管理规约的内容和效力】管理规约应当对有关物业的使用、维护、管理，业主的共同利益，业主应当履行的义务，违反管理规约应当承担的责任等事项依法作出约定。

管理规约应当尊重社会公德，不得违反法律、法规或者损害社会公共利益。

管理规约对全体业主具有约束力。

第十八条　【业主大会议事规则】业主大会议事规则应当就业主大会的议事方式、表决程序、业主委员会的组成和成员任期等事项作出约定。

第十九条　【业主大会、业主委员会所作决定的限制】业主大会、业主委员会应当依法履行职责，不得作出与物业管理无关的决定，不得从事与物业管理无关的活动。

业主大会、业主委员会作出的决定违反法律、法规的，物业所在地的区、县人民政府房地产行政主管部门或者街道办事处、乡镇人民政府，应当责令限期改正或者撤销其决定，并通告全体业主。

第二十条　【业主大会、业主委员会与公安机关、居委会的关系】业主大会、业主委员会应当配合公安机关，与居民委员会相互协作，共同做好维护物业管理区域内的社会治安等相关工作。

在物业管理区域内，业主大会、业主委员会应当积极配合相关居民委员会依法履行自治管理职责，支持居民委员会开展工作，并接受其指导和监督。

住宅小区的业主大会、业主委员会作出的决定，应当告知相关的居民委员会，并认真听取居民委员会的建议。

第三章　前期物业管理

第二十一条　【前期物业服务合同】在业主、业主大会选聘物业服务企业之前，建设单位选聘物业服务企业的，应当签订书面的前期物业服务合同。

第二十二条　【临时管理规约】建设单位应当在销售物业之前，制定临时管理规约，对有关物业的使用、维护、管理，业主的共同利益，业主应当履行的义务，违反临时管理规约应当承担的责任等事项依法作出约定。

建设单位制定的临时管理规约，不得侵害物业买受人的合法权益。

第二十三条　【说明义务和承诺义务】建设单位应当在物业销售前将临时管理规约向物业买受人明示，并予以说明。

物业买受人在与建设单位签订物业买卖合同时，应当对遵守临时管理规约予以书面承诺。

第二十四条　【前期物业管理招投标】国家提倡建设单位按照房地产开发与物业管理相分离的原则，通过招投标的方式选聘物业服务企业。

住宅物业的建设单位，应当通过招投标的方式选聘具有相应资质的物业服务企业；投标人少于3个或者住宅规模较小的，经物业所在地的区、县人民政府房地产行政主管部门批准，可以采用协议方式选聘具有相应资质的物业服务企业。

第二十五条 【买卖合同内容要求】建设单位与物业买受人签订的买卖合同应当包含前期物业服务合同约定的内容。

第二十六条 【前期物业服务合同期限】前期物业服务合同可以约定期限；但是，期限未满、业主委员会与物业服务企业签订的物业服务合同生效的，前期物业服务合同终止。

第二十七条 【转让的限制性规定】业主依法享有的物业共用部位、共用设施设备的所有权或者使用权，建设单位不得擅自处分。

第二十八条 【共用部位、设施设备的查验】物业服务企业承接物业时，应当对物业共用部位、共用设施设备进行查验。

第二十九条 【物业资料移交】在办理物业承接验收手续时，建设单位应当向物业服务企业移交下列资料：

（一）竣工总平面图，单体建筑、结构、设备竣工图，配套设施、地下管网工程竣工图等竣工验收资料；

（二）设施设备的安装、使用和维护保养等技术资料；

（三）物业质量保修文件和物业使用说明文件；

（四）物业管理所必需的其他资料。

物业服务企业应当在前期物业服务合同终止时将上述资料移交给业主委员会。

第三十条 【物业管理用房】建设单位应当按照规定在物业管理区域内配置必要的物业管理用房。

第三十一条 【建设单位的物业保修责任】建设单位应当按照国家规定的保修期限和保修范围，承担物业的保修责任。

第四章 物业管理服务

第三十二条 【物业服务企业】从事物业管理活动的企业应当具有独立的法人资格。

国务院建设行政主管部门应当会同有关部门建立守信联合激励和失信联

合惩戒机制，加强行业诚信管理。

第三十三条　【物业管理区域统一管理原则】一个物业管理区域由一个物业服务企业实施物业管理。

第三十四条　【物业服务合同】业主委员会应当与业主大会选聘的物业服务企业订立书面的物业服务合同。

物业服务合同应当对物业管理事项、服务质量、服务费用、双方的权利义务、专项维修资金的管理与使用、物业管理用房、合同期限、违约责任等内容进行约定。

第三十五条　【物业服务企业的义务和责任】物业服务企业应当按照物业服务合同的约定，提供相应的服务。

物业服务企业未能履行物业服务合同的约定，导致业主人身、财产安全受到损害的，应当依法承担相应的法律责任。

第三十六条　【物业承接验收和物业资料移交】物业服务企业承接物业时，应当与业主委员会办理物业验收手续。

业主委员会应当向物业服务企业移交本条例第二十九条第一款规定的资料。

第三十七条　【物业管理用房权属和用途】物业管理用房的所有权依法属于业主。未经业主大会同意，物业服务企业不得改变物业管理用房的用途。

第三十八条　【物业服务合同终止】物业服务合同终止时，物业服务企业应当将物业管理用房和本条例第二十九条第一款规定的资料交还给业主委员会。

物业服务合同终止时，业主大会选聘了新的物业服务企业的，物业服务企业之间应当做好交接工作。

第三十九条　【专项服务业务委托】物业服务企业可以将物业管理区域内的专项服务业务委托给专业性服务企业，但不得将该区域内的全部物业管理一并委托给他人。

第四十条　【物业服务费用】物业服务收费应当遵循合理、公开以及费用与服务水平相适应的原则，区别不同物业的性质和特点，由业主和物业服务企业按照国务院价格主管部门会同国务院建设行政主管部门制定的物业服务收费办法，在物业服务合同中约定。

第四十一条　【物业服务费用交纳】业主应当根据物业服务合同的约定交

纳物业服务费用。业主与物业使用人约定由物业使用人交纳物业服务费用的,从其约定,业主负连带交纳责任。

已竣工但尚未出售或者尚未交给物业买受人的物业,物业服务费用由建设单位交纳。

第四十二条　【物业服务收费的监督】县级以上人民政府价格主管部门会同同级房地产行政主管部门,应当加强对物业服务收费的监督。

第四十三条　【特约服务】物业服务企业可以根据业主的委托提供物业服务合同约定以外的服务项目,服务报酬由双方约定。

第四十四条　【公用事业等单位收费】物业管理区域内,供水、供电、供气、供热、通讯、有线电视等单位应当向最终用户收取有关费用。

物业服务企业接受委托代收前款费用的,不得向业主收取手续费等额外费用。

第四十五条　【对违法行为的制止和报告义务】对物业管理区域内违反有关治安、环保、物业装饰装修和使用等方面法律、法规规定的行为,物业服务企业应当制止,并及时向有关行政管理部门报告。

有关行政管理部门在接到物业服务企业的报告后,应当依法对违法行为予以制止或者依法处理。

第四十六条　【安全防范义务及物业保安人员】物业服务企业应当协助做好物业管理区域内的安全防范工作。发生安全事故时,物业服务企业在采取应急措施的同时,应当及时向有关行政管理部门报告,协助做好救助工作。

物业服务企业雇请保安人员的,应当遵守国家有关规定。保安人员在维护物业管理区域内的公共秩序时,应当履行职责,不得侵害公民的合法权益。

第四十七条　【物业使用人的权利义务责任】物业使用人在物业管理活动中的权利义务由业主和物业使用人约定,但不得违反法律、法规和管理规约的有关规定。

物业使用人违反本条例和管理规约的规定,有关业主应当承担连带责任。

第四十八条　【物业投诉制度】县级以上地方人民政府房地产行政主管部门应当及时处理业主、业主委员会、物业使用人和物业服务企业在物业管理活动中的投诉。

第五章　物业的使用与维护

第四十九条　【公共建筑和共用设施用途】物业管理区域内按照规划建设

的公共建筑和共用设施，不得改变用途。

业主依法确需改变公共建筑和共用设施用途的，应当在依法办理有关手续后告知物业服务企业；物业服务企业确需改变公共建筑和共用设施用途的，应当提请业主大会讨论决定同意后，由业主依法办理有关手续。

第五十条 【道路、场地设施维护】业主、物业服务企业不得擅自占用、挖掘物业管理区域内的道路、场地，损害业主的共同利益。

因维修物业或者公共利益，业主确需临时占用、挖掘道路、场地的，应当征得业主委员会和物业服务企业的同意；物业服务企业确需临时占用、挖掘道路、场地的，应当征得业主委员会的同意。

业主、物业服务企业应当将临时占用、挖掘的道路、场地，在约定期限内恢复原状。

第五十一条 【供水、供电、供气、供热、通信、有线电视等单位的维修养护责任】供水、供电、供气、供热、通信、有线电视等单位，应当依法承担物业管理区域内相关管线和设施设备维修、养护的责任。

前款规定的单位因维修、养护等需要，临时占用、挖掘道路、场地的，应当及时恢复原状。

第五十二条 【房屋装饰装修】业主需要装饰装修房屋的，应当事先告知物业服务企业。

物业服务企业应当将房屋装饰装修中的禁止行为和注意事项告知业主。

第五十三条 【住房专项维修资金制度】住宅物业、住宅小区内的非住宅物业或者与单幢住宅楼结构相连的非住宅物业的业主，应当按照国家有关规定交纳专项维修资金。

专项维修资金属于业主所有，专项用于物业保修期满后物业共用部位、共用设施设备的维修和更新、改造，不得挪作他用。

专项维修资金收取、使用、管理的办法由国务院建设行政主管部门会同国务院财政部门制定。

第五十四条 【利用共用部位设施设备进行经营】利用物业共用部位、共用设施设备进行经营的，应当在征得相关业主、业主大会、物业服务企业的同意后，按照规定办理有关手续。业主所得收益应当主要用于补充专项维修资金，也可以按照业主大会的决定使用。

第五十五条 【存在安全隐患时的维修养护责任】物业存在安全隐患，危及公共利益及他人合法权益时，责任人应当及时维修养护，有关业主应当给予配合。

责任人不履行维修养护义务的，经业主大会同意，可以由物业服务企业维修养护，费用由责任人承担。

第六章　法律责任

第五十六条　【对建设单位违法选聘物业服务企业的处罚】违反本条例的规定，住宅物业的建设单位未通过招投标的方式选聘物业服务企业或者未经批准，擅自采用协议方式选聘物业服务企业的，由县级以上地方人民政府房地产行政主管部门责令限期改正，给予警告，可以并处10万元以下的罚款。

第五十七条　【建设单位擅自处分业主对于共用部位、共用设施设备的所有权或者使用权的法律责任】违反本条例的规定，建设单位擅自处分属于业主的物业共用部位、共用设施设备的所有权或者使用权的，由县级以上地方人民政府房地产行政主管部门处5万元以上20万元以下的罚款；给业主造成损失的，依法承担赔偿责任。

第五十八条　【对拒不按照法律、法规规定移交有关物业资料的处罚】违反本条例的规定，不移交有关资料的，由县级以上地方人民政府房地产行政主管部门责令限期改正；逾期仍不移交有关资料的，对建设单位、物业服务企业予以通报，处1万元以上10万元以下的罚款。

第五十九条　【物业服务企业将一个物业管理区域内的全部物业管理一并委托给他人的法律责任】违反本条例的规定，物业服务企业将一个物业管理区域内的全部物业管理一并委托给他人的，由县级以上地方人民政府房地产行政主管部门责令限期改正，处委托合同价款30%以上50%以下的罚款。委托所得收益，用于物业管理区域内物业共用部位、共用设施设备的维修、养护，剩余部分按照业主大会的决定使用；给业主造成损失的，依法承担赔偿责任。

第六十条　【对挪用专项维修资金的处罚】违反本条例的规定，挪用专项维修资金的，由县级以上地方人民政府房地产行政主管部门追回挪用的专项维修资金，给予警告，没收违法所得，可以并处挪用数额2倍以下的罚款；构成犯罪的，依法追究直接负责的主管人员和其他直接责任人员的刑事责任。

第六十一条　【对建设单位在物业管理区域内不按照规定配置必要的物业管理用房的处罚】违反本条例的规定，建设单位在物业管理区域内不按照规定配置必要的物业管理用房的，由县级以上地方人民政府房地产行政主管部门责令限期改正，给予警告，没收违法所得，并处 10 万元以上 50 万元以下的罚款。

第六十二条　【物业服务企业擅自改变物业管理用房用途的法律责任】违反本条例的规定，未经业主大会同意，物业服务企业擅自改变物业管理用房的用途的，由县级以上地方人民政府房地产行政主管部门责令限期改正，给予警告，并处 1 万元以上 10 万元以下的罚款；有收益的，所得收益用于物业管理区域内物业共用部位、共用设施设备的维修、养护，剩余部分按照业主大会的决定使用。

第六十三条　【物业使用与维护中的违法行为的法律责任】违反本条例的规定，有下列行为之一的，由县级以上地方人民政府房地产行政主管部门责令限期改正，给予警告，并按照本条第二款的规定处以罚款；所得收益，用于物业管理区域内物业共用部位、共用设施设备的维修、养护，剩余部分按照业主大会的决定使用：

（一）擅自改变物业管理区域内按照规划建设的公共建筑和共用设施用途的；

（二）擅自占用、挖掘物业管理区域内道路、场地，损害业主共同利益的；

（三）擅自利用物业共用部位、共用设施设备进行经营的。

个人有前款规定行为之一的，处 1000 元以上 1 万元以下的罚款；单位有前款规定行为之一的，处 5 万元以上 20 万元以下的罚款。

第六十四条　【业主逾期不交纳物业服务费的法律责任】违反物业服务合同约定，业主逾期不交纳物业服务费用的，业主委员会应当督促其限期交纳；逾期仍不交纳的，物业服务企业可以向人民法院起诉。

第六十五条　【业主以业主大会或业主委员会的名义从事违法活动的法律责任】业主以业主大会或者业主委员会的名义，从事违反法律、法规的活动，构成犯罪的，依法追究刑事责任；尚不构成犯罪的，依法给予治安管理处罚。

第六十六条　【行政机关工作人员在行政管理中的违法行为的法律责任】违反本条例的规定，国务院建设行政主管部门、县级以上地方人民政府房地产行政主管部门或者其他有关行政管理部门的工作人员利用职务上的便利，收受他人财物或者其他好处，不依法履行监督管理职责，或者发现违法行为不予查处，构成犯罪的，依法追究刑事责任；尚不构成犯罪的，依法给予行政处分。

第七章　附　　则

第六十七条　【生效日期】本条例自 2003 年 9 月 1 日起施行。

业主大会和业主委员会指导规则

（建房〔2009〕274 号）

第一章　总　　则

第一条　为了规范业主大会和业主委员会的活动，维护业主的合法权益，根据《中华人民共和国物权法》、《物业管理条例》等法律法规的规定，制定本规则。

第二条　业主大会由物业管理区域内的全体业主组成，代表和维护物业管理区域内全体业主在物业管理活动中的合法权利，履行相应的义务。

第三条　业主委员会由业主大会依法选举产生，履行业主大会赋予的职责，执行业主大会决定的事项，接受业主的监督。

第四条　业主大会或者业主委员会的决定，对业主具有约束力。

业主大会和业主委员会应当依法履行职责，不得作出与物业管理无关的决定，不得从事与物业管理无关的活动。

第五条　业主大会和业主委员会，对业主损害他人合法权益和业主共同利益的行为，有权依照法律、法规以及管理规约，要求停止侵害、消除危险、排除妨害、赔偿损失。

第六条　物业所在地的区、县房地产行政主管部门和街道办事处、乡镇人民政府负责对设立业主大会和选举业主委员会给予指导和协助，负责对业主大会和业主委员会的日常活动进行指导和监督。

第二章　业 主 大 会

第七条　业主大会根据物业管理区域的划分成立，一个物业管理区域成立一个业主大会。

只有一个业主的，或者业主人数较少且经全体业主同意，不成立业主大会的，由业主共同履行业主大会、业主委员会职责。

第八条　物业管理区域内，已交付的专有部分面积超过建筑物总面积50%时，建设单位应当按照物业所在地的区、县房地产行政主管部门或者街道办事处、乡镇人民政府的要求，及时报送下列筹备首次业主大会会议所需的文件资料：

（一）物业管理区域证明；

（二）房屋及建筑物面积清册；

（三）业主名册；

（四）建筑规划总平面图；

（五）交付使用共用设施设备的证明；

（六）物业服务用房配置证明；

（七）其他有关的文件资料。

第九条　符合成立业主大会条件的，区、县房地产行政主管部门或者街道办事处、乡镇人民政府应当在收到业主提出筹备业主大会书面申请后60日内，负责组织、指导成立首次业主大会会议筹备组。

第十条　首次业主大会会议筹备组由业主代表、建设单位代表、街道办事处、乡镇人民政府代表和居民委员会代表组成。筹备组成员人数应为单数，其中业主代表人数不低于筹备组总人数的一半，筹备组组长由街道办事处、乡镇人民政府代表担任。

第十一条　筹备组中业主代表的产生，由街道办事处、乡镇人民政府或者居民委员会组织业主推荐。

筹备组应当将成员名单以书面形式在物业管理区域内公告。业主对筹备组成员有异议的，由街道办事处、乡镇人民政府协调解决。

建设单位和物业服务企业应当配合协助筹备组开展工作。

第十二条　筹备组应当做好以下筹备工作：

（一）确认并公示业主身份、业主人数以及所拥有的专有部分面积；

（二）确定首次业主大会会议召开的时间、地点、形式和内容；

（三）草拟管理规约、业主大会议事规则；

（四）依法确定首次业主大会会议表决规则；

（五）制定业主委员会委员候选人产生办法，确定业主委员会委员候选人名单；

（六）制定业主委员会选举办法；

（七）完成召开首次业主大会会议的其他准备工作。

前款内容应当在首次业主大会会议召开15日前以书面形式在物业管理区域内公告。业主对公告内容有异议的，筹备组应当记录并作出答复。

第十三条 依法登记取得或者根据物权法第二章第三节规定取得建筑物专有部分所有权的人，应当认定为业主。

基于房屋买卖等民事法律行为，已经合法占有建筑物专有部分，但尚未依法办理所有权登记的人，可以认定为业主。

业主的投票权数由专有部分面积和业主人数确定。

第十四条 业主委员会委员候选人由业主推荐或者自荐。筹备组应当核查参选人的资格，根据物业规模、物权份额、委员的代表性和广泛性等因素，确定业主委员会委员候选人名单。

第十五条 筹备组应当自组成之日起90日内完成筹备工作，组织召开首次业主大会会议。

业主大会自首次业主大会会议表决通过管理规约、业主大会议事规则，并选举产生业主委员会之日起成立。

第十六条 划分为一个物业管理区域的分期开发的建设项目，先期开发部分符合条件的，可以成立业主大会，选举产生业主委员会。首次业主大会会议应当根据分期开发的物业面积和进度等因素，在业主大会议事规则中明确增补业主委员会委员的办法。

第十七条 业主大会决定以下事项：

（一）制定和修改业主大会议事规则；

（二）制定和修改管理规约；

（三）选举业主委员会或者更换业主委员会委员；

（四）制定物业服务内容、标准以及物业服务收费方案；

（五）选聘和解聘物业服务企业；

（六）筹集和使用专项维修资金；

（七）改建、重建建筑物及其附属设施；

（八）改变共有部分的用途；

（九）利用共有部分进行经营以及所得收益的分配与使用；

（十）法律法规或者管理规约确定应由业主共同决定的事项。

第十八条　管理规约应当对下列主要事项作出规定：

（一）物业的使用、维护、管理；

（二）专项维修资金的筹集、管理和使用；

（三）物业共用部分的经营与收益分配；

（四）业主共同利益的维护；

（五）业主共同管理权的行使；

（六）业主应尽的义务；

（七）违反管理规约应当承担的责任。

第十九条　业主大会议事规则应当对下列主要事项作出规定：

（一）业主大会名称及相应的物业管理区域；

（二）业主委员会的职责；

（三）业主委员会议事规则；

（四）业主大会会议召开的形式、时间和议事方式；

（五）业主投票权数的确定方法；

（六）业主代表的产生方式；

（七）业主大会会议的表决程序；

（八）业主委员会委员的资格、人数和任期等；

（九）业主委员会换届程序、补选办法等；

（十）业主大会、业主委员会工作经费的筹集、使用和管理；

（十一）业主大会、业主委员会印章的使用和管理。

第二十条　业主拒付物业服务费，不缴存专项维修资金以及实施其他损害业主共同权益行为的，业主大会可以在管理规约和业主大会议事规则中对其共同管理权的行使予以限制。

第二十一条　业主大会会议分为定期会议和临时会议。

业主大会定期会议应当按照业主大会议事规则的规定由业主委员会组织召开。

有下列情况之一的，业主委员会应当及时组织召开业主大会临时会议：

（一）经专有部分占建筑物总面积20%以上且占总人数20%以上业主提议的；

（二）发生重大事故或者紧急事件需要及时处理的；

（三）业主大会议事规则或者管理规约规定的其他情况。

第二十二条 业主大会会议可以采用集体讨论的形式,也可以采用书面征求意见的形式;但应当有物业管理区域内专有部分占建筑物总面积过半数的业主且占总人数过半数的业主参加。

采用书面征求意见形式的,应当将征求意见书送交每一位业主;无法送达的,应当在物业管理区域内公告。凡需投票表决的,表决意见应由业主本人签名。

第二十三条 业主大会确定业主投票权数,可以按照下列方法认定专有部分面积和建筑物总面积:

(一)专有部分面积按照不动产登记簿记载的面积计算;尚未进行登记的,暂按测绘机构的实测面积计算;尚未进行实测的,暂按房屋买卖合同记载的面积计算;

(二)建筑物总面积,按照前项的统计总和计算。

第二十四条 业主大会确定业主投票权数,可以按照下列方法认定业主人数和总人数:

(一)业主人数,按照专有部分的数量计算,一个专有部分按一人计算。但建设单位尚未出售和虽已出售但尚未交付的部分,以及同一买受人拥有一个以上专有部分的,按一人计算;

(二)总人数,按照前项的统计总和计算。

第二十五条 业主大会应当在业主大会议事规则中约定车位、摊位等特定空间是否计入用于确定业主投票权数的专有部分面积。

一个专有部分有两个以上所有权人的,应当推选一人行使表决权,但共有人所代表的业主人数为一人。

业主为无民事行为能力人或者限制民事行为能力人的,由其法定监护人行使投票权。

第二十六条 业主因故不能参加业主大会会议的,可以书面委托代理人参加业主大会会议。

未参与表决的业主,其投票权数是否可以计入已表决的多数票,由管理规约或者业主大会议事规则规定。

第二十七条 物业管理区域内业主人数较多的,可以幢、单元、楼层为单位,推选一名业主代表参加业主大会会议,推选及表决办法应当在业主大会议事规则中规定。

第二十八条　业主可以书面委托的形式,约定由其推选的业主代表在一定期限内代其行使共同管理权,具体委托内容、期限、权限和程序由业主大会议事规则规定。

第二十九条　业主大会会议决定筹集和使用专项维修资金以及改造、重建建筑物及其附属设施的,应当经专有部分占建筑物总面积三分之二以上的业主且占总人数三分之二以上的业主同意;决定本规则第十七条规定的其他共有和共同管理权利事项的,应当经专有部分占建筑物总面积过半数且占总人数过半数的业主同意。

第三十条　业主大会会议应当由业主委员会作出书面记录并存档。

业主大会的决定应当以书面形式在物业管理区域内及时公告。

第三章　业主委员会

第三十一条　业主委员会由业主大会会议选举产生,由 5 至 11 人单数组成。业主委员会委员应当是物业管理区域内的业主,并符合下列条件:

(一)具有完全民事行为能力;

(二)遵守国家有关法律、法规;

(三)遵守业主大会议事规则、管理规约,模范履行业主义务;

(四)热心公益事业,责任心强,公正廉洁;

(五)具有一定的组织能力;

(六)具备必要的工作时间。

第三十二条　业主委员会委员实行任期制,每届任期不超过 5 年,可连选连任,业主委员会委员具有同等表决权。

业主委员会应当自选举之日起 7 日内召开首次会议,推选业主委员会主任和副主任。

第三十三条　业主委员会应当自选举产生之日起 30 日内,持下列文件向物业所在地的区、县房地产行政主管部门和街道办事处、乡镇人民政府办理备案手续:

(一)业主大会成立和业主委员会选举的情况;

(二)管理规约;

(三)业主大会议事规则;

(四)业主大会决定的其他重大事项。

第三十四条 业主委员会办理备案手续后,可持备案证明向公安机关申请刻制业主大会印章和业主委员会印章。

业主委员会任期内,备案内容发生变更的,业主委员会应当自变更之日起30 日内将变更内容书面报告备案部门。

第三十五条 业主委员会履行以下职责:

(一)执行业主大会的决定和决议;

(二)召集业主大会会议,报告物业管理实施情况;

(三)与业主大会选聘的物业服务企业签订物业服务合同;

(四)及时了解业主、物业使用人的意见和建议,监督和协助物业服务企业履行物业服务合同;

(五)监督管理规约的实施;

(六)督促业主交纳物业服务费及其他相关费用;

(七)组织和监督专项维修资金的筹集和使用;

(八)调解业主之间因物业使用、维护和管理产生的纠纷;

(九)业主大会赋予的其他职责。

第三十六条 业主委员会应当向业主公布下列情况和资料:

(一)管理规约、业主大会议事规则;

(二)业主大会和业主委员会的决定;

(三)物业服务合同;

(四)专项维修资金的筹集、使用情况;

(五)物业共有部分的使用和收益情况;

(六)占用业主共有的道路或者其他场地用于停放汽车车位的处分情况;

(七)业主大会和业主委员会工作经费的收支情况;

(八)其他应当向业主公开的情况和资料。

第三十七条 业主委员会应当按照业主大会议事规则的规定及业主大会的决定召开会议。经三分之一以上业主委员会委员的提议,应当在 7 日内召开业主委员会会议。

第三十八条 业主委员会会议由主任召集和主持,主任因故不能履行职责,可以委托副主任召集。

业主委员会会议应有过半数的委员出席,作出的决定必须经全体委员半数以上同意。

业主委员会委员不能委托代理人参加会议。

第三十九条　业主委员会应当于会议召开 7 日前，在物业管理区域内公告业主委员会会议的内容和议程，听取业主的意见和建议。

业主委员会会议应当制作书面记录并存档，业主委员会会议作出的决定，应当有参会委员的签字确认，并自作出决定之日起 3 日内在物业管理区域内公告。

第四十条　业主委员会应当建立工作档案，工作档案包括以下主要内容：

（一）业主大会、业主委员会的会议记录；

（二）业主大会、业主委员会的决定；

（三）业主大会议事规则、管理规约和物业服务合同；

（四）业主委员会选举及备案资料；

（五）专项维修资金筹集及使用账目；

（六）业主及业主代表的名册；

（七）业主的意见和建议。

第四十一条　业主委员会应当建立印章管理规定，并指定专人保管印章。

使用业主大会印章，应当根据业主大会议事规则的规定或者业主大会会议的决定；使用业主委员会印章，应当根据业主委员会会议的决定。

第四十二条　业主大会、业主委员会工作经费由全体业主承担。工作经费可以由业主分摊，也可以从物业共有部分经营所得收益中列支。工作经费的收支情况，应当定期在物业管理区域内公告，接受业主监督。

工作经费筹集、管理和使用的具体办法由业主大会决定。

第四十三条　有下列情况之一的，业主委员会委员资格自行终止：

（一）因物业转让、灭失等原因不再是业主的；

（二）丧失民事行为能力的；

（三）依法被限制人身自由的；

（四）法律、法规以及管理规约规定的其他情形。

第四十四条　业主委员会委员有下列情况之一的，由业主委员会三分之一以上委员或者持有 20% 以上投票权数的业主提议，业主大会或者业主委员会根据业主大会的授权，可以决定是否终止其委员资格：

（一）以书面方式提出辞职请求的；

（二）不履行委员职责的；

（三）利用委员资格谋取私利的；

（四）拒不履行业主义务的；

（五）侵害他人合法权益的；

（六）因其他原因不宜担任业主委员会委员的。

第四十五条 业主委员会委员资格终止的，应当自终止之日起3日内将其保管的档案资料、印章及其他属于全体业主所有的财物移交业主委员会。

第四十六条 业主委员会任期内，委员出现空缺时，应当及时补足。业主委员会委员候补办法由业主大会决定或者在业主大会议事规则中规定。业主委员会委员人数不足总数的二分之一时，应当召开业主大会临时会议，重新选举业主委员会。

第四十七条 业主委员会任期届满前3个月，应当组织召开业主大会会议，进行换届选举，并报告物业所在地的区、县房地产行政主管部门和街道办事处、乡镇人民政府。

第四十八条 业主委员会应当自任期届满之日起10日内，将其保管的档案资料、印章及其他属于业主大会所有的财物移交新一届业主委员会。

第四章 指导和监督

第四十九条 物业所在地的区、县房地产行政主管部门和街道办事处、乡镇人民政府应当积极开展物业管理政策法规的宣传和教育活动，及时处理业主、业主委员会在物业管理活动中的投诉。

第五十条 已交付使用的专有部分面积超过建筑物总面积50%，建设单位未按要求报送筹备首次业主大会会议相关文件资料的，物业所在地的区、县房地产行政主管部门或者街道办事处、乡镇人民政府有权责令建设单位限期改正。

第五十一条 业主委员会未按业主大会议事规则的规定组织召开业主大会定期会议，或者发生应当召开业主大会临时会议的情况，业主委员会不履行组织召开会议职责的，物业所在地的区、县房地产行政主管部门或者街道办事处、乡镇人民政府可以责令业主委员会限期召开；逾期仍不召开的，可以由物业所在地的居民委员会在街道办事处、乡镇人民政府的指导和监督下组织召开。

第五十二条 按照业主大会议事规则的规定或者三分之一以上委员提议，应当召开业主委员会会议的，业主委员会主任、副主任无正当理由不召集业主委员会会议的,物业所在地的区、县房地产行政主管部门或者街道办事处、乡镇人民政府可以指定业主委员会其他委员召集业主委员会会议。

第五十三条　召开业主大会会议,物业所在地的区、县房地产行政主管部门和街道办事处、乡镇人民政府应当给予指导和协助。

第五十四条　召开业主委员会会议,应当告知相关的居民委员会,并听取居民委员会的建议。

在物业管理区域内,业主大会、业主委员会应当积极配合相关居民委员会依法履行自治管理职责,支持居民委员会开展工作,并接受其指导和监督。

第五十五条　违反业主大会议事规则或者未经业主大会会议和业主委员会会议的决定,擅自使用业主大会印章、业主委员会印章的,物业所在地的街道办事处、乡镇人民政府应当责令限期改正,并通告全体业主;造成经济损失或者不良影响的,应当依法追究责任人的法律责任。

第五十六条　业主委员会委员资格终止,拒不移交所保管的档案资料、印章及其他属于全体业主所有的财物的,其他业主委员会委员可以请求物业所在地的公安机关协助移交。

业主委员会任期届满后,拒不移交所保管的档案资料、印章及其他属于全体业主所有的财物的,新一届业主委员会可以请求物业所在地的公安机关协助移交。

第五十七条　业主委员会在规定时间内不组织换届选举的,物业所在地的区、县房地产行政主管部门或者街道办事处、乡镇人民政府应当责令其限期组织换届选举;逾期仍不组织的,可以由物业所在地的居民委员会在街道办事处、乡镇人民政府的指导和监督下,组织换届选举工作。

第五十八条　因客观原因未能选举产生业主委员会或者业主委员会委员人数不足总数的二分之一的,新一届业主委员会产生之前,可以由物业所在地的居民委员会在街道办事处、乡镇人民政府的指导和监督下,代行业主委员会的职责。

第五十九条　业主大会、业主委员会作出的决定违反法律法规的,物业所在地的区、县房地产行政主管部门和街道办事处、乡镇人民政府应当责令限期改正或者撤销其决定,并通告全体业主。

第六十条　业主不得擅自以业主大会或者业主委员会的名义从事活动。业主以业主大会或者业主委员会的名义,从事违反法律、法规的活动,构成犯罪的，依法追究刑事责任；尚不构成犯罪的，依法给予治安管理处罚。

第六十一条 物业管理区域内，可以召开物业管理联席会议。物业管理联席会议由街道办事处、乡镇人民政府负责召集，由区、县房地产行政主管部门、公安派出所、居民委员会、业主委员会和物业服务企业等方面的代表参加，共同协调解决物业管理中遇到的问题。

第五章 附 则

第六十二条 业主自行管理或者委托其他管理人管理物业，成立业主大会，选举业主委员会的，可参照执行本规则。

第六十三条 物业所在地的区、县房地产行政主管部门与街道办事处、乡镇人民政府在指导、监督业主大会和业主委员会工作中的具体职责分工，按各省、自治区、直辖市人民政府有关规定执行。

第六十四条 本规则自2010年1月1日起施行。《业主大会规程》（建住房〔2003〕131号）同时废止。

物业服务收费管理办法

（2003年11月13日国家发展和改革委员会、
建设部发改价格〔2003〕1864号发布）

第一条 为规范物业服务收费行为，保障业主和物业管理企业的合法权益，根据《中华人民共和国价格法》和《物业管理条例》，制定本办法。

第二条 本办法所称物业服务收费，是指物业管理企业按照物业服务合同的约定，对房屋及配套的设施设备和相关场地进行维修、养护、管理，维护相关区域内的环境卫生和秩序，向业主所收取的费用。

第三条 国家提倡业主通过公开、公平、公正的市场竞争机制选择物业管理企业；鼓励物业管理企业开展正当的价格竞争，禁止价格欺诈，促进物业服务收费通过市场竞争形成。

第四条 国务院价格主管部门会同国务院建设行政主管部门负责全国物业服务收费的监督管理工作。

县级以上地方人民政府价格主管部门会同同级房地产行政主管部门负责

本行政区域内物业服务收费的监督管理工作。

第五条　物业服务收费应当遵循合理、公开以及费用与服务水平相适应的原则。

第六条　物业服务收费应当区分不同物业的性质和特点分别实行政府指导价和市场调节价。具体定价形式由省、自治区、直辖市人民政府价格主管部门会同房地产行政主管部门确定。

第七条　物业服务收费实行政府指导价的,有定价权限的人民政府价格主管部门应当会同房地产行政主管部门根据物业管理服务等级标准等因素,制定相应的基准价及其浮动幅度,并定期公布。具体收费标准由业主与物业管理企业根据规定的基准价和浮动幅度在物业服务合同中约定。

实行市场调节价的物业服务收费,由业主与物业管理企业在物业服务合同中约定。

第八条　物业管理企业应当按照政府价格主管部门的规定实行明码标价,在物业管理区域内的显著位置,将服务内容、服务标准以及收费项目、收费标准等有关情况进行公示。

第九条　业主与物业管理企业可以采取包干制或者酬金制等形式约定物业服务费用。包干制是指由业主向物业管理企业支付固定物业服务费用,盈余或者亏损均由物业管理企业享有或者承担的物业服务计费方式。酬金制是指在预收的物业服务资金中按约定比例或者约定数额提取酬金支付给物业管理企业,其余全部用于物业服务合同约定的支出,结余或者不足均由业主享有或者承担的物业服务计费方式。

第十条　建设单位与物业买受人签订的买卖合同,应当约定物业管理服务内容、服务标准、收费标准、计费方式及计费起始时间等内容,涉及物业买受人共同利益的约定应当一致。

第十一条　实行物业服务费用包干制的,物业服务费用的构成包括物业服务成本、法定税费和物业管理企业的利润。实行物业服务费用酬金制的,预收的物业服务资金包括物业服务支出和物业管理企业的酬金。

物业服务成本或者物业服务支出构成一般包括以下部分:

1. 管理服务人员的工资、社会保险和按规定提取的福利费等;

2. 物业共用部位、共用设施设备的日常运行、维护费用;

3. 物业管理区域清洁卫生费用;

4. 物业管理区域绿化养护费用；

5. 物业管理区域秩序维护费用；

6. 办公费用；

7. 物业管理企业固定资产折旧；

8. 物业共用部位、共用设施设备及公众责任保险费用；

9. 经业主同意的其他费用。

物业共用部位、共用设施设备的大修、中修和更新、改造费用，应当通过专项维修资金予以列支，不得计入物业服务支出或者物业服务成本。

第十二条 实行物业服务费用酬金制的，预收的物业服务支出属于代管性质，为所交纳的业主所有，物业管理企业不得将其用于物业服务合同约定以外的支出。

物业管理企业应当向业主大会或者全体业主公布物业服务资金年度预决算并每年不少于一次公布物业服务资金的收支情况。

业主或者业主大会对公布的物业服务资金年度预决算和物业服务资金的收支情况提出质询时，物业管理企业应当及时答复。

第十三条 物业服务收费采取酬金制方式，物业管理企业或者业主大会可以按照物业服务合同约定聘请专业机构对物业服务资金年度预决算和物业服务资金的收支情况进行审计。

第十四条 物业管理企业在物业服务中应当遵守国家的价格法律法规，严格履行物业服务合同，为业主提供质价相符的服务。

第十五条 业主应当按照物业服务合同的约定按时足额交纳物业服务费用或者物业服务资金。业主违反物业服务合同约定逾期不交纳服务费用或者物业服务资金的，业主委员会应当督促其限期交纳；逾期仍不交纳的，物业管理企业可以依法追缴。

业主与物业使用人约定由物业使用人交纳物业服务费用或者物业服务资金的，从其约定，业主负连带交纳责任。

物业发生产权转移时，业主或者物业使用人应当结清物业服务费用或者物业服务资金。

第十六条 纳入物业管理范围的已竣工但尚未出售，或者因开发建设单位原因未按时交给物业买受人的物业，物业服务费用或者物业服务资金由开发建设单位全额交纳。

第十七条　物业管理区域内，供水、供电、供气、供热、通讯、有线电视等单位应当向最终用户收取有关费用。物业管理企业接受委托代收上述费用的，可向委托单位收取手续费，不得向业主收取手续费等额外费用。

第十八条　利用物业共用部位、共用设施设备进行经营的，应当在征得相关业主、业主大会、物业管理企业的同意后，按照规定办理有关手续。业主所得收益应当主要用于补充专项维修资金，也可以按照业主大会的决定使用。

第十九条　物业管理企业已接受委托实施物业服务并相应收取服务费用的，其他部门和单位不得重复收取性质和内容相同的费用。

第二十条　物业管理企业根据业主的委托提供物业服务合同约定以外的服务，服务收费由双方约定。

第二十一条　政府价格主管部门会同房地产行政主管部门，应当加强对物业管理企业的服务内容、标准和收费项目、标准的监督。物业管理企业违反价格法律、法规和规定，由政府价格主管部门依据《中华人民共和国价格法》和《价格违法行为行政处罚规定》予以处罚。

第二十二条　各省、自治区、直辖市人民政府价格主管部门、房地产行政主管部门可以依据本办法制定具体实施办法，并报国家发展和改革委员会、建设部备案。

第二十三条　本办法由国家发展和改革委员会会同建设部负责解释。

第二十四条　本办法自 2004 年 1 月 1 日起执行，原国家计委、建设部印发的《城市住宅小区物业管理服务收费暂行办法》（计价费〔1996〕266 号）同时废止。

图书在版编目(CIP)数据

物业纠纷处理图解锦囊/法律出版社专业出版编委会编. —北京:法律出版社,2017(2020.4 重印)
(以案说法纠纷处理图解锦囊系列)
ISBN 978-7-5197-1192-4

Ⅰ.①物… Ⅱ.①法… Ⅲ.①物业管理—民事纠纷—处理—中国—图解 Ⅳ.①D922.181-64

中国版本图书馆 CIP 数据核字(2017)第 192512 号

物业纠纷处理图解锦囊
WUYE JIUFEN CHULI TUJIE JINNANG

法律出版社专业出版编委会 编

策划编辑 朱海波
责任编辑 朱海波
装帧设计 贾丹丹

出版 法律出版社
总发行 中国法律图书有限公司
经销 新华书店
印刷 三河市龙大印装有限公司
责任校对 杨昆玲
责任印制 吕亚莉

编辑统筹 法律应用出版分社
开本 A5
印张 12.625
字数 282 千
版本 2017 年 8 月第 1 版
印次 2020 年 4 月第 4 次印刷

法律出版社/北京市丰台区莲花池西里 7 号(100073)
网址/www.lawpress.com.cn
投稿邮箱/info@lawpress.com.cn
举报维权邮箱/jbwq@lawpress.com.cn
销售热线/400-660-8393
咨询电话/010-63939796

中国法律图书有限公司/北京市丰台区莲花池西里 7 号(100073)
全国各地中法图分、子公司销售电话:
统一销售客服/400-660-8393/6393
第一法律书店/010-83938432/8433　西安分公司/029-85330678　重庆分公司/023-67453036
上海分公司/021-62071639/1636　深圳分公司/0755-83072995

书号:ISBN 978-7-5197-1192-4　**定价**:35.00 元